[法]皮埃尔·德卡尔格 Pierre Descargues 著

林珍妮 译　　陆典 校

与大师相约50年

L'Art est vivant:
un demi siècle de rencontres

华东师范大学出版社

华东师范大学出版社六点分社　策划

目　录

前　言

　　这是一位记者的文集。从 1945 年起的半个世纪里，他频繁地采访画家、雕塑家等艺术家，与他们会面交谈，并记录下他们的快乐或忧伤的回忆。

　　这本文集不尝试回溯现代艺术的历史，而只是表现了一个时代的方方面面，这个时代不知从何时开始也不知在何时结束。读者从中可以了解艺术创造者们的生活片段和创作生涯。他们介绍自己的作品，谈论自己和朋友，写下自己的向往与情感；他们存在于永不结束的当下。

　　记者把他们的名字加以排列和组合，如同绘制一幅星系图。他们如星球般穿梭运行其间。因为，每位艺术家是自己这个宇宙中心的太阳。

　　这些太阳中，有几个还"喜结良缘"。艺术家有时会与另一位艺术家结为终身伴侣。在 20 世纪以前，这是不多见的事情。我们也无从知晓，比翼齐飞的伉俪间谁是谁的卫星。

　　艺术是永存的，在历史的存储机制里，"现在"永不会消失。

　　除了记述这些会面交谈的文字，记者在文集中加插了他拍下的一些艺术家的照片、资料，他们写给他的信件。这样，读者能多少了解他们的私秘生活。

　　如果读者愿意读这本书的续集，记者还将介绍如下艺术家：达尼埃尔·斯波埃里、乔尔乔涅、塞萨尔、弗朗兹·哈尔斯、工藤哲巳、维梅尔、吉诺·塞维利尼、里奥佩尔、亨利—乔治·亚当、莫利斯·埃斯泰夫、萨尔瓦多·达利、阿尔芒、弗拉戈纳尔、丢勒、冈萨雷斯、雷蒙·安斯……

　　因为，世世代代的作品都属于现在。艺术是永存的。

第一章

从乔治·布拉克到奥西普·扎德金

乔治·布拉克　费尔南·莱热　雅克·维永　乔治·鲁奥　马克·夏加尔　亚历山大·卡尔代　安托万·佩夫斯内　布拉萨依　奥西普·扎德金和瓦伦丁·普拉克斯　让·阿尔普和苏菲·塔厄贝

乔治·布拉克

Georges Braque（1882—1963）

　　1950年,在埃梅·马埃举办乔治·布拉克作品展览会期间,我走进他的家。我记得那是一条小街,靠近蒙苏里公园,在巴黎十四区。那条街名叫杜阿尼埃街,不是为了纪念杜阿尼埃·卢梭["关税员"亨利·卢梭],而是纪念无名的海关职员,他在巴黎夜里关闭城门的年代坚守入市税征收处的岗位。乔治·布拉克请建筑师奥古斯特·佩雷在这寂静的死胡同里建了一所房子,钢筋混凝土结构,精致而不引人注目,灰蓝色,但不很坚固,水泥框架快要生锈。画家去世后房子作了修缮。

　　他的忠实的女仆玛利埃特给我开了门。布拉克通常在早晨过后接见记者,他已工作了一个早晨。每回我到他的家,总有一股烤肉的香气伴我上楼,爬了两层楼后便是他的工作室。布拉克站着,伸出一只手。他高大魁伟,好像是用大刀阔斧砍劈出来的一尊雕像,看去不快乐也不忧愁,但他是又快乐又忧愁的人。

　　我甚至无需开口说话,他已经打开了话匣子。后来的谈话我觉得他一直保持这种对我的信任。大概看见我年轻,他愿意兜出心里话,也许对比我有经验的记者他会有所顾忌吧。我觉得他好像在自言自语,在独白。这位有分寸的理性的立体派的创始人,希望别人把他看作一位冒险者:他希望他的每幅画都由他自己诠释表明。他对我说:

　　每幅画在我都是一次冒险，我都不知道它会怎样收场。再说我很难想象可以按另一种思维方式去创作。如果一个人按他的设想作画，那又何必作呢？我画，一切都在画布上了。我信任作画过程中产生的泉涌般的灵感。

我问他："你的意思是说你信任你身上那个陌生的你？"

　　大概是这样吧。很可能为了这个原因我不是大师。我永远不可能成为大师。如果我有意造一个布拉克，那是没有一点好处的。我忠于我身上的我，我表现它，不追求目前的理解。绘画不需要智力。我爱人胜于爱艺术家。塞尚不是艺术家，但马奈是。以前在文艺复兴时代大概有可能教授绘画。人有培训艺术家的才能。今天不是有人说才华已完蛋了吗？有才华的艺术家教什么"绘画问题"，谈杰作，但我一点也不懂这些概念。绘画的问题？生活的问题？这都是些什么玩艺？我连问的是什么都没法儿理解。那种能冷血地创造杰作的画家是怎么样的人？

　　我们生活在一个谎言的时代。散播谎言的人迷惑公众，指鹿为马，硬把白色的罐说成是蓝色的，而公众轻信他们的胡言，还说"他是一位魔术师"，但这样的迷惑维持不久。一时的糊涂迷惘过后，公众再不能理解他们成功的理由。于是他们不再加入争论，等着画家自己说出真相。人们按一个时代的法律判断他们。当然多多少少类似决定他们的变化的时代。但会有多么可怕的淘汰！我不为任何人画画……，当然，会有人愿忍受我的画，我说得没错：忍受。我说的甚至不是喜欢。我唯一关心的是表达我的真实，复杂的真实，人的真实。

当你听到这样的高论，这样的自我分析，你脑中只有一个念头：赶紧把它记录下来，只字不能遗漏。我跑出他家，在邻近的蒙苏里公园的寂静中，坐在板凳上，心里想着把乔治·布拉克对我说的话绝不失真地记录下来。

我又去了好几趟乔治·布拉克的家。每一回登上三楼，走上楼梯的最后一级便来到他的画室：画室是他的戏台。墙上，喜林芋的叶子直冲天花板：这就是布景。戏台上摆着十个画架，每个画架上都放着一幅画：它们就是演员。那是1955年。

十幅画中，只见其中的一幅很长，画的是大白鸟的行程。它令我想起他的将近5米长的巨幅画，那是他在前一年即1954年画的，画在卢浮宫亨利二世厅的天花板上。那间大厅展览的都是古意大利伊特鲁立亚文明的作品。布拉克顺着我的目光看去，对我说："你别注意它，这远远没有完成呢。"他让我背对着画坐下，一面回答我的问题，一面不停地用目光询问它们。画室是他的戏台，属于他一个人的戏台。

在他生命的最后阶段，有些好心人打算在卢浮宫的一间展览厅里复制他的画室，好让公众了解什么是创作的处所。但给予艺术家荣誉的场所只是一块苍白的空间，缺乏画室的创造气氛。卢浮宫的空间太寥廓宽敞了。很明显，艺术家的思想是不能搬动的。乔治·布拉克没有去看他的复制的画室。即使他画室里的实物被搬到博物馆，也缺少坐落在杜阿尼埃街画室里的实物之间的协调和谐。画室是私人、有序的地方,画家很难找到比它更好的地方摆放铅笔、毛笔、刀,以及放在桌子上的波浪型的旧纸板。在另一张桌子上放着好几十个大铁罐,插着树林般的画笔、铅白盒、罐头、汤罐、粉罐、绿橄榄罐,没有一样东西是从艺术专用商店里买来的,一切物品都失去了原本的用途。就如他的画布,布拉克从不买所谓标准尺寸的画布,他按画室的每一幅画所需要的尺寸订做。不,布拉克的画室不是能搬到卢浮宫的。

布拉克手拿调色板,然后把它放在桌上。他神态严峻,一头银发梳理整齐,纹丝不乱。一身绒衣像工人的制服,粗毛线领带,工地上穿的黑鞋,一切都是订做的,都是最好的做工。我感觉进入了这样一个地方,一切都经过细致的计算,以免影响正在创作的作品的诞生。一切都为乔治·布拉克的绘画而订做。看看他设计的光线下的一幅画,你会丢掉一点你的批评想法。我想你会更好地理解它。

1955年,杂志询问,立体派的创造者是谁? 是布拉克还是毕加索? 是1911年还是1912年? 因为,很难相信画家们说的话:他们像用一根绳索串连在一起的登山运动员。现在人们知道两位立体派画家始终飞翔在大家的上空。伟大的老人——马蒂斯、莱热、毕加索、布拉克的创新能力都令人惊叹。

布拉克没有忘记立体派。1912年,他摧毁了物体。很明显,立体光彩夺目。他想了解它们之间的空间,为了像保尔·塞尚指出的那样,表现两个立体之间的空气的密度。今天,物体在画布上完整无损,鸟雀停留在喜林芋的叶子上,长颈大肚玻璃瓶立在两条鱼的旁边。布拉克对常春藤的叶子了如指掌,他画出它的所有叶脉。他画笔下的柠檬皮,每个孔都在呼吸。在立体派时期，绘画的职责只是表现物体间存在的东西。布拉克写了这条规则：

> 忘记物体，只观察它们的关系。抹去思想，绘画就完了。真实存在着。人只创造谎言。

画架上的十幅画给我上了这堂哲学课。

为了到布拉克的家拜会他，我找了新闻工作者的借口。他在电话里同意和我谈谈尼古拉·德·斯塔埃尔。1955 年 3 月 16 日，斯塔埃尔从昂蒂布他的住所的窗口跳下自杀。他 41 岁。几个星期之前，我还看见他参加由皮埃尔·布莱指挥的音乐会。大家在那儿看见阿尔邦·贝格、安东·韦伯和新的音乐家。他常赴这些音乐会，在那儿能碰见许多画家。如让·埃利翁、维埃拉·达·席尔瓦、赵无极。从远处就能认出他，很高的个子，一绺头发落在眼睛上，他加入热烈的谈话中。我得知他是战时在巴黎认识布拉克的。我知道布拉克为他和他前妻的儿子安托万·蒂达尔画了一幅石版画，使他的诗集《阁楼》得以出版。

"布拉克先生，你怎么解释尼古拉·德·斯塔埃尔的死？"

> 我认识尼古拉的时候他还不到 30 岁。他是个很讨人喜欢的小伙子，有点令人困惑，在任何情况下都能自重。他对自己要求苛刻。我很少遇见像他那样对绘画如此执着的画家。他的自杀是个谜。他是最不幸的人。如今他的物质条件有了保障，可以毫无困难地画画了，他搬

到昂蒂布去隐居,他要孤独地工作。他的邻居对调查事件的人说过他说的话:"荣誉和金钱对我都无关紧要! 它们都是身外物,不代表任何东西!"他这样一个人说出这话我一点也不吃惊,他不追求生活的舒适。那么,我们是否可以认为他的自杀是出于对艺术的失望? 我不知道。我们在创作道路上常常一起争论,争论抽象艺术的问题。和他在一起,你只能谈绘画。我不相信抽象艺术。一位艺术家把这类规则强加在自己身上,他就贬低了自己。斯塔埃尔画抽象画,我常对他说,这个阶段对于他的艺术追求来说必不可少。但迟早他会有所突破。他已经突破了。

有一天,尼古拉·德·斯塔埃尔说过,画一件相像的东西他觉得别扭。以后在昂蒂布,他和布拉克一样,让画布靠着墙和画罐,但没有鸟飞过他的画室。

乔治·布拉克一直关心着他。他有时去探望这位年轻的朋友。斯塔埃尔后来写道:"布拉克经常来探访我。他对我做的事很满意。我用我的建议方式对他谈到我感觉到的新的空间。"他对布拉克这位为空间奋斗了四十年的人说起这个,并且凭经验知道,他的肯定只能是暂时的。

我走下杜埃尼埃尔街这所平静的房子里打蜡的木楼梯,就在玛利埃特为主人做的饭菜的香气里。我见证了不同辈分的画家之间的友好关系。

尤其是我带走了这幅画的回忆,他说他还没有画完一只飞翔的鸟。这幅画成了布拉克的话的象征,我相信只有布拉克才说的一句话:"真实是永存的。"

布拉克的鸟不仅仅飞在他的画里,大自然还把它印在岩石上。我的妻子卡特琳·华尔在海水卷来的卵石上,看到一只布拉克的鸟。那是在迪埃普的沙滩上,摄影师曾看见画家在那儿拾卵石。那么,真实,是像造物主那样做出来的吗?

费尔南·莱热

Fernand Léger（1881—1955）

　　流放回来，艺术家们在巴黎感受到的政治气氛和1937年人民阵线的政治气氛相似。毕加索高声喊叫要加入法国共产党。费尔南·莱热在纽约也向大家表示了同样的态度。在巴黎，位于香榭丽舍大街的法国思想之家开始着手实现一系列计划：举办展览会、音乐会、讲座，并不按社会现实主义原则办事。在里面甚至看见由斯特舒金纳收藏的毕加索的画册，那是些相当大胆的作品，是我们的现代国家博物馆不可能展出的作品。当斯特舒金纳的继承人表示要利用他们对这批收藏的权利时，画很快就消失在苏维埃博物馆了。

　　1947年底，我头一回到莱热的画室去，它位于德尚圣母院街。在三楼，费尔南·莱热给我开了门。他好像穿着一件卡尔代寄给他的朋友们的美国衬衣，但不是的：是他本人的，他在纽约买的。他从纽约回来。我站在下面的楼梯上，觉得他很魁伟。他很结实，鸭舌帽压在额头上，披一件呢绒衣，粗毛线领带，脑袋像斧头劈出来的，花白胡子，浓眉。他正忙着把木柴踢到旧炉里。炉的管道直通天花板，上面的阁楼想必也能借此取暖，有架梯子连接着它。画室是工作的地方，画靠着墙，鲜红的调色板像太阳似的，放在木箱上。莱热像一般的画家那样，把客人安排坐在背朝正在进行的画架的位置，这样他就可以一面谈话，一面看着他的画布。地上摊放着水粉画，那是他为达吕斯·米约和朱尔·叙佩维埃尔的歌剧(《波利华尔》)所创作的背景图。

我请他谈什么呢？谈抽象艺术？那是时髦的话题。我知道安德烈·沙泰尔同意这话题。他刚写了一句话："一幅画之所以不愿表现任何东西，那是因为问的人不懂得问。"真是好句。

莱热首先提到美国，战时他在那儿度过。我看见墙上他在美国画的画。有一幅用燕尾旗写了说明："永别了，纽约"，果真永别了吗？事实是他又回去为联合国的大厅画了两幅壁画。他和我谈到美国人抛掉了实物，不再用它们。在美国，人们不修复，而是改变，我看见他的画布上飞翔着自行车的轮子、链条，农具机件，看来他在美国认出了30年代他在巴黎喜欢画的"物件的对比"的某些东西。为了表达他回国的幸福心情，他说了这句妙语："在美国，一堵墙是阻止通行的障碍，在这里，它是人们想要抚摸的石头的聚集物。"

当我提到有关抽象画的问题时，他的回答和乔治·布拉克、和安德烈·马松一样：

> 我知道抽象画是什么东西。很多年前，我和朋友们一起发明了它。我向你保证，画抽象画不难。瞧这幅画布：我要使许多不调和的物件活起来，但我很难让它们协调。

他指给我看一个身体舒卷自如的杂技演员，整个马戏团在一块红、蓝、白、黄和绿色的靶前表演，莱热对我说：

如果我喜欢玩投标游戏的话，我会比杂技演员更准地投中两三种颜色，大家会满意，我也是。

那么是什么使费尔南·莱热奔忙？他告诉我：

我极力要表现我们创造的文明的当前现实。我感兴趣的只有一件事：我到街上去，我看房子、路灯、车轮、霓虹灯、来来往往的行人。我在那儿为我的画收集我需要的东西。

在他的作品中常出现街上的物件和田里的东西，作为反映现代现实急速运动的里程碑。如战前的雨伞和螺旋桨，在美国是车的坟场，现在在巴黎是自行车、汽车、到处竖立的天线杆。表现一座教堂用什么对象呢，自然是神秘的玫瑰，象征基督热情的器具，钉子，钳子。莱热刚刚为上萨瓦的阿西教堂的正面画了一幅 170 平方米的镶嵌画。玻璃窗快完工了。他说：

我信任工人。从制模起，他们就找到了出色的色彩。他们很高兴在这项大工程里有他们创造某些东西的自由。他们不停地打电话给我："莱热先生，来看看！"我喜欢集体工作。

有客人来画室了。保尔·艾吕雅，他是来看莱热的《国际妇女日》的装饰计划的。莱热解释什么是集体工作：

我召唤我的学生。他们就我向他们提出的主题做模型。我给这个出主意，向另一个做手势，加上我做的，就把装饰安装了。

艾吕雅回忆莱热在 1937 年为拉德古维尔特宫画的巨幅画（《力量的运送》），并加了这样的评论："不错，你总是具有大师的灵魂。"

对于法国共产党向他提出的计划，莱热总是二话不说地应允。他重现了文艺复兴时期伟大装饰者的画室原则。他制作了以下人物的巨幅肖像：兰波、马雅可夫斯基、艾吕雅。每年在冬季赛车场举行的书籍销售，他总是准备设计法国共产党的宣传画像。人们可以相信，在毕加索和他之间存在着某种竞争关系，毕加索画和平鸽、堂·吉诃德之类装饰铅笔罐之类的画，毕加索参加了波兰的大会，莱热到布拉格看索科尔的示范表演。大家都知道，两人之间互无好感，但两人都自觉起了法国共产党的艺术家的作用。他们干了些什么事呢？毕加索在一座共产主义城市华洛里画《战争与和平》的壁画，牧羊人的雕像，而莱热画临时装饰画，而且老是受到粗暴的拒绝。他回想起他曾在雷诺工厂的食堂画过一套名为建设者的画，工人们对它们没表示什么态度。但当画被抽走时，他们抗议了。他交出了一系列好画，画的是人站在金属脚手架上，真正的"工作的人"，他采用的蓝色堪与乔托的蓝色相比，但 CGT 拒绝了它。

安德烈·马尔罗有意在如今称为阿拉伯世界研究中心的前面竖立莱热的巨幅画《行走的花》。莱热要求的高度是 10 米，这计划却因管理部门而化为泡影。除了乔治·布拉克可以在卢浮宫的天花板上作画,还有夏加尔受马尔罗委托在巴黎歌剧院画画,还有马松在奥德翁剧院画画,现代派的其他大师没一个、连毕加索和莱热都没能被批准为巴黎作画。为什么呢?因为号称戴高乐派的管理部门不能向共产主义的艺术家们订货?后来,毕加索在巴黎画了一幅大油画,《依卡尔的堕落》,还不是因为收藏此画的联合国教科文组织不属于真正意义的法国本土?

在德尚圣母院街的画室里,莱热这位杰出的大工场的老板正在等待。他还不知道,法国共产党在提倡社会主义现实主义的斯大林领导面前将失去理智,而他将要放弃法国油画。如今正是整个灰浆的前夜……领导的平庸将使国家失去这样的可能:城市的街道表明现代派能建立新的城区。

在第一次世界大战前巴黎的所有艺术家里,正是费尔南·莱热最先在他的第一批作品里,很自然地朝向了公众艺术,即摆在街道,在街道做宣传。除了人民性,观看他的画,你好像还能听到现实主义女歌唱家的歌声。是的,莱热的伟大的立体派画与伊冯娜·乔治、弗雷埃尔或达米亚的重弹老调的画具有相似性:如《婚礼》、《牵引机车》、《马戏团》,铁路、大路上的车速、带有诗意的现代化的主题如阿波里奈尔和桑德拉尔,后来的电影艺术家马塞尔·莱尔比耶,阿贝尔·冈斯,让·维戈,查理·卓别林,整整一代。首先是他的朋友罗贝尔·德洛奈认为,新机器和它们的威力带来了希望,带来的不是幸福,就是生活水平的改善。再说,它们具有黑人音乐的节奏,再也没有什么比飞机的螺旋桨更美的了。布朗库西、杜尚,莱热、德洛奈都作如是想。

莱热很快就超越了汽车、飞机、火车的未来主义表现形式。他以马达的速度行事。战前他用群众的场面表现令人着迷的运动，然而，这位无神论者所接到的唯一关乎持久作品的委托，却是来自于基督教堂。

在他生命的最后几年里，莱热为梦想破灭而伤心。1954年，我每个星期都会看见他。他没让我看出他的心事。今天重读当年的笔记，我发现，当面对传记作者回顾自己的人生时，他依然是时刻准备着为公众艺术而努力。他希望他从前的作品不会被抛弃。从表面上看，他并不遗憾自己曾想稍稍接近公众，即使他明白，这种努力不会有预期的成功。他的作品一直不能被很好地领会，他也不操心它们能被接受。我感觉，在生命的最后几年里，他认为他对得起自己。

另一位共产主义画家毕加索，经过那件轰动一时的有关斯大林肖像的风波后，不再听从一个不敢在视觉艺术方面持有观点的党的话了。在迟暮之年，他通过自己的作品，和他所选择的古代大师的作品交流，和神话交流，乃至于他再也不能画爱欲激情以外的东西。性是毕加索的作品的终结。

我认为，法国共产党对性欲没有做出过什么指令。毕加索更是创作了不少有关这一主题的作品：油画、素描、铜版画。也许这就是他对待政治要求的方式。过去他信任这些要求，现在他再不理会他们的规则了。他因此进入了绝对自由的领域。在那儿再没有意识形态方面的命令。他知道没人批评他，就像从前为了斯大林的像那样批评他。相反，更多的公众来看那些作品，睁大了眼睛，为窥看到夫妻之间的私生活场面而喘着粗气。

费尔南·莱热于 1955 年去世。他在经历爱的痛争之后死去。莱热画过色情画吗？直至现在还没有见过……但值得注意的是,尽管在毕加索那里很明确,而莱热则显得相当含糊,对于这两位 20 世纪最重要的艺术家来说,最后的真实就是性。

普遍的艺术倾向于非政治化。然而,反对越南战争的展览会吸引了画家如皮尼翁、马内西耶、马塔、勒贝罗勒和许多其他画家。游行不再由法国共产党组织,它对美学缄默不言,但由一个沙龙组织,青年画家的沙龙,一群被称为左派分子的流动小组的人员在沙龙里会面。

费尔南·莱热留下许多门徒。在他活跃过的画室里,进出着各色雕塑家(尤其是自从艾蒂安·阿尔杜受他委托负责这个领域以来),还有画家。他们当中的两位,一个是莱热的遗孀娜迪阿,一个是乔治·博基耶,后来结了婚,共商设立莱热美术馆的计划,把莱热留给妻子的画收进这个美术馆里。

去世前不久,莱热在比奥一个学生罗朗·比利斯的画室里绘陶瓷画,他在那里买了一栋坐落于公园之中的别墅。娜迪阿和乔治如何建成美术馆的? 我不知道。不过,他们做成了。他们如何从法国博物馆的领导部门处得到国家美术馆的称号的? 我不知道。但费尔南·莱热国立美术馆确实成立了。娜迪阿拥有怎样的权力,使得越南人和美国人在这栋位于"伊万特上的吉夫"、名为"大椴树"的别墅里会面,并决定结束越南战争的? 我还是不知道。莱热正是在这个别墅里度过生命的最后时光的。我倒是好几次听见娜迪阿的抱怨,她在法国所受的接待还不如在前苏联。她说:"在那儿,我有官方的大轿车提前等着我下飞机。"她把一切都估算精确。她捐赠了一大笔艺术珍品,以及一座用来收藏这些珍品的建筑,由于她决定并监督着这一切,莱热美术馆在很短的时间里便建成了。但她也知道，由于这个项目避过了管理部门，美术馆的未来还处于风雨飘摇之中。无论如何，美术馆还是在莱热过世以后继续生存了下来，开幕典礼时只铺在门楣上的马赛克，如今已铺满了整座美术馆。这些马赛克完全出自莱热的设计。

莱热创作不朽巨作的梦想是不可能实现了。娜迪阿实施了莱热从不敢向官方提出的计划。显然，莱热自己不能看到这些作品，所以他表现出迟疑。可是，同样是当局，如今担心着这些画的真实性，从前却也没有请莱热创作巨幅作品。1937年，他们向莱热订了一幅画，挂在拉德古维尔特宫，战后又为阿尔福尔特城的法国煤气大楼订了一幅马赛克墙画，然后就什么都没有了。管理部门因为莱热不是执政党党员而忽视了这位当代少有的艺术家。

娜迪阿之所以能成立美术馆，是因为她得到了一个政治强权的支持，而当这强权力量削弱时，要阻止一切已为时太晚：美术馆已运作了。

美术馆举行奠基典礼那天，娜迪阿邀请了法国共产党的全班人马。马塞尔·卡奇和莫里斯·托列微笑着参观了由法国博物馆主任乔治·沙尔负责的工作。马克·夏加尔代表艺术家的贫穷的过去，他和莱热一样曾在拉·路歇、伏吉拉生活过。日尔曼·巴今代表卢浮宫博物馆。我忘了提阿尔卑斯—马里提穆省省长。

就这样，当权派和反对派在费尔南·莱热的周围会面了。

博物馆开幕时，我和娜迪阿·莱热、达尼埃尔—亨利·坎魏勒——他是第一次世界大战前展出毕加索和朱昂·格里斯的画廊负责人——坐同一辆车。坎魏勒赞叹装饰小径上紫杉的高大,它们刚刚才从罐里搬出来。他热情地对娜迪阿说:"这么高的树,很值一大笔钱了,您本应把它们栽得稍矮一些。"娜迪阿答道:"不错,但我打算典礼结束后把它们卖掉,我可以赚一笔了,因为它们还会长高的。"坎魏勒缩在角落里不再说话。

娜迪阿监督博物馆的每件事务,尤其关注一切与法苏人民之间的友谊有关之事。她组织演出,邀请舞蹈家玛依阿·普里塞特斯依阿。她还在戛纳电影节期间和奥依斯特拉举办音乐会,邀请法国和苏联的电影女明星。

在莫斯科举办费尔南·莱热的展览会时,正值赫鲁晓夫当权,人们于是听到了不少奇谈怪论。美术学院院长格拉西莫夫在开幕式演说中,说莱热加入了劳动人民的党才成为好画家,展览会的节目单上虽有莫里斯·托列的前言,却没有使用。我们不禁要问这是由于印刷工偷懒呢还是作为批评的信号。我请好几位客人给我翻译说明词,就是听不到有关学院院长的意见。相反我倒是看见公众来索取题为"在资产阶级铁链里的艺术"的小册子。就相关评论来看,小册子的成功不在于文章本身,而是人们从中看到抽象画的影子,如康定斯基的画正在普希金博物馆的仓库等着当局批准向公众开放,还有热拉尔·施奈德的一幅油画的照片。很明显,参观莱热展览的莫斯科观众缺少资料,但他们明确地为每位画家在现代艺术史中定位。

这就令人思考艺术与政治的关系了。到处是低能而无条理的管理。在法国,莱热是位可以被看作令教士亲近、令部长们害怕的艺术家。在前苏联,虽然他是劳动人民的党中的一员,鉴于他的过去,人们也只敢小心地接近他。

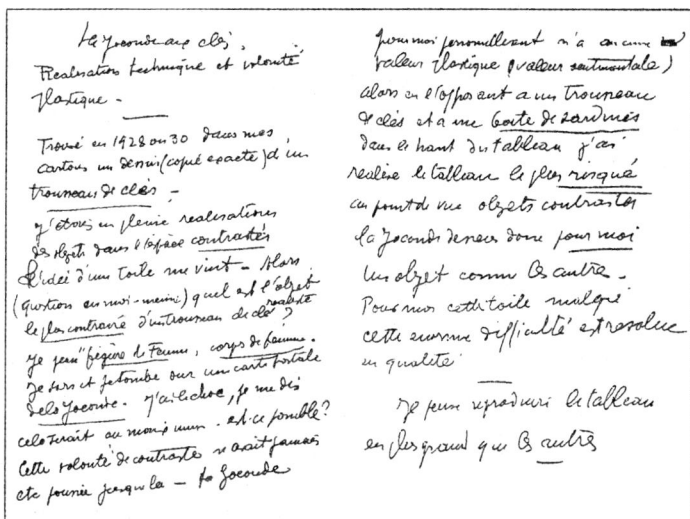

1954 年，费尔南·莱热和我一起准备他的专题论文，它发表在 1955 年，因此他只来得及见到样片，对他来说这是个浏览自己全部作品的机会。在谈到他的画《戴钥匙的蒙娜丽莎》(1930 年)时，他给我写这封信，信末他说："我有意把此画复制得比其他画大些。"

　　如此看来，在某些国家，艺术保留了它逃避规则的能力。瞧，这点倒和性别很相像呢。

雅克·维永

Jacques Villon (1875—1963)

　　我第一次见他是在 1947 年,在巴黎郊区皮托的共和街。那是个文化气息颇浓的星期日。市长先生在市镇小学举行的揭幕式典礼上致词。要揭幕的是一幅 300 平方米的壁画,由五位艺术家集体完成,画在操场顶棚下的壁上,画面表现的是家庭场面。安宁的家庭,简单的艺术:窗户大开的好些小房子,瓦屋顶,铺黑白相间的方砖,在家里幸福生活的小孩乖乖地徒步上学,一辆大型客车在马路上从容行驶。画家中的一位向我谈到他们小组合作的乐趣:"我的同志和我现在很难接受独自绘画的工作了,一个人呆在画室里,孤零零地对着自己的画架。"——这是左派说的话,当时很时行。苏维埃式的话语:艺术工作要集体完成。但我不是冲着这幅诱人的作品——表现幸福的皮托小孩的画来这儿的。揭幕典礼结束,铜管音乐会之后,客人们到市政府所在地去,我在那儿看见雅克·维永。他却真的一个人呆在自己的画室里,孤零零地对着画架作画,并没在什么集体中寻找庇护所。

　　雅克·维永从 1906 年起就住在皮托,除了战时,他从没离开过他那间位于市长街的画室。市长邀请他到市政厅,要给他颁发荣誉军团骑士勋章。他当时 72 岁。

　　在市政府的婚礼厅里,摆着玛丽安娜的半身胸像,鲜花,一张放满了玻璃杯的桌子,为了开庆功酒会,厅里挤满了人:

市政府顾问和他们的戴着插花的美丽帽子的夫人，还有蓄着山羊胡子的弗朗西斯·茹尔丹、弗朗兹·库普卡、爱德华·皮尼翁、红葡萄酒。在一个角落里，雅克·维永正和市长面对面坐着。我感觉他挺拘束，脸涨得通红。市长也不大自在，说实在的，他不是艺术方面的专家，但他说的话也还凑合："绘画是一项挺艰苦的工作，你做出了榜样。你做这工作不是为了大人物。"

雅克·维永在市长街的邻居库普卡说他很喜爱这位画家。"我们已经认识五十年了，我们还一起做了革命者！"雅克·维永的脸越发通红，又是感谢，又是握手。一个小姑娘，脸也涨得和他一样通红，被妈妈推着，向他献了一束花。画家显得很尴尬，但没松开拿花的手。喝庆功酒，可惜没有摄影记者，否则可以在照片下方写上日期：1947 年。

十年之后，我又来到皮托的市长街。大树、没修整好的草坪、艺术家们的画室。木梁、石灰墙、锌和玻璃的屋顶。这里曾居住过马塞尔·杜尚、雷蒙·杜尚－维永、阿尔贝·格莱兹、库普卡（他刚刚去世），雅克·维永一直住在这儿。他 82 岁高龄了。来这儿探望他的有费尔南·莱热、罗歇·德·拉弗雷奈、朱昂·格里斯、阿希彭戈、纪尧姆·阿波里奈尔、莫利斯·雷纳尔、弗朗西斯·皮卡比阿、马克斯·雅各布。1912 年，雅克·维永在皮托是新理论的中心人物，在这儿产生的沙龙思想从大胆和质量上都超过秋季沙龙。32 名艺术家集中在波埃提街。大家乘坐从皮托开往阿尔马广场的电车。后来，人们谈论两派立体派画家，一派是蒙马特的，一派就是皮托的。

皮托被列入艺术史中！该市当然要保留这尽是树木和画

室的小岛了,正如巴黎蒙马特高地保护毕加索画室巴托—拉瓦尔那样,正如大家都到比利时的安特卫普参观鲁本斯的房子,在荷兰的阿姆斯特丹参观伦勃朗的房子,在意大利的佛罗伦萨参观米开朗基罗的房子一样。皮托前程锦绣!

夏天,维永的画室里很热。冬天,画家裹着大衣、围巾、戴着帽子靠近火炉工作。画室很大,家具上,在果篮和高脚盆之间摆着他的兄弟雷蒙·杜尚—维永的石膏像,他于1918年去世,还有波德莱尔的头像,男人的上半身像,"情人"的浮雕,那是第一批立体派浮雕之一。创作的日期? 1913年。

维永解释说:"自从雷蒙去世后,我保留了他的大部分雕塑作品。"我算了算:这些石膏像呆在那儿已经将近四十年了,它们在等待着。我开始明白为什么我从未见过杜尚—维永的作品! 雅克—维永是杜尚家四位艺术家的老大,他知道需要时间公众才会注意某些东西。1912年,就有业余爱好者开始赏识他了。后来,好风却再没从好地方吹来。维永靠雕塑活计谋生。终于有一天来了个商人路易·卡莱,买下了他的画室里的全部画。解放以来,雅克·维永声名大振,在70岁时出名。1957年,他已经82岁,他说:"你知道,人是为自己工作的,然后有时才为别人服务。"

时间? 时间,不是我们对外活动的时间控制着这画室的心。在雷蒙·杜尚的石膏像上有一层薄薄的时间灰尘。画架上我看见一幅正在画的画,就在波德莱尔的半身像旁边:对角线穿过垂直和水平面,怎么,维永也画抽象画?

不是的! 我总是在现实和抽象之间工作。我不能没有现实。你看见这是一幅抽象画吗? 比如说,我只要起个题目,你就能找到和飞机着陆的动作的关系了,我希望,我摆在那儿的不是物质,而是它们的本质。

他的画,是活的几何学。在平面和颜色里,我看见手的愿望和它们的颤抖。我领会到动人的组织而不是按规则的涂抹。这完全和大自然的事物一样:看似相像却完全不一样。

官方总算慧眼识英雄。雅克·维永收到了订单:为在卡尚的学徒中心画一幅油画。为米兹的教堂画五幅 10 米高的玻璃彩绘画,那是他的第一批玻璃画。他到莱姆、夏特尔、圣夏佩尔和巴黎圣母院了解情况后,画了无数的草图。

我烦恼的是我没能看见我画的玻璃画的全部,只看见局部。如果我重新画它们,我会稍稍加强明暗的对比,更清楚地突出构图的节奏感。我要抽象的玻璃画,我强调这点,是抽象画而不是装饰品。

他说话很慢。这说明在他敏锐的世界里还有坚信。这不易做到,对于敏锐的人来说。他又说:

现在我希望他们给我点时间画画。在绘画方面我还有好些要研究的东西。而这些重大的工程夺去了我的时间。

这些工程,他把它们理解为他要面对的挑战。但他明白每个人有自身的限度。如果他越过了别人加给他的障碍,他就成了另一个比他重要的、达到他给自己定的目标的人。

　　很明显，在这间画室里，时间不是挂钟上指的时间。于1918年、时年38岁去世的雷蒙的作品就傍着他的兄弟雅克·维永新近画的油画，而雅克从1905年起就成了画家。他们两兄弟相似吗？不比别的兄弟姐妹更相似，比如另一个兄弟马塞尔·杜尚，还有他们的姐妹苏珊·杜尚——画商保尔·纪尧姆展出过她的作品，她后来嫁给达达主义者让·克罗提，就没人再提起这个苏珊了……很明显，无论是身份还是历史，都不能准确地表明艺术的生命力，这就是我从维永的画室带走的想法。他说："要等到艺术极其强盛的时期。也许我等不到那一天了，我的后人等得到。"

　　走过塞纳河，我想起皮托市镇小学里的那些艺术家们，他们对我说不再接受个人作画的任务。今天我就看见一位孤独的画家，如今他更孤独了，因为他的邻居库普卡刚刚去世。朋友的死意味着什么呢？死不就是自己未来的下场吗？当灰尘轻轻落到兄弟的石膏像上，他独自一人继续在光亮的颜色里、在颤抖里寻找他的真理，在几何图形里寻找活人的心跳。

　　我常常回皮托去，离市长街不远有一家饭馆。店主是将近150公斤的大块头（后来减了肥），人如此庞大，却非常崇拜艺术家，画家和雕塑家们有时被他邀请到饭馆吃饭。首先被请的是邻居雅克·维永。雅克·维永也给他画肖像，称他为"大男孩"，他给这肖像涂上鲜亮的颜色，使他有点透明了！这位厨师"大男孩"越来越迷上绘画，在墙上画年轻人，后来甚至开了画廊，就用他的名字"卡米尔·雷诺"命名。他没赚钱，再说在这儿谁也不抱这希望。但他也没破产，这是他的乐趣。

　　在一次为雅克·维永设的宴会结束时，我又看见雅克在桌子旁转来转去，在每个人的手里喝一点他们酒杯里的酒，表

示对他们的友谊。简朴和天生的文雅，这就是雅克·维永的
特点。

当时的传统习惯，艺术家在报刊上参加庆贺同行的活动。
雅克·维永常满足我的要求。在一次关于绘画的调查中，他
给我写道："我越是参加这些活动，越不知道那是什么玩艺。"
他不缺少幽默。

1954 年，我请他为刚去世的亨利·马蒂斯写点纪念性的
文章。他给我写了一篇真正的文章，文章一开头就回忆起半
个世纪前的往事：

　　大约在 1903 年，大家都在神秘地谈论古斯塔夫·莫
罗的学生、尤其是马蒂斯。当时马蒂斯在第一次秋季沙
龙出现。为了不与其他也叫马蒂斯的人混淆（比如有一
回，一个名叫奥古斯特的马蒂斯被错误地安排在他的座
位上），人们通常在名单上写他的全名亨利·马蒂斯。他
做了一年美术展览委员会的成员，但很快就辞职了。他
以画家的身份在新兴的美术展上挥洒着才华的光辉。这
光辉甚至更像是"火灾"。由于手头没有目次表，我很难
具体说出他的作品名来，但我还记得有一幅马蒂斯夫人
的肖像，以及一幅以黄色色阶表现的年轻女人的肖像，它
们引来观众的兴趣或倒采声，但他们都没有无动于衷。
然后是《舞》，为美国人巴尔纳作的背景画。所有这一切
都值得一一列出。绘画终于生存下来了。第一次世界大
战之后，他的大胆显得更可爱了。他住在尼斯。从他在
拉波埃蒂街的房子的窗户看出去，有大海和尼斯的房屋，
这给他带来了幸福的感觉。他不知疲倦地干到最后，以

一位真正的大师身份，创作了油画、素描、石版画、木刻等等。他的作品和他本人一样高贵，并不随便。

我撰稿纪念马蒂斯，还有扎德金，莱热。艺术家的团体还存在。我在想，如今的艺术家是否还在报纸上写纪念其他艺术家的文章。也许他们更适合在电视节目上介绍其他艺术家，只要电视稍有宣传文化的微弱愿望。

皮托市长街上的画室全毁了。在蒙马特，一场大火也毁了巴托－拉瓦尔画室，创造艺术的地方因为人们的漠不关心而消失了。

有一天，我去了拉德芳斯新区的广场，满眼都是高塔一般的办公大楼，当时斯普瑞克森设计的"新凯旋门"还没建起，我问一位报刊专员，这广场是否属于皮托镇的范围，他回答我说："皮托就在我们的脚下！"我把那儿发生的事告诉他，怎样的艺术家曾在那儿生活过，一个重要的艺术运动就在那儿诞生。为了给他管辖的地盘添点儿魅力，我建议他找出市长街的旧址，挂上那些画室的照片，有那么多的发明创造在那儿发生。听了我的陈述，他露出惊讶的神气，答应把我的意见汇报给负责拉德芳斯改建工程的高层当局。你以为会有什么反应呢？我没听说高级首长们那儿有什么下文。

但在记忆中，不停地出现一些雅克·维永的画给我们的乐观主义的印象。起飞的飞机。在田里耕地的马，也就是它们最动人时的力量。还有一些风景，长长的彩色的地平线，带有象征意义的力量。永恒的乡野。有一天，人们会需要接近荷兰17世纪的风景，巴比松画家的山谷，巴黎印象派的村庄，以便了解我们所看到的大自然的变化。

乔治·鲁奥

Georges Rouault（1871—1958）

　　记得是在农场的大院子里。农场中央燃着熊熊大火。不少记者在场，我只认识其中几个。尤其是还有现场拍摄记录，支起了三脚架的大摄像机，一群人围在那儿忙碌，这可是桩重大事件！就我记忆所及，那天天气凉爽，我们正处在 11 月。

　　来了一个裹着大衣、裹着厚厚的羊毛围巾的矮个子男人，帽子压在眉毛上，几乎看不见他的脸。他就是乔治·鲁奥。那年他 77 岁。对于他来说，那天是他的胜利的日子。都知道他怕记者，但那天他邀请记者来，甚至邀请了拍记录片的记者。他要所有的人都知道，艺术家是他的作品的绝对主人。确实，在这场与画商昂布瓦斯·伏拉尔的子女打的官司中，法庭判他胜诉。他要大家看看，他怎样处理法官从商人手里索取回来、商人原本打算卖掉的他的作品：他要把他的作品付之一炬。这是他的胜利。第一次。艺术家的精神权压倒产业权。鲁奥赢了。

　　这小个子男人显得很激动。我看见他靠近大火，往里面扔下一幅画，它马上就烧着了，油画是很容易燃烧的，并冒出黑烟。烧了一幅，又一幅，再一幅，他住了手。他大概觉得烧得没他所希望的快吧。四周是他的家人、人群，大概法院执达员也参与见证毁画的场面。我们知道，画家用了一年的时间，在他的画室里那数百张战后找到的作品中做了一番挑选。他的画室在马尔提那街、商人昂布瓦斯·伏拉尔的府邸的最高层。从 1917 年起,他每天来这儿。我们从执达员那儿了解到画作的数目:画家打算烧毁 315 幅油画、水粉画、素描、水彩画。那是他多年劳动的成果。

现在,火烧得正旺。乔治·鲁奥急于把事干完,他的动作越来越快,把画扔进火里。画一直在冒烟,烧得毕毕剥剥地响,油画膨胀了,起泡了,呼地一下子烧起来。我被画家激动的神情和动作所打动,他跳跃着,围着大火跑来跑去,往里面扔他的画。从前我曾想象过,火灾其实是火在欢庆胜利,眼前的场面确乎如此。

他战胜了买卖,他拒绝了金钱。为了不让商人推销他的未完成作品,他必须毁掉它们。他做出了选择。我在想,对于某些作品,他也许会后悔的。现在一切都在火焰中消失了。鲁奥不愿等,不想看它们的灰烬。他走了。摄影记者也跟着收拾器材。这事就完了。

马尔提那街的画室发生过什么事情? 没人进去过。我甚至认为,没得到画家的邀请,伏拉尔也不会进去。除了画家在创作,这间画室里什么也没发生过。画家说:

> 我在那儿放了几百本绘画笔记,有些薄的,但更多的是厚的。我一直带着它们。星期天、节假日,甚至是 8 月,室内温度高达摄氏 43 度,空气不流通,光线暗,没有酒、咖啡、白面包或珍贵的友谊,所有这些都被我的画所剥夺了。

鲁奥常常这样工作。1915 年,他在给朋友安德烈·苏阿雷斯的信中写道：

> 我以我的方式做到了，当然我不是说这是最好的方式，但我就像是一阵风似的做到了，就像是燃烧起来的火一样做到了。这关乎我自己的秘密。多年以来，我为此一直在付出同样的努力，并且是在同样的画布上。

这些作品，刚刚在我们的眼皮底下被鲁奥本人烧毁了。1939 年，按清点记载，他在 819 幅作品中烧掉了 315 幅。事情就是这样。马蒂尼亚克街的画室成为时间不再有任何意义的处所。在那顶楼上，鲁奥飞快地工作，正如他自己所说，像风一样，像火一样。他的构思也许已经有十年或二十年的历史，但依然如清晨一样新鲜。我们可以和他谈时事，但乔治·鲁奥只知道一件时事，那就是他本人的事，以及这件事必须立即实行。

一把火烧了被他判了死刑的作品。他回到家，一幢平凡的楼房，在爱米尔·吉尔贝街。从窗口，看得见里昂火车站的喧嚣。

前一年即 1947 年，我去法院旁听他与伏拉尔的继承人打的官司，诉讼已进入第二阶段。他胜诉了。我不知道今天人们如何评价这位艺术家对商人的胜利，赌注是画商继承人在画家画室里发现的几百幅作品。画室属于商人，他是整栋楼的主人。事实上，鲁奥的作品只是遗产的一部分。伏拉尔有他的肖像，分别出自塞尚、雷诺阿、毕加索之手。马蒂尼亚克街好比一座阿里巴巴的洞穴，鲁奥的画就关在里面。

继承人方面的律师当时有十足把握可以胜诉。我还记得他说："昂布瓦斯·伏拉尔是位天真的资助者。"他大概是被鲁奥的天才迷住了，但他会天真吗？这位律师还肯定说，"乔治·鲁奥又懒又狡猾"，这很可以作为有分量的辩辞。艺术家常以没灵感为借口而不搞"产品"，无所事事。"产品"是80年代的流行语汇。我忘了律师的原话。但显然他说的是商品的意思。

那我们就谈谈商品。从1917年直到1939年，也就是直到鲁奥和伏拉尔签定新合同不久——伏拉尔在签合同后两星期因车祸去世，画家交给商人563幅油画、266幅木刻画、162幅铜版画，到打官司的时候即1947年，总价值相当于3亿法郎。与此同时，画家每年平均收入10万法郎，对此他表示满意，前后这些年的总收入为220万法郎。商人的天真何在？

可佩的是，法庭尊重艺术家的权益胜于尊重业主。我不懂法律的大道理，但我忘不了这句话："任何合同都不能强迫一位艺术家卖掉他不满意的作品。"在法庭上宣读这句判词时，听众席响起掌声。乔治·鲁奥赢了。

1908年，他第一次踏足法庭。当时一位朋友让他发现了这黑与红的世界。在此之前，他一直都以杜米埃式的愤怒态度在描绘法官。然而，就是这些法官判他胜诉！不过，话说回来，画家也只是在以基督徒的眼光看待享有权力的人。对于乔治·鲁奥来说，即便是在屠杀基督的刽子手身上，也有上帝的火星。

鲁奥去世时87岁，在焚烧作品的十年之后。十年以前，他把那些他不想摧毁也不愿意展出的作品，托付给了现代艺术博物馆。这些作品处于地狱和天堂之间，处于一种炼狱之中。

1956 年, 鲁奥大约可以相信, 在法官面前获得的胜利是徒劳的了。那一年, 我们得知, 皮埃尔·博纳尔的遗产、他的所有速写笔记、草图将被拍卖。鲁奥再次走入竞技场。他在《巴黎快报》上写道:

> 画家们, 雕塑家们, 小心你们的试验作品, 当心你们的装物箱子。如果你们已婚, 那么每晚都要烧掉那些有可能未经你们同意就被卖掉的东西。

这是正义的愤怒。他说过:"烧掉。"这是唯一不让市场把爪子伸到作品草稿上来的解决办法。从某种意义上说, 他的话是有理的, 因为, 比如说, 我们看得见太多的雷诺阿的草图, 在很大程度上并没有什么价值。从另一方面来说, 那又是错误的, 因为, 对于爱好者们来说, 草图有时是了解杰作的必不可少的资料。但我们能够理解画家的烦扰: 如何避免往往还为数不少的准备性的草稿鱼目混珠, 并影响人们去观赏最终的作品呢?

马克·夏加尔
Marc Chagall（1887—1985）

1958 年 5 月底,马克·夏加尔不在他的旺斯的家,而在巴黎,在圣路易岛安茹月台街 13 号他的公寓里。我去拜访他,因为他在 1933 年写的书《我的生活》将要重版。当时,他正在为巴黎歌剧院和各种插图忙碌。

我看见他躺着,有点难受的样子。他对我说:"可怜的夏加尔病了,对不起,对不起,原谅我躺着见你!"他还保留着他的幽默感,双眼发亮,指手画脚的:"我很快要去格拉斯高了,那儿的大学要授予我荣誉博士称号。我要戴黑色的博士帽了!"他笑起那帽子,好像那是狂欢节的服饰。然而,他尊重如雨点般落到他身上的荣誉。我请求他的允许,我想在我的报纸上重新发表他的一首诗,他同意了。

> 我的祖国独一无二,
> 它就在我的灵魂里。
> 我回国无需护照,
> 它看见我的忧伤和孤独,
> 它抚慰我直至入眠,
> 为我覆上一块芳香的石子。
> 我的心如鲜花怒放的花园,
> 我的花儿皆属创造。

> 街道属于我，
>
> 但没有房子，
>
> 从童年起它们就被摧毁，
>
> 居民们在空气中流荡。
>
> 寻找住所。
>
> 他们居住在我的灵魂里。

好诗比照片更能表现夏加尔的画所包含的内容。我感谢他的诗。他谈起他为米兹教堂作的玻璃窗。我知道，在米兹，就像是在雷姆或在以色列，人们不愿失去拥有现代大师作品的机会，这位大师刚刚以阿斯教堂的玻璃彩窗展现了他的才华。订单潮水般涌来，都是些与他的艺术水平相当的巨型计划。夏加尔和我谈到他已完工的画稿：雅各与天使摔跤、雅各的梦、摩西和燃烧的荆棘、亚伯拉罕的献祭，还有大卫和拔示巴。他对我说：

> 你知道，这些都是伦勃朗的主题。我必须非常注意教堂里已有的玻璃窗。这座教堂建成于 8 世纪，他们交给我的窗户位于哥特式部分，我必须让我的色调和古代玻璃的色泽相调和。雅克·维永也接受了米兹的玻璃画的订单，但他负责教堂的现代部分。他可以随心所欲。我可受到限制了，可怜的夏加尔，不过这倒好，尖拱将近 4 乘 1 米，引人的目光朝上，而且在每扇玻璃窗的高处，我都放了一位圣经里的人物像，把红色和蓝色混杂在其他玻璃窗的哥特式颜色里。

就这样，在好几年的时间里，夏加尔老惦着玻璃窗画。
1952年，也就是六年前，他专门赴沙特尔，研究光线如何穿过
玻璃，颜色如何落进铅里，他说道：

> 彩绘大玻璃窗看起来很简单，材料、光线，那就是创
> 造。我给材料和光线带来了什么？也许带来了我对父
> 亲、母亲、童年、家人的千年回忆，也许还有我的心。在材
> 料面前必须谦卑、驯顺。艺术家只要在面对大自然时成
> 为占少数者，并且服从自然，才是最幸运的。我手上有所
> 有的王牌：光线，天空的光线，是它赐给我们颜色。

夏加尔还谈到他为莫里斯·拉维尔的芭蕾舞《达费尼和
克罗埃》所作的舞台装饰。他亲自做修改，用涂满颜色的扫把
画。还有80套舞蹈演员的服装，他一件一件地过目，添上他
期望的效果。他又说："我以后再也不为剧院工作了：那是白
费心机的活儿，色彩还没干就被人遗忘了。"

电话铃响了。夏加尔去接电话。他谈了很久。我猜那不
是私人电话。最后，他开怀大笑。之后他对我说：

> 昨天，我的彩绘玻璃窗的草图在部里的委员会通过
> 了。可怜的夏加尔，我觉得自己很年轻，很小。对着官方
> 人物，我觉得像在考试，我感觉自己才20岁。

他71岁了。他们不再淘汰马克·夏加尔了。
我告辞出来，穿过一间大客厅，厅里的桌上、椅上、沙发
上，全放着他的画。我没来得及观赏它们。主人身体不适，我

还是溜了的好。几天之后,我得知他当天晚上进了医院,医生立即给他动了手术,是急性肠梗阻。他告诉我说他肚子疼的,这是他生平第一次患了重病。

后来,我读他的朋友、石印工人夏尔·索尔里埃写的书《老板夏加尔》时才知道,为什么夏加尔在挂电话时开怀大笑。在这本书里,曾协助夏加尔完成许多重大项目的作者——其中一项是歌剧院的天花板——毫不掩饰画家当众所受过的侮辱,那属于部长们的、技术人员的、官员们的无能。他讲述了发生在夏加尔哈哈大笑之前的一切事情。几天之前,部长急派一名官员到夏加尔家,转达他们对米兹教堂彩绘玻璃窗草图的看法。判决是:委员会认为他的画不够好,要求他重订计划。

美术部官员是什么人?代表共和国的某个人,而共和国在展示权力、命令修改之前,是不会同意人们对它所做出的任何建议的。再说了,设立检查委员会是做什么用的?

夏加尔从他的安茹月台街13号赶走了那个倒霉鬼。他对夏尔·索尔里埃宣称,他再不会接受这种订单了。然而,他属于最自觉、最易不安的那类艺术家。在他的心里总藏有很深的不安,但他挺滑头,有时还太过了一点。可怜的夏加尔,他害怕被责备。例如说,他为歌剧院的天花板就设计了两套计划,留给戴高乐和马尔罗去选择。

令他开怀大笑的电话是怎么回事?很简单,是部里的某位大人物打电话来,拜倒在大师脚下,请他忘记那位官员的可笑建议。安德烈·马尔罗大概过问了此事。夏加尔笑了,大人物的命令下来了,管它是偶合还是必然,总之必须执行。

当时我很想打听一下,那位要求夏加尔重新考虑画稿的官员是谁。如今我觉得这已不重要了。这位官员运气不佳，碰上了夏加尔。我忘不了每次开会，委员会都要求艺术家们修改计划。如果他们要求的是张三李四，那谁都不会知道这事。委员会的批语往往荒谬愚蠢。碰到夏加尔，行政的愚蠢行为被迫得到改正。但如果是碰到别的艺术家呢？

```
7059   DE VENCE 0125 86 23 1510
=1 RAYON DE SOLEIL S EST ETEINT 1 RAYON VA D ART DE POESIE
ELF SON INIMITABLE D ELUARD QUI AVAIT 1 DUR  DESIR  DE
DURER SES POEMES QUI ONT PRIS PLACE D UNE FACON  SI JUSTE
ET SOLENNELLE PARMI CEUX D UN  MALLARME ET D UN APOLLINAI
JE REGRETTE D ETRE LOIN MA FILLE VOUS PORTERA DESSIN LE
PAIN DES POETES EN HOMMAGE A PAUL ELUARD LE MEME DESSIN
QUE J AI FAIT POUR SON LIVRE= MARC CHAGALL
                    MARC CHAGALL
```

保尔·艾吕雅1952年去世，我要求他的朋友们让我在《法国信函》中发表追悼他的文章，马克·夏加尔给我寄来这份电报。

亚历山大·卡尔代

Alexandre Calder (1898—1976)

1971年冬天，在安德尔－卢瓦尔省的萨歇，我拜访了雕塑家阿历山大·卡尔代。

亚历山大·卡尔代一头蓬松的白发，性情孤僻。他不说话，他爱低声咕哝。他的发音几乎到了听不大清楚的地步。你只听见几句法语，却又常常被他那发自内心深处的强有力的笑声所覆盖。他不是爱嘟哝的孤僻的人，他是个爱笑的人。

我看见他在某几次开幕典礼里睡着，在某几次晚餐中摇晃着双臂跳舞，在爵士音乐或手风琴、风笛的乐韵下。但你不要以为他是普通人。他大智若愚，孩子般闹着玩似的，其实精明得很。这样他就用不着去涉猎那些所谓的美学领域了，那儿空气过于稀薄。如果没有流通的空气激发他的"动力"，卡尔代会变成什么样子？然而，他却是受过巴黎知识分子中的两位巫师的洗礼的：马塞尔·杜尚为他起了"动力"这一雅号，让·阿尔普说他是"静止而平衡稳定的雕塑"。至于他的妻子路易莎，则是美国作家亨利·詹姆斯的家人。所有这些，就是这位玩具制造者、爱嘟哝、爱笑、说话含糊的人的世界了。

他在萨歇住了十八年。但我今天来拜访的地方是他的新居。在山冈上，面对着山谷，他刚建了两栋楼。山谷，是的，就是巴尔扎克《幽谷百合》里所描写的山谷，对面是小城堡。卡尔代没建小城堡，然而房子大小却和城堡一样。路易莎和他住在大房子里，只有两个房间，卧室和大厅，却堪与凡尔赛宫媲美。暖房里栽种着蔬菜和水果，更让人加深了这印象。花园是整栋房子的组成部分。在这个家里，路易莎每天都做美式面包。

卡尔代没有变化。还是一头乱蓬蓬的银发，眉毛好像两根雪篱笆，横在他的尖鼻子上。我总是听不大懂他说的那些话的深刻含义，还有他拍人肩膀的意味。不，他没有变。但他的作品却越来越宏伟了。

我第一次看见卡尔代的画是在 1946 年。在梅西纳大道的路易·卡雷画廊。它首先给我的印象是文雅、轻盈。螺旋桨的桨叶，红的或黑的翅膀，昆虫摆动的触角，天牛，悬吊起来等风吹来便松开的装置。我读了萨特写的目录前言：

> 我没见过比他更虚幻的艺术了。卡尔代并没有提出什么观点，他抓住真正的活的动作，他造出它们。他的"动力"是绝对的。

参观一场绝对的展览，按哲学家的话说，给我留下了很深的印象。萨特还写道，他在这些"动力"作品中看到了只有魔鬼才造得出来的部分，胜于人创造的部分，因为在这些动作中有无法预见的成分。魔鬼和自由。

1963 年 11 月底，我遇见了卡尔代。当时人们都在谈论肯尼迪被刺的消息。卡尔代坐在沙发椅里，面对他在玛格画廊展出的作品。这一回我没听见他笑。"政府里好不容易有了一个好小伙子，却有人把他杀了。他的继任人是约翰逊？我不知道。他是得克萨斯人，那他该是西部牧牛人……"卡尔代出生在宾夕法尼亚，这能说明一切。

在萨歇，路易莎做饭。我和卡尔代一起去地窖拿酒。我们乘了一辆大旧车，直驰到穴居人式的洞穴里，奔向堆放在一起的酒瓶。然后，我们爬过山谷。我看见了厨房。卡尔代亲手做整套厨具：炉子、烤架、叉子、长柄大汤勺，一切都出自他的手。他对它们的满意不减于对他的雕塑作品。他也以同样的方式给让·维拉尔和热拉尔·菲利普的国家剧院的喜剧女演员们做首饰，当时他为亨利·皮谢特的戏剧《奴克列阿》画背景。我记得让娜·莫罗戴过他制的耳环，卡特琳娜·勒库埃也戴过他的首饰别针。

然后，我们离开房子，还是上山顶，到雕塑房去。这儿也许还要宽敞，但没什么可看的。在很长的工作台上，只看见切割了的金属板，堆叠在一起。角落里摆放着从展览会里取回的雕塑品。它们都被敲打过。有扭歪的桨片、抹去的颜色，这儿是被折断的机翅的医院。卡尔代说："我会处理好这些东西。这些雕塑都像船一样要重新上色。"

然后他检查工作室。在地板上他看见一只死鸟，就小心地捡起来，放在他那双铁匠般的大手掌上。"等会儿我会埋了它。鸟儿有时飞进来，找不到出口飞出去。"我发现，这位抓住风中的活的动作的雕塑家（套用萨特的话），尊重鸟和鸟的翅膀，即使它们死了，他还埋葬它们。

在这间工作室没什么可看的。那么，这些以后会变得如此宏伟的雕塑是从哪儿来的呢？我们点算了一下，在美国、欧洲和澳大利亚，他为各种公共场所制作了四十多件作品。蒙特利尔的那件长达20多米。四十多件？他扳着手指。他算糊涂了，重新再算，后来干脆放弃了。他到什么地方都喜欢动手做木玩具，为弗拉泰利尼一家做管状的机动狗，还发明了用铁线制的木偶，可以表演的那种。卡尔代成为展览会、奥运会所需要的雕塑家。所有城市的市政府都以拥有一件卡尔代的作品为荣。

不管怎么说，在这间工作室里没什么可看的。我们于是又上了车，到他1953年在萨歇所拥有的第一所房子里去。那儿是铁线的森林，工作台上堆满了用咖啡店的白铁或细料板纸做的切纸，工具都堆在一起：各种钳子，老虎钳、大大小小的钳、锤子、剪刀。我仿佛是遇见了一位铁匠，或者是到了一个冶金工人的岩穴里。这间工作室和卡尔代在美国——波士顿和康涅狄格——的工作室一样。这儿是他发明创造的地方。工作室里堆满了他的草图和画稿。

他在工作室里是这样工作的：先制草图，送到比尔蒙、图尔的工厂去。在那儿把它们扩大为1米。然后，他对这第一件原稿进行修改。比尔蒙的工人们再作成3米、6米或18米的模型，用螺丝、螺栓——有时粗得像拳头一样——把所有元素集结起来。运送作品并不难：把它们全拆了，零部件平放在卡车上，到了地方再重新装好。没有问题。卡尔代说：

> 意大利斯坡列托的那件有18米高，和纽约肯尼迪机场的那件一样大小。我本来可以亲自制作它，我会做这个。最早的时候，我都是一个人做整件作品，甚至做过更大件的。现在我可以请人帮忙了。

他沉默了一会又说：

我承认,有时我有点儿难为情,有时我又会于心不忍。我不好意思命令另外一个人,"你去做这做那",他去做了。然后我回头又想要修改他做的东西。我要他改变一道弧形,移动一根加强肋,我不知道这工人会有什么想法,他明不明白我喜欢什么,不喜欢什么:不管是装还是拆,都是要干活的。但除此以外我又没别的办法。要把作品扩大三四十倍,就要分配工作给别人。我必须有人帮忙,我不能放弃这个。

我想要他谈谈艺术。他沉吟了一会儿,回忆起一件事:

有一回,我在巴黎的玛格画廊举办画展。在萨歇,我先提醒卡车司机,载着雕塑作品的车不要在早上9点以前到画廊。于是,当画廊开门时,卡车就停在大街上,司机伏在驾驶盘上睡觉,他早上4点就到了那儿!

卡尔代就是这样,他不谈他的工作,却谈别人的工作。这方面他令人敬佩。这位世上最著名的美国艺术家,不习惯承认自己已然是一位伟大的白人领袖。

我永忘不了他在萨歇家门前嘟哝着,微笑着挥手向我道别的情景。

第二天,我在巴黎收到卡尔代的一封信:

请您在文章里不要说,您在墙上看见了费尔南·莱热和胡安·米罗的画,这会招来小偷的。

　　因为小偷和投资者一样,开始把现代艺术看作投资的对象。人们称为文化证明的东西确实已渗入到整个人类的各阶层,乃至交易所里的买卖。说到底,有了伟大的"静止而平衡稳定的雕塑",大家才放心。螺栓和包装皮没安好,作品才会被偷,到了目的地就没用了。因此,我给美术展览会的组织者一个建议:别忘了亚历山大·卡尔代的切实可行的经验。

安托万·佩夫斯内

Antoine Pevsner（1886—1962）

比利时安特卫普的鲁本斯、佛罗伦萨的米开朗琪罗、巴黎的德拉克洛瓦或古斯塔夫·莫罗，他们的工作室是令人感动的住所，为好奇的参观者们所驻足。但没有人会去安托万·佩夫斯内的工作室，尽管他曾代表了抽象派艺术的世界性荣耀。这个工作室如今已不存在了。

我认识佩夫斯内，是通过勒内·德鲁安的介绍。那是1947年，德鲁安在他旺多姆广场的画廊展出"具象派"大师们的作品。

佩夫斯内当时住在租金低廉的房子里。战前，马雷绍大道上满是这样的大楼，把巴黎层层包围起来。当时我就不太赞赏这些房子的建筑，如今更是每况愈下，无论从风格还是从装修质量上看。

我到那儿去，纯粹出于好奇。我想了解一位代表"世界性荣耀"的人是怎样生活的。铺方砖的大楼入口，看门人的玻璃门，发出嘶哑声响的电梯。然后，在楼梯平台上有一扇窄门。我按门铃，维尔吉妮·佩夫斯内夫人给我开门。她对我说："佩夫斯内在等你。"走廊不宽，房间也小。从窗口可看见一块空地，还没形成花园。房间内的摆设弥漫着小资产者常有的趣味，就如我们在法国、德国或俄国常见的一样。墙上挂着小画框，是一些家庭照。几张独脚小圆桌上放着一些小摆设。

佩夫斯内夫人看来是位钩织能手。她用钩针钩桌布,给丈夫织衣服。他身上就穿着她织的衣服。她端上茶来,还有她刚做的点心。安托万·佩夫斯内和他的妻子就住在这儿。

他接待我的态度既严肃又温和,笑眯眯地,说话带着我喜爱的俄语口音。老天,他的耳朵真大!他的玳瑁架子的眼镜也真大!秃脑壳,小白胡子,直鼻,脸显得小。有人说他不好商量?猜得出他具有钢铁般的意志。我们喝茶,吃点心,然后我们去他的工作室,很近,在大道的另一端。在马拉科夫。他夫人把她织的毛线帽子递给他。

在楼梯上,有邻居向他打招呼。看来就像是一位租客向另一位租客打招呼。在这座租金低廉的楼房里,没人想到他是搞抽象派雕塑的,没人知道他闻名于伦敦、阿姆斯特丹、纽约和米兰。在他的大楼里,他是默默无闻的。

这条往工作室的路,佩夫斯内一天要走三次。我想他是个守时的人。我们到了那里:里面摆着工作台、焊接装置、石磨、钳子、大转台、焊接用眼镜、面具。没有正在进行的作品。在这里无从发觉他的秘密。但是,他在大转台上掀开罩子,里面是一件 1 米多高的作品。那是他的装配技术,用青铜线、细铜片并排着做了一块平面。这是什么?佩夫斯内首先让我看雕塑的背面,一件大衣,一件大的金属短斗篷,几百根线并排着,短斗篷分成两片,用一个大的有条纹的材料做的扣钩连接起来,就像昆虫的鞘翅。整个作品具有简易的特点,类似于昆虫学家很熟悉的模式,也令人想到黑人雕塑,科塔圣骨盒的铜排列。佩夫斯内慢慢转动雕像,背面轻轻地鼓起,好像一块甲壳,我逐渐发现正面凹下去,里面形成同样金属纬线的一大块。我好像看到一个机器张开,一个盒子裂开,一张嘴出现了：它要说话？还是我看见产妇张开大腿，要出来一个婴儿？黄铜在光下闪闪发光。其中的缝隙里有暗影。我感到雕像最深处在发着光。这就是抽象派雕塑？也许是吧。但它具有怎样的生命力呵！佩夫斯内是抽象派雕塑家，我不敢问他的题目是什么，担心他用数字回答我。后来，我在一本书里看见，他的作品名叫《灵魂的幻像》。这多少改变了我们对抽象派雕塑的标题的通常理解。是不是？抽象派雕塑家创作一件"灵魂的幻像"！安托万·佩夫斯内真的敢于超越常规！

我偶然提到一位俄国革命时期的先锋派演员。他答道：

> 我是 1909 年来巴黎的（传记作家们常说是 1912 年），当时我 25 岁。巴黎的立体派正发展得热火朝天，我对此不感兴趣，但埃菲尔铁塔把我迷住了。如今我才明白是怎么回事：它之所以迷住我，是因为它的结构不笨重。它庞大、轻盈、透明。它具有我后来要追求的特点：轻盈、飞翔。

他又转动他的雕塑，说道：

> 1917 年，我和我的一个弟弟纳乌姆回到莫斯科。当时负责美术的是康定斯基和马列维奇。理论和美学可以在一天之内起死回生。画家和雕塑家负责装饰街道，组织节日活动。经列宁同意，我让人在莫斯科的墙上张贴"现实主义宣言"，我和我的兄弟都认为现实主义就是结构主义。先锋派艺术表现在街头，和人民在一起。政府把希望寄托在我们身上，把我们介绍给外国，这种情况持

续到 1923 年。后来他们告诉我,结构主义和抽象派不再时兴了。我当时还以为,这种转变只是暂时现象,总有一日我还能在苏维埃联盟重操旧业。我抱着希望走了。但这个希望已不可能实现了。我成了法国公民。

1930 年,安托万·佩夫斯内加入了法国籍。我明白,对于他来说,一种理论的斗争所需的时间是很长的。他希望自己一生中最好的时光就从 30 年代算起,以使他的作品向深度发展。空间的几何学来自普安卡雷数学家设计的数字的发展,就像我们在拉德古维尔特宫看到的那样。他的雕塑是一种上升、飞翔的努力。我觉得,由于有了黑人雕塑和数学的和谐结合,佩夫斯内雕人像,尽管和不久以前一样是抽象的,但加入了神话的意义。这是思想的结晶,是成熟的表现。在生命的最后阶段,自我超越,把数字和偶像结合起来,这就是这座《灵魂的幻像》的意义。

至于他个人创作的雕塑,在公共场所他已看不见它们了。一幅长翅膀的佩夫斯内作品,曾经摆放在奥尔里机场的入口处。如今除了在德特鲁瓦、卡拉卡,他的作品不会摆在人经过的道上。他的作品被判从此不能走出博物馆。这个人生来就要表现行动中的人民。在俄国,他不能如愿以偿,在法国也行不通。他只好被限制,只为艺术家的圈子而创作。他和他的兄弟都没能在无名政治囚犯纪念碑的竞赛中获奖。

也许,他的卵饰雕塑等方式,是为了召唤人们走向某个令人不安的太远的地方。在他的作品中,有种数学家很容易给予象征意义的标志:无限的标志。宇宙的大节奏从他的雕塑的金属弧线里开始。我离开他的时候,知道他心里没有不快的情绪：他正在做他想做的事情。

在他去世后四十年，也就是佩夫斯内逝世四十周年，没有引起任何官方注意。我知道，人们对他是有争议的。有人说他没有创造什么，全都是从他的弟弟纳乌姆·加波那儿拿过来的。这可能吗？还是不可能？无论如何，他的创造是个人的，在艺术史上永远处于领先地位，他在三十年间充分发展了他的独创性，这难道不是非常重要的吗？历史学家们千方百计想要降低我们对佩夫斯内的兴趣，他们将永远做不到。

佩夫斯内家里还有第三个兄弟，名字叫阿列塞依，他没有离开俄罗斯。为了不被人怀疑他与移民于资本主义国家的家庭成员保持"有罪的"联系（加波在美国，佩夫斯内在法国），长期以来他对自己的兄弟们的情况讳莫如深，谎称他们已经失踪。

后来，在莫斯科，在一次美国画家展览会上，阿列塞依"发现"他的一个兄弟加波在美国，这个兄弟的雕塑作品非常有名。于是他发表了有关他对他的兄弟们的作品的了解。他写道，弟弟加波把先锋思想引入家里，他记得他独自一个人写了著名的"现实主义宣言"，而且要求回到与具象派相反的方向去。

佩夫斯内当时是默默无闻的具象派画家。两兄弟为季阿吉列夫的《母猫》芭蕾剧作背景画（配乐亨利·索盖，编舞巴朗希纳），有一件具象派雕塑作品，《女神》，作者是佩夫斯内。这是加波自己写的。阿列塞依却由此推断，加波在这次创作中起了主要作用。

然而，安托万·佩夫斯内自称发表抽象派作品，最早是在1919年……阿列塞依认为他有意把日期提前了。

兄弟俩的作品在艺术圈里引起了非议。在这个圈子里，人们注意的往往是首位性而不是创造性。

这些争论不应影响大家对两兄弟的作品的热爱。它们有相似的地方，但基本上是不同的，加波寻找透明，而佩夫斯内追求翅膀拍打的力度。别败坏我们观赏他们的作品的乐趣，放弃用第一和非第一的比较这类古怪想法吧。艺术不是赛马场，而是一个人人平等又各异的地方。昨天指纹学已向我们说明了这点，今天遗传基因再次确认了这点。我认为必须怀着爱和友情在艺术中漫步，而不是其他什么东西。不要只为那些被大师、学者点名为胜利者的人鼓掌。

布拉萨依

Brassaï（1899—1984）

1949年，《艺术》周刊的总编辑雷蒙·科尼亚要我在摄影师们之中做个调查："你们认为照片是艺术吗？"今天，没人再敢做这事了。然而这问题也有它好的一面：促使人质疑自身。我没向布拉萨依提这个问题，他当时不是在搞雕塑吗？

1959年我拜访了他。他住在靠近圣雅克大道的一幢大楼的顶层。他穿着睡袍，指间夹着一根硕大的烟嘴。他到走廊的架子上给我找来他亲自冲晒的照片。他的眼睛？该把那个绰号"黑钻石眼睛"给他，而不是给毕加索。布拉萨依的眼睛很大，眼球几乎是突起的。

摄影。他属于那个人们不信摄影亦是艺术的时代，因为在人与拍摄对象之间有光学器材、化学反应。然而，其他艺术家并不怀疑这点。乔治·布拉克很喜欢布拉萨依为巴黎的各种墙所拍的照片，至今还保留着一些这样的底片，墙上有鱼、鸟的涂鸦。我们知道，布拉克后来在卢浮宫天花板上作的飞翔的画，除了别的作品，还参考了街头墙上用粉笔画的大翅膀。让·迪比费也赞赏布拉萨依对通俗艺术的关注。他懂得从中看到史前石窟壁画的涌泉。米罗也一样。至于毕加索，看到布拉萨依给他看的照片，表示深深为之着迷。这就是摄影师，也许不是艺术家，他们给世人揭示了历史学家不认为是艺术的涂鸦。如今的历史学家们是否发生了转化？因为，如果说涂鸦被视觉艺术所取替，直至今日，也只有画家才懂得欣赏并从中得到启发，我还没有读到有关城市墙上涂鸦的艺术史。

至于布拉萨依拍摄的涂鸦作品，要介绍它们可不容易。1956年纽约、1957年伦敦率先展出。然后是德国，1960年出版了第一本书。在巴黎，先是在达尼埃尔·科尔迪耶的画廊展出，我们的国家图书馆直到1963年才清醒过来。

拍摄涂鸦，怎样的劳动！布拉萨依为它灌注了全部身心。他用的不是手提的机器，而是大玻璃板的摄影机和三脚架，又大又笨重。

大概他已预感到了不该等待。表面上照片似乎永恒存在，其实很脆弱。它们和墙上的泥灰打交道，也和人的变化无常的脾气有关，和街头的孤独奋战有关。一个星期又一个星期，有时是一个月又一个月，布拉萨依来到同一堵墙前，拍下粉笔的涂鸦、石膏墙里的洞。他看到有些图象已被人愤怒地抹去，有些则被重画，加以发展、扩大。没有固定的作者，表达的是街头思想，是集体艺术。怎样的画？爱情、旅行的梦想、妖魔的现身、带有空眼框的脑壳死亡。还有令人想到奥瑞纳文明时期山洞里的牛，或动物学家也没见过的动物，有六个爪子，带有人的头。性别？几个赤裸裸的女人，从来不见生殖器，或者生殖器变成了脸孔。就好比女人从没在墙上写过东西一样。少年们在这些画里将找不到启蒙教育。街道还是腼腆的，它之所以令我们困惑，那是因为某些画看来很神奇，一般认为在我们这个世纪是画不出来的。布拉萨依说：

涂鸦只能说明它们之所是，但它们的意义比它们所说明的更深刻。

他回忆道：

当我把涂鸦的照片拿给毕加索看的时候，他表示要
和我一起到街头的墙上看看。他在墙上画，我给他拍了
照。毕加索回想起一间监狱的斗室，里面的犯人在墙上
画满了画，直至天花板。监狱成了涂鸦的小教堂。

30 年代，布拉萨依出版了一本摄影集，标题是《夜之巴
黎》，保尔·莫朗写了序言：早在涂鸦出现之前，夜间游荡的人
就给了他同样的启示。最早的时候，巴黎人先是出现在成千
上万的画家们的画中，摄影表现的巴黎罕见人迹。随着玻璃
感光片敏感度的增加，摄影艺术得到了发展。男女老少们开
始羞答答地走进肖像摄影室里拍照片，身上穿着漂亮的衣服，
一副蛮不自在的表情。后来，阿特热开始拍摄巴黎。再后来，
摄影家便在这一领域替代了画家。

夜里，布拉萨依在没有闪光灯的情况下工作，而对于所有
人而言，闪光灯却是必不可少的。他根据一根香烟的燃烧时
间定曝光时间，“高卢女人”牌香烟适合用在晴朗的夜里，博亚
尔玉米纸香烟老是熄灭，适合黑夜。

就这样，他巧妙地让一个典型的巴黎夜游人坐在板凳上：
诗人莱昂－保尔·法尔格，通常他都是乘着一辆又一辆的出
租车，在夜里跑遍全城，直至黎明。他也让某些肥胖的女士摆
姿势：她们给业余爱好者开高水准的色情学说课程。他抓拍
到了一些在路上监视女伴的男人。这有时还挺危险，因为这

些男人往往带着匕首。但布拉萨依说,这不会比狩猎更危险。他一再说起,他的照片告诉我们,巴黎是如此美丽,一点儿也不肮脏,即便是淘粪车经过的时候,即便街头的角落出现了坏分子:他们身上也有猛兽的美。是不是因为煤气街灯营造了昏黄的氛围?也许。但这些照片里的美,更在于摄影家对于人类的脉脉温情。布拉萨依始终对遗闻轶事、小道秘传感到好奇。他所住的大楼乃至整个小区里的所有闲事,他都了如指掌。

二战时期,布拉萨依没有在街头拍照。他要获得警察局的允许。战前街道的可疑无赖能容忍他,那是因为他们知道他和他们称为"布拉加"的地方[编按:即警察局]没关系。你能想象,这位反映夜间猛兽的画家、涂鸦的发现者、懂得抓住人的美和墙的美的人,正趴在警察局的小窗口请求得到打猎的批准书?

不错,他有另一种猎物。从1943年起,毕加索请布拉萨依到他位于大奥古斯丁街的工作室,拍摄他的雕塑作品。在这个过程中,毕加索说,布拉萨依记。摄影家写字,这可是希罕事。布拉萨依出版了几本书。最早是《玛丽亚的故事》,此书再述了民间的口头文学,如今已找不到了。这就好比"未开化"文字,正如也存在着"未开化"艺术一样。

布拉萨依爱巴黎的一切:墙,小偷,诗人,家庭妇女。有一次,我开车带他逛巴黎。他很喜欢在夜里的巴黎冒险,站在轻轨地铁下的旋转木马旁边,看路人的脸闪现在光中,又消失在夜里。我们一直爬到皮卡尔高地。但我们无法重复过去。街上已改用电灯,模糊了人和事的温情。

布拉萨依寻找新的布拉萨依。他想进入新的领域,在原

有的摄影师布拉萨依之外,加上一个崭新的布拉萨依。毕加
索建议他用沙滩上找来的卵石雕塑。于是他在巴克街展出他
的小维纳斯像,那简直可与史前同一题材的小雕像相媲美,同
时还平添了大理石的光泽。我透过展览橱窗给他的作品拍了
照,看得出来,他很感动。每个参观者进来他都站起来,向他
们问好。他开始了新的生活。在那儿,从他的脸上可读出他
的不安。

与此同时,他为第二个萨拉萨依做着准备。这次用的是
书写方式。他准备出版《和毕加索的对话》,那是1964年。他
在书里安插了五十多幅照片:毕加索、他的工作室、30年代和
战后之间的私人照片、1943至1962年间的书信,等等。他在
里面也谈了一点自己的生活,例如他与亨利·米勒的联系。
这位美国作家非常熟悉他,曾为他出版于1949年的第一部著
作《玛丽的故事》作序,1960年,亨利·米勒在戛纳担任电影
节评委,布拉萨依得知他想认识毕加索,就去见他,并主动提
出第二天陪他去毕加索家。但米勒犹豫不决,对他说:"我不
想把事情弄糟。去看他,脑子里却想着就要离开他,那会影响
我们会面的每一时刻。"拜访没有成行。

书于1964年出版。他寄了一本给亨利·米勒。于是,
《回归线》的著名作者写给他一封又一封的信,谈他读后的感
受。一位作家对一位摄影家的书的读后感。

布拉萨依在电话里给我读他刚收到的信:

真奇怪,你是怎么使他活起来的。他有血有肉地站
在我的面前,不再是令人畏惧的一座丰碑,而是和我们一
样的人。然而却是很特别的人,几乎是独一无二的人。

一位巨人，平易近人，非常可爱，温和亲切，尽管具有创造者的气质，却完全是个人。我惊讶地发现他非常幽默。有时读到他的话，我笑得像个疯子。你的书是无价的，除了你，没人能给我们这样的真实。你的耳朵和你的眼睛一样重要。我常常和我的朋友们谈到这本书。

布拉萨依马上又和我谈到另一本书：《和亨利·米勒的对话》。写作成了这位摄影家终于达到的又一条创造的道路。以照片搭配文字，终于使他完完全全抓住了创作的本质。从前，他在杂志上只是给别人的文章加照片，如今他不再是别人的思想的插图者，他本人就是享有盛誉的作家。他终于能够通过他自己的文字，说出他自己的摄影的含义。总之，没有人能让他的摄影说出他不愿写出来的话。

对于布拉萨依而言，这成功来之不易。他在雕塑作品展出期间的那种不安的满足，他谈到亨利·米勒来信时的快乐，所有这些，只有真正了解了他对艺术家们和作家们的感激之情以后，才变得有意义。也许他不是第一个从服务性的世界里崭露头角的人——在这世界里，照片注定是要被领导的。但他无疑是第一个意识到自己可与同时代最令他钦佩的创造者们比肩的人。然而，他从来都只是在表示，他与这些光荣的朋友们在一起是多么幸福。他喜欢听他们谈话，他喜欢拜访他们。他满足于做个得到了布拉克、米罗、迪比费和毕加索的支持的摄影师。在此情况下，人是真的能做到谦逊的。

奥西普·扎德金和瓦伦丁·普拉克斯

Ossip Zadkine（1890—1967）

Valentine Prax（1897—1981）

　　奥西普·扎德金是立体派雕塑家，脸上时不时露一抹微笑或沉思的表情。一般认为，他的魅力来自于他对"装饰艺术"的爱好。

　　他对外形的苛求和节制，源于他在巴黎国立高等美术学校时对雕塑家安雅尔贝的课的厌恶。安雅尔贝是官方最高学院派成员之一。他进入立体派美学，因为他爱雕塑的纯洁性，但这只是一个过程。他的天性使他的作品没有一点儿封闭，绝不艰涩难懂。他要透明。他必须为大人物立像，如诗人洛特雷阿蒙、雅里、兰波、阿波里奈尔，必须赋予古希腊神话人物以新的意义。这位立体派雕塑家已成了抒情雕塑家。

　　1945年，他离开美国，在巴黎找回他从1928年起就拥有的画室（为此他没少打官司）。有人请他到格朗德－肖米埃雕塑学院执教。那儿的学生全都是年轻消沉的美国人，享受福布莱特奖学金，可以去他们想去的任何地方学习。他们知道扎德金会讲英语。

　　我旁听了他的一堂课。他很守时，9点进课堂，对学生开宗明义："我既不教你们摹仿，也不教你们人体解剖，我不修改你们画的草图。"那天的模特儿是个老年男子，摆着罗丹的姿势。体质衰弱，却有一副贵族的神气。扎德金毫不讳言地指出,这人几乎称得上是衰朽了,但他的四肢具有罗马建筑的永恒架势。

他要求听课的年青人注意自身的大胆,他要求他们发现青春的诗意,他会毫不犹豫地让一个学生失望,因为他知道,失望使人奋发。

布德尔、莱热、比西埃、扎德金在教育中寻找什么?是什么推动他们负起责任,给年青的艺术家们指出起步的方向?他们非常明白,美学使他们的建议简单化,迟早他们的学生一定不能接受他们的教诲,学生会拒绝先生,就如人体的生理组织拒绝移植的机体,就如扎德金本人也曾拒绝接受他的老师安雅尔贝。

大概他们感觉到,他们传授的知识也许如无声的春雨一般难以觉察,但比他们认为强加的教育架构要有力得多。要严于自己?要头脑清醒?总之人的品质比美学规则重要得多。否则他们为什么强求自己不懈努力、差不多消耗了精力?身教胜于言教嘛。

谁也比不上他这个出身俄国的人敏感,他能认识到只注意国际潮流的历史学家再不愿看到的东西:扎德金感觉到法国艺术的概念。因此当亨利·马蒂斯去世时,他向我表达了他对这位画家的敬意:

　　马蒂斯的作品在高度摹仿方面远胜于毕加索,他深受法国气候的影响,而法国气候具有人道主义性质、对人性的热爱。马蒂斯一直喜欢表现这些品质,把它们和他的绘画视觉的新颖结合起来,那正是毕加索所缺乏的东西,因为他追求晦涩难懂的创作内容。马蒂斯则相反,他展示了他导电电线般的魅力,观众被他通了电,在他的引导下,被他的画迷惑,产生着魔的感觉。这样,画和观众融为一体。法国天才的气质成了他的象征,此外他从太阳和人类的源泉中吸取养料。

当我从扎德金处得到这段文字时,我也把雅克·维永寄来的文字告诉他。维永认为马蒂斯就是油画本身。他没有动过写作的心思:马蒂斯是法国画家,大概因为他本人就是法国人。法国人了解法国人吧?

我常到扎德金的家里去,即在巴黎离小卢森堡不远的阿萨街 100 号。有时我看见工作室里面有个人影走过,那是他的妻子瓦伦丁·普拉克斯。她是画家,但很少见到她的作品。她的画作具有很个人特色的紧张,如叫喊的革命者,被抓伤的脸,休憩的林中空地。她的丈夫会说,对着她的画,你总有这样的感觉:你在看着一种严密的、有分寸的、稳重的、法国的创造。扎德金去世十四年后她也去世了。她把工作室和里面的 172 幅画捐出去了,这就是现在的扎德金美术馆。她有没有抹掉她的存在? 我希望至少能在里面看到她的一幅画。

有一次,我去扎德金家谈有关在荷兰的重大雕塑计划。他在那儿工作。那就是《被摧毁的城市》,为什么要搞这雕塑?"很简单,我从纽约回来,乘火车经过勒阿佛尔。被摧毁的城市使我震动,以至于我回到工作室就用泥塑了一座像:一张人脸,身体被打穿,向天空举起双臂。"

荷兰人要求他塑 6 米高的塑像,以纪念 1940 年 5 月 14 日的耻辱。那天纳粹的飞机一下子摧毁了一万一千幢房子。罗特尔达姆和它的港口不再存在。这样,扎德金在勒阿佛尔的激动转化成了罗特尔达姆的塑像。在荷兰做法国人比在法国做法国人要好。

每次我按他家的电铃，我很佩服的是一切都没变：楼阁、小花园、玻璃工作室，扎德金老是靠炉子坐着。有个桶里装着夜里他弄出来的煤渣，他专心地看着它们。火烧起来了。扎德金早晨接见客人。他是个白发活跃的矮个子，脸像是用木头削出来的。手有点神经质，那是木工的手。工作室里堆满了雕塑品。某些人会觉得它们太挤了，但这样丰富充足的产品证明博物馆不可能展出的慷慨。透过玻璃橱窗，在花园里，我看见巨大的铜器，我认出是俄耳甫斯大塑像。时令是春天，繁花生树，猫在野草间缓缓经过。扎德金用碟子盛着鸡蛋和切碎的牛排喂它们。

我们出去的时候，他指给我看木雕上一排排的蚂蚁，他对雕塑的用途说了几句有哲理的话：木头经雨淋会腐烂，而蚂蚁就在里面藏身。

今天他为纪念樊高·凡高着手搞一项重大作品。去年，他雕塑了基督，给樊尚的兄弟泰奥读樊尚的信。在"瓦斯上的奥维尔"这地方竖立凡高的像并非美术秘书处的打算，也非市政府的意图，这是百姓们的看法，他们认为凡高埋在"瓦斯上的奥维尔"，这地方就不能只有纪念多比尼的建筑物，而没有一点纪念凡高的东西。这些人知道在巴黎有位雕塑家，没人要求他在公共场所安放他的作品，这是个机会。他们没有放过凡高和扎德金的关系。

奥西普·扎德金说话时嘴里叼着一根烟斗。我还是明白了他的想法：

这是我第一次把作品摆在街头上！而且摆的还是凡高！从事雕塑艺术！我曾为我所看到的爱国主义雕塑的一切伤心，它们屈从于议论对它们的期待。

他开始探索凡高的面孔，分析自画像，得出两种类型的脸，一种像父亲的，一种像母亲的。为了做什么？他给我看他的研究的各个阶段的情况。在工作室的小转台上，半身的凡高从粗布衣服上伸出头；凡高挥手解释，当有人说钥匙就是爱时，世界变得多么明亮；还在波里那日讲道时的凡高！背上带有画家魅力的凡高；和泰奥在一起的，两个身体的一个人，紧抓着他们的一些纸。扎德金解释说：

这里缺少计划。有一天我明白我表现的是一个在自杀前夕的受伤的人，看着雕塑，我觉得有太多的黑乌鸦在他的头四周，于是我毁了它。对着碎片，我束手无策，但同时也庆幸我产生了重新雕塑的想法。我必须表现处于光荣时代的凡高。首先我和他都得到太多的赞扬，我还是重做一切。我工作了很长时间。我必须把凡高塑造成能画教堂、街、麦田、奥维尔人的画家。他不再是可悲的打短工的人，而是伟大的高尚的人，带着画布框、颜色箱和画本，右手拿武器，切削了的芦苇，胸前交叉着皮带。最后我觉得我塑造的他，身上有着画家的光亮。

扎德金在画室里生龙活虎，在小转台间奔跑忙碌。大型模型已有了底座。我看见的是许多类型的樊尚·凡高。那是多么壮观的展览啊！

但伟人的雕塑作品没再展出。在巴黎，人们还是安放国家元首、政治人物的青铜像，只有葡萄牙人才在里斯本的咖啡阳台上安放了青铜的佩索亚像，为什么我们就没有一座德拉克洛瓦走向圣叙尔皮斯教堂的塑像，一座乔治·布拉克在华朗热维尔沙滩上捡卵石的像，一座塞尚坐在折椅上、面对圣·维克多尔山的像？是什么东西禁止我们这样做？心理学家会怎样回答我们的问题？

至少在"瓦斯上的奥维尔"的墓地上，竖立着樊尚·凡高的雕像，他站着，背着画架；在荷兰尊代，靠近教堂，竖着两兄弟——樊尚和泰奥并肩的雕像，它们正经受着暴风雨的侵袭。

在扎德金的家里，我看到了《艺术》报，作家安德烈·德·里绍在里面发表了一篇文章，要求把伟人的塑像变成装酒的桶，在节日可打开水龙头取酒。这篇文章使扎德金义愤填膺，他委托我向我的总编辑表示抗议，并要求我不要以嘲笑此事为乐。

让·阿尔普和苏菲·塔厄贝

Jean Arp（1886—1966）

Sophie Taeuber（1889—1943）

油画家、诗人、雕塑家、版画雕塑家、素描画家让·阿尔普不问政治。他是阿尔萨斯人，属于边境地区的人，太多的战争骚扰这个地区。给他造成那么多的创伤和痛苦，他只能爱和平。他的计划经过许多变故，我从没问他是否试图以毕加索和莱热为榜样，成为共产党人。我不能对他提这样的问题。

是上帝吸引了他？上帝？不如说是没有大小、没有体积、没有材料的物质，是他的雕塑给予真正比例的某物，某些如皮肤上的抚摸、撕纸时的声音、墨水浸出的皱纸那样的东西。在他的《永恒的杂志》的唯一一期里，保尔·艾吕雅发表了一篇文章，谈到他的妻子苏菲·塔厄贝1943年因事故在苏黎世身亡之后，阿尔普进入正常状态，这消息还带有一个问号。经过达达主义之后，让·阿尔普的作品不是飞走了吗，有时不是被天使弄到天上去了吗？

1950年我见到他的时候，他从美国回来。他回到他在默东—克拉马尔的住所，1927年苏菲画的这房子的平面图。房子很不平常，所在地区的房子都是斜房顶的。砌房子用的磨石粗砂岩，既是先锋派又是郊区式的住房。

苏菲设计了他们的房子，在沙泰尼耶街，它像工具。雕塑家阿尔普在楼下工作，她，画家，在楼上工作。楼梯和走廊都很窄,两个人碰面要闪身才能过去。当阿尔普回到这所房子,我肯定他准在那儿碰到苏菲。此外,每回我见他,他都谈到她。我还记得他微弱的声音,没有风采的。我又想起他严肃、苍白、只有一丝微笑的脸。这时你看得出他是善良的人。

1950 年,他和我说到他的朋友、建筑师瓦尔特·格罗皮尤斯让他来美国。格罗皮尤斯要他用红木雕浮雕,很长的,安放在阿尔华大学的酒吧里。他也叫了胡安·米罗决定这地方的颜色。让·阿尔普加上说:"我曾打算不回法国的。我在那儿有许多朋友。马克斯·恩斯特,马塞尔·杜尚,尤尔桑贝克,莫奥里—纳吉,约瑟夫·阿尔贝。都是达达和博奥的旧人。"有人给他提供了教师的职位,但他还是回到默东来了。

阿尔普是个内敛的人:他没对我说他是为了照管苏菲的作品,这些作品和苏菲的家人留在默东,当时纳粹迫使夫妇二人到格拉斯找他们的朋友马涅里。趁此机会,他带来 1941 年他在那儿叫人印的小册子:几本他的诗,三幅苏菲的画。这就是今天他的礼物。纸发黄了,很脆,阿尔普以为法国人不再认识他了,然而科莱特·阿朗第、德尼斯·勒内、艾梅·玛格的画廊展出了他的作品。艺术家有时会觉得自己被遗忘,只要有人对他所做的事有点怀疑。他需要有人召唤他,也需要怀疑召唤他的人的品质。同时他需要独处,一个人呆着,被围着,年龄安慰不了这种不安。

阿尔普不停地谈到苏菲。博物馆和画廊都要展出他的作品。他的——阿尔普的作品。他建议展出苏菲的,他看得很清楚,有关负责人听到他提这个,便顾左右而言他了。

他滔滔不绝地回忆起苏菲来了:

　　我在苏黎世认识苏菲时,正处于达达的乱七八糟的时代,被嘲笑、受到伏尔泰酒吧的挑衅。而战争时期,在平静的瑞士,其他人能干些什么呢?苏菲是编织艺术的教师,她为她们的和我们的观众发明了木偶,我们这些达达主义者认为它们挺有趣的,苏菲和我们跳舞,为我们跳舞,她从来都不是达达主义者。她的艺术提倡现实,没有文学意义,也没有从事精神活动的意图。她抛弃一切抄袭的、摹仿的、描写的东西,为了基本的、自发的东西自由发展,被检查的自由、被控制的自由。

　　我问他:"苏菲·塔厄贝影响了你吗?"

　　他答道:"当然有影响。我们在一起画油画,甚至在一起搞'夫妻雕塑',她是我的中心,甚于我是她的中心。"

　　阿尔普总是相信集体工作。他身上的超现实主义因子发展了与别人交流的好奇心。1941 年在格拉斯,他和苏菲、马涅里、索尼亚·德洛奈合作了好几幅石印画。随着时间的过去,机会变得罕有,但在 1960 年,丹麦的画家理查德·德·莫尔汤森敢于提出画现代巨幅人像的建议,让·阿尔普有 12 幅可以和他们合作的画。他们不是同时进行,而是一个接着一个,首先是阿尔普,然后是莫尔汤森。阿尔普接受了莫尔汤森准备的画布,接受了莫尔汤森建议的他能从事的空间。

　　1961 年在威尼斯,莫尔汤森对我说,当他的作品在丹麦的拉·比安那尔大楼展出时,他虽然知道阿尔普的好意,还是非常不安,"我担心被人误以为我是利用大艺术家的野心家。"阿尔普非常认真地投入工作,他用很细的画笔在莫尔汤森给他的空间画曲曲弯弯的轮廓。阿尔普画出的起伏的图形引导莫汤森画很尖的角,效果可与二十多年前马涅里拥有的格拉斯的集体石版画的效果相比较。阿尔普的第二任妻子玛格丽特保留了八幅这些画,莫尔汤森留下四幅,后来放在丹麦博物馆。

我想到默东,想到苏菲和让的房子,因为1950年的那一天,他对我说了几句话,除了含有他的讥讽,还反映了巴黎艺术界的混乱。

阿尔普是具体派艺术家,从1945年在勒内·德鲁安画廊展出具体派画作以来,他就被定下这个称号了。他对我的声明——要留下不止困惑的印象——却落到了冲突的气候里,失于抽象与形象之间。以下就是让·阿尔普对我说的话:

自从印象派以来至今,整个时代向着人的分裂发展,今天对抗很明显地开始,对于我来说,很明显不是重新开始超现实主义,但我感觉到需要建立的不再是人的凝固,而是神秘的雕塑,它们的形式是头或上半身,表现的是神,人神,带有智者和诗人理解的含义,如赫西俄德,总是把人放在世界的中心。

阿尔普被认为是在奥维德那一边的,他不断地发明"变形"。他创造出会鼓起、延伸、凹下的活动的东西,结合所有的活的东西:人、动物、植物、矿物。云在僵化前在牧场里打滚;海岸的珊瑚类和地上的植物结合它们的能量。阿尔普提出了一种泥水分开的雕塑,原罪前的。提倡纯洁的世界,黄金的时代。当然,他住在古代神话里。

他的仓库里、地板上有他的雕塑,一长系列的面孔,它们不像是一个个跟着,而是对立着,但一起歌唱。夜里几个电灯照着地板,一百多座白色雕塑,从查泰涅埃街就看得见,使这房子成了有诗意的地方,世界上独一无二的。

说到让·阿尔普的幽默,我可以举个例子,那是 1963 年我对他的另一次采访。他没有变,还是苍白的脸色,还是有点冷淡的微笑,还是热情的接待。这次他又提起了苏菲。给了我几期小杂志《塑料》——她和塞萨尔·多米拉,也和阿尔普在这房子里做的事。

去年我见了阿尔普,让·卡苏把他介绍给国家现代艺术博物馆,举办了他的旧作展览会,在此期间,他以冷冷的非常礼貌的态度握官员的手。

今天他做出惊讶的神态:"你能做个解释吗?我不断地收到贺电、信函、电话,什么东西使这些我从未听说过的人行动起来了?谁在用笺头上有某部某省某市的字眼的纸给我写信?最近我没做什么特别的事呀。"这就是他挖苦的方式,有点像阿尔萨斯的农民,使我理解他在得到勋章时的态度。文化部长出于好意奖给他雕塑的国家大奖。当时他 77 岁。他笑了。

我向他解释说,在文化部,有人提出让·阿尔普该获此奖,引起了许多争论。

学院会说什么?政党们有什么想法?他露出惊奇的神气,对我说:"你真相信吗?"然后他以粗鲁的口气说:"顺便告知你,国家现代艺术博物馆明年将展出苏菲的画作。"在法国,还从没有组织过这样的展览。也许他想起,1950 年他对我说过,他希望有朝一日他的作品能被人承认,这要花十五年,或几乎十五年。他懂得等就够了。如果当初他不懂得等待,把苏菲的基本作品留在家里,那么所有这些画、这些水粉画、这些草图不是都丢进冷漠的水里?

　　他挽留我,给我看花园里、玻璃工作室里他称为《古埃及王托勒密》的雕塑。他这是第三次回到这主题上了。托勒密?合起你的双手,像要祈祷似的,用你的手指发明一副骨架。行了吗?做气球吊篮?做一个人的骨架?做绳子的滑槽?他又一次把几个领域、几种用途的东西结合起来。他说:"十年前,我塑了1米高的托勒密,五年前我又搞这玩艺,当时我没提高它的高度。然后是去年,我第三次搞托勒密,这回是两米高。"我看了雕塑,我看见他的画面怎样加大,逐渐获得开头没有的匀称,越来越简洁。十年时间达到这样的匀称,面孔不真是几何图形的。这是必需的时间。让·阿尔普变化很慢。我问他是否打算塑第四个托勒密?他答道:"我不可能知道。"

　　　　我不可能知道。艺术和精神世界一样,都不是开始,而是继续。

　　1967年,让·阿尔普去世后一年,出版家罗贝尔·莫赫尔出版了他的诗集,由马克西姆·亚历山大从德文翻译过来,作者为它挑了好些画,作为封面,像浮雕似的。这部作品名为《天使与玫瑰》,有一首诗是描绘哈哈大笑的:

　　　　天使带来的光
　　　　越来越明亮
　　　　死人复生醒来
　　　　死人快乐地笑
　　　　死人快乐地哭

　　是的,天使的光越来越明亮

　　天使也快乐地笑

　　他们说话很简单

　　是的,连我们自己都很惊讶

　　这光亮越来越好

　　死人们开始为光明而笑

　　这么说,天使们有时也在让·阿尔普的作品上空经过。很明显,他永不知道他们什么时候来,他们是否来。艺术在等着他们,希望得到哈哈大笑。

　　从这些诗可以明白,雕塑家让·阿尔普生活在世界的精神那一面。

　　我很喜欢布拉克、莱热、维永、阿尔普画室的平静,一个人住显得很宽敞。我在里面感受到有意营造的平静,用于迎接创造时的决定、经过怀疑、不安的安宁。然而这平静是在与愤怒的对抗、居先的冲突比较而言的,每个沙龙、每次集体展览都会遇到这些对抗和冲突。

　　1947年,艾梅·玛格把画廊变成了有关现代艺术信息的空间。那是现代艺术博物馆无法设立的。那一年,他接待了由安德烈·布勒东,马塞尔·杜尚组织的超现实主义展览,以基埃斯列的舞台装置为背景。

　　1949年,在格列诺布尔博物馆馆长的支持下,安德里—法尔西,一位少有的不拒绝先锋派的人,委托诗人米歇尔·瑟福尔——他是战前"圆圈和方块"小组的动画片绘制人员(推动发展的人),就"抽象艺术第一批大师"这个主题设计两个展览。这本来是很大的节日却很快变成了战场。首先,收到了伊拉·雷贝男爵夫人的电报。这位男爵夫人在纽约建了"非客观艺术"博物馆,展出了她自己的作品和埃尔·里斯特兹基的、纳乌姆·加波和博埃的作品。她拒绝借出她的艺术家们的作品,她说他们的作品是非客观派,不能用于教育抽象艺术。博埃的作品被送到巴黎去了,但没有埃尔·里斯特兹基或莫奥里—纳吉的,这显得特别尴尬。

他们的头脑逐渐发热了。安托万·佩夫斯内本来亲自出马,为他的兄弟加波在男爵夫人博物馆的展出而奔跑的,现在却拒绝展出了。画家奥古斯特·埃尔班抗议了,他写信给画廊说:"真理和正义一定会逼你们给我的作品以下画家同等的地位和同等的待遇:康定斯基、蒙德里安、阿尔普、库普卡和德洛奈。"弗郎索瓦·库普卡觉得自己被展览中伤了。索尼亚·德洛奈寄了许多气压传送信(通过特别管道传送的快信),命人取下她借出的罗贝尔·德洛奈的画作,她说:"罗贝尔还不够资格。"

每一次抗议惹来另一次抗议。新现实沙龙的主席弗勒多·西代站起来反对那种认为立体派、未来派、抽象派之间有历史性联系的想法。他写道:"这些人和我们之间存在沟渠,架上任何天桥都无济于事,那怕它是官方的。"

在新现实沙龙委员会,由于见了那些责备他没取下玛格画廊展览里自己作品的人,阿尔普没取下任何作品,但他辞了沙龙委员会的职位。一下子,米歇尔·瑟福尔成了抽象派的犹大。阿尔普大概欣赏米歇尔·瑟福尔,但和以往一样,他宁可躲开小组内部出现的争吵。

你以为发生了什么事?明智的阿尔贝托·马涅里曾预言,这骚动是很有效的广告……,在艺术展览的开幕日,有两

千多人,而米歇尔·瑟福尔出版了五到六本巨著,在玛格画廊
展览会里,它们是抽象派的百科全书。

à robert delauney

deux soleils volent autour de ton lit
le soleil du jour et le soleil de la nuit

tu vas bien mieux tu as bonne mine
tu manges comme une grande roue de la vitamine

ouvre les fenêtres et regarde la tour
la tour de la nuit et la tour du jour

un avion ne reste pas dans son lit
viens peins le feu et l'étoile qui rit

grasse le 21 3 1941

Jean Arp

　　从 1941 年起,苏菲·塔厄贝和阿尔普一起躲在自由区格拉
斯他们的朋友阿尔贝托·马涅里家,让·阿尔普用打字机打下
这首诗,送给当时在蒙特贝里埃的重病的朋友罗贝尔·德洛奈。
不久德洛奈就去世了,时间是 10 月 25 日。
　　诗的原文如下:
　　两轮太阳在你的床四周飞转/白日的太阳和夜里的太阳
　　你感觉好多了,你的脸色多好/你吃得好像维他命的大轮子
　　打开窗来看看塔/夜里的塔和白日的塔
　　飞机不呆在它的床里/来画火和微笑的星星
　　　　　　让·阿尔普于格拉斯,1941 年 3 月 21 日

第二章

从塞萨尔·多梅拉到维克托·瓦萨勒利

阿尔贝托·马涅里　塞萨尔·多梅拉　让·德瓦纳

维克托·瓦萨勒利　尼古拉·舍费尔

阿尔贝托·马涅里
Alberto Magnelli（1888—1971）

1947 年，我看见马涅里的第一批作品，它们宏伟、完美、无可挑剔，有如大理石镶嵌艺术，令人惊喜，叹为观止！你马上就产生这样的联想：这不是佛罗伦萨时代的艺术家们的作品吗？然而展品下面分明标着"出自具体艺术家之手"呀。我是在勒内·德鲁安的画廊里看到它们的。

两年后，即 1949 年，德尼斯·勒内的画展展出了马涅里的各种抽象作品：立体派粘贴画，在乐谱纸、玻璃砂纸、瓦楞纸板和板岩上，像是学堂里的孩子们的手工制品。这些作品告诉我，抽象（或具体艺术）并非如右翼报纸和法国共产党报刊所预言的那样，是人类的结束。在马涅里的作品里，我看到了人类最罕见的两种品质：细腻和幽默。

开幕的那天晚上，我们三五成群去了大师的画室。我非常好奇地拜访了加斯东·迪尔和马德莱娜·卢梭所组织的"艺术之友"的小册子、莱昂·德冈和夏尔·艾蒂安合办的报纸所指出的"活着的最伟大的抽象画家"。这样的评价具有标语广告一般的力量。

马涅里和他的妻子苏西从 1934 年起就住在蒙帕纳斯和蒙苏里之间的窄街里。作家亨利·米勒同住一条胡同。我记得那是螺旋式楼梯，通到一间堆满了各种杂物的房间：耙、乱七八糟的铁线、藤篮、渔具的浮子、点心磨。这一大堆杂七杂八的东西不知何故堆在那儿,莫非它们是被整齐地摆着,画家作画时要用的工具?

经过这天晚上的拜访,我开始相信抽象里存在具体,并渐渐领悟阿尔贝托·马涅里何以突然获得殊荣。我说的是"突然"而不是"过早",因为他已年过花甲六十出头了。

他的两位志同道合的朋友莱昂·德冈和夏尔·艾蒂安新近进入艺术批评界。他们欣喜地指出,马涅里战前的作品就已脱离巴黎抽象派运动。经历过那次运动的米歇尔·瑟福尔则写文章证明,马涅里是巴黎最重要的抽象派画家。舆论气候有利于艺术家重新受尊重,而在许多年前这些画家还是被禁的。

抽象派的先驱奥古斯特·埃尔班、费利克斯·代尔·马尔勒、安托万·佩夫斯内、阿尔贝·格莱兹、让·戈兰可以合法地举办新现实主义沙龙,那是在1946年。一个没有评判委员会的沙龙:只要是抽象的就可以加入。马涅里是的,还有库普卡、阿尔普、索尼亚·德洛奈,年轻的如让·德瓦纳。这样就组成了艺术家共同体。画廊和沙龙向同一个方向运作:修改过去,重新继续创作抽象画,做博物馆完成不了的信息工作,这些都不无争吵,就如玛格画廊抽象艺术先驱展览中所发生的情景那样。

1949年,德尼斯·勒内举办的马涅里展览会在充满挑衅的气氛中进行。经过玛格画廊的喧闹之后,马涅里在靠近格拉斯的乡下家里度过三个月,为了工作——不被干扰、安安静静地工作。

这位佛罗伦萨人在抽象派浪潮中没有失去他的名分,也许因为他住在巴黎太早或太迟,而抽象派终会卷土重来占领绘画领地。后来,当议论界突然对抽象派放松了警惕,生了某种懈怠之心,人们发现他的具象时期也不无意义。但马涅里已与过去斩断了关系。成功可能带有某种可怕的残酷。

1959年,他终于有了一所属于自己的房子,房子还带有一座花园。地点在默东。瓦格纳和罗丹都住过默东。让·阿尔普也住过默东,就在苏菲·塔厄贝设计的房子里。还有《尤里和金》的作者、布朗库西的朋友亨利·皮埃尔·罗谢,弗朗索瓦·斯塔利也在这儿设了画室。泰奥·冯·多厄斯布在同样安静的郊区里工作。默东是如此靠近巴黎呵。

七十高龄,马涅里才终于找到生活和工作的地方。他的一个画室用于工作,一个仓库用于安放画幅,墙和家具挂非洲雕塑,一间餐厅给客人品尝苏西的烹调手艺,阿尔贝托对她的厨艺垂涎三尺、津津乐道。我们大家也喜欢苏西烹饪的意大利菜肴。

那一天,饱餐完一顿意大利切面之后,我洗耳恭听了马涅里年轻时代拜访马蒂斯的故事。那事发生在1914年。在巴黎,他见到了阿波里奈尔、莱热、毕加索和马蒂斯。

　　那是在圣米歇尔沿河街,巴黎圣母院对面。一幢有产者的大楼。马蒂斯夫人给我开了门。不,马蒂斯先生不在家,他出去了,他很快就回来。我愿意在客厅里等他吗?我等。马蒂斯没回来。但在客厅,然后在隔壁房间、饭厅,我看见他的画。我是第一回观赏马蒂斯的画。我非常惊异。马蒂斯画了我试图要绘制的画,他用的是很纯净的颜色,一抹黑色包围着它们。我告辞出来,对自己选择的方向充满信心。阿波里奈尔劝我留在巴黎,他替

　　我找了画室。但战争爆发了，我又回到佛罗伦萨。

　　马涅里首先给我的印象是殷勤好客，他的微笑与他的严肃、尊严、有力如同其画的脸庞颇不协调，他的严肃使他一丝不苟地完成每一次创作计划。接着我看到的是陌生的、带有几分意想不到的粗暴的马涅里。他给我讲述他画家生涯起步时的一件事。有一天，他遇到一位在佛罗伦萨郊区画风景画的朋友。这位朋友看到他这个年青人无所事事，就把画布递给他，劝他也试着画画。阿尔贝托·马涅里拒绝了。画家坚持着。他决定碰碰运气。画完后，画家朋友问他，眼前的风景哪儿有这见鬼的红色，他冲口而出："在调色板上呗！"

　　这是说明马涅里的逻辑的一个例子。也许这是他朝抽象派先驱者的方向前进的一个信号？

　　他还讲了其他轶事，我明白这个笑容可掬的人其实很会走极端：22岁那年，他远离他人，在孤独中挥毫。一位批评家慕名而至，好不容易找到他，请求一瞻他的画作，并祝贺他的成就。批评家走后，他把自己的画统统拿到空地上，点了一把火。他说："这个批评家是记者，我读过他的文章，我瞧不起他。他的称赞是对我的画的侮辱。"马涅里不是喜欢折中的人。他说他不是理论家。理论如同标签，不能深刻说明画的含义，往往还离题万里。

　　舆论好像把他的作品看作是继续的而不是中断的。尤其对于年轻的艺术家们来说，马涅里带来了也许他们在现代主义运动中找不到的自由。在现代主义运动中，规则更严格。他们认为，马涅里是乔托、皮埃罗·代拉·弗朗西斯卡、普桑或塞尚那样的抽象派，即就是油画本身。油画对于他们中的每一个人来说，存在着无数发展方向的可能性。

马涅里周围有许多年轻艺术家：让·德瓦纳、埃德加·皮耶、塞尔日·波里亚科夫、让·戴罗勒，维克托·瓦萨勒利、罗贝尔·雅可布森。意大利人也不少，在他们当中，有画家皮埃罗·多拉吉奥，雕塑家贝尔托·拉尔代拉。让·德瓦纳分析他的魅力：“他的画绝没有平庸，对着它，我们可以思考，可以得出对未来抽象的构思。”他强调他的画的宏伟之处：他的画含有“创造的寓意”。

马涅里对他们说什么？他鼓励他们立足于“变化”，即不要摹仿，而是发展他们自己的真理，突出他们的特点。

这个友好的小组也曾经受过挫折。例如，1955 年，当动力学说刺激了德尼斯·勒内画廊的艺术家们（马涅里不在其中），罗贝尔·雅各布森和维克托·瓦萨勒利之间的论战爆发了。雅各布森坚持说，他的雕塑可以用手操作，比用电动马达牵动的雕塑更有动感，瓦萨勒利不这样想。争论没有结果。马涅里避开了集体的约束。他让年轻人争吵去。

然而，这个罗贝尔·雅各布森、空间和铸铁结构的抽象艺术家开始任意发挥北欧式想象力，搞他称为“娃娃”的作品——有时还成为某个教堂里的圣像，他和那些抽象派朋友们的裂痕变得很深。他说：“他们谩骂我，尤其是瓦萨勒利和马涅里。”马涅里确实抱怨过他的年轻的丹麦朋友的新方向。然而，我不认为他会长久地认为“娃娃”阻碍了雅各布森去坚持抽象道路。

雅各布森天天看着自家墙上马涅里的画。他对马涅里真的很尊敬，他不愿与他不和睦。他希望在离开法国回丹麦时能心平气和。他一定要和他道别，他希望他们的道别在一个朋友的家里进行,也就是在我家。

　　晚会在 1969 年 4 月 24 日举行,气氛很热烈。两个人都克服了美学上的分歧,他们相互的情感很深厚。我听见 81 岁的马涅里对 57 岁的雅各布森说话,像对小男孩似的:"你去哥本哈根是错的,你不和朋友在一起会做蠢事的。"他以慈父的口吻说话,罗贝尔也以儿子般的态度接受。事实上,我不相信马涅里会责备雅各布森背离抽象派小圈子。他认为罗贝尔在抽象艺术上有一定的发展,那是他的主要道路,至于"娃娃",则会迷惑他走上一条容易迷失的路。然而,几年以后,他觉得雅各布森需要同时在这两个方向上表达自己。

　　阿尔贝托·马涅里对点彩派画法或抒情的抽象派的风行持有异议,他从不推崇偶然。他认为,一切都该以理性得到建立和检查。然而,他懂得辨认品质,他看重和伟大的点彩派画家汉斯·哈同的友谊。1937 年,巴黎网球博物馆为生活在巴黎的外国艺术家们举办了展览会,他们因此而相识。关于马涅里,哈同给我写了以下一段话:

　　　　我在巴黎定居不久就认识了阿尔贝托·马涅里。对这位率真的、非常正直的人我很快就有了好感。他的油画一直都是他的性格的最美、最确切的表现,带有热情洋溢的人性的美好底蕴。我从没见过和他一样始终不渝、忠于他本人、真实纯洁的画家。更为罕见的还在于,他是一位真正的朋友。

　　这样看来,汉斯·哈同和让·德瓦纳都觉得马涅里的作品具有"创造的寓意"。

阿尔贝托·马涅里在 83 岁时去世。1971 年 4 月 23 日，他被埋葬于默东的墓地。按他的要求，在他的坟上刻了这几个字："阿尔贝托·马涅里，1888—1971 年，佛罗伦萨画家"。

"佛罗伦萨画家"，既谦虚又骄傲，与他非常贴切。

他的妻子苏西在他去世之后 23 年走了，即 1994 年 5 月 18 日。我最后一次见她是在她家，她正准备给我看一本石版画集，出自让·阿尔普、苏菲·塔厄贝，索尼亚·德洛奈和阿尔贝托·马涅里之手，那是他们 1942 年在格拉斯的合作。战争使这四个朋友逃到当时还很荒凉的蓝色海岸。索尼亚陪伴她的丈夫、患病的罗贝尔直至他去世。1943 年，阿尔普失去他的伴侣苏菲。至于苏西，她是德国犹太人，从法国集中营出来。她害怕纳粹的集中营，一直生活在惶恐中。五个人都感觉到了威胁，四位艺术家决定在共同的纸上寻找他们的符号，仿佛在一起就能给他们以安全的保证。苏西当时想要告诉我的，就是这一并肩对抗的想法。

她去世时，我想着她在马涅里作品中所起的作用。她懂得保护它们。她懂得等待有一天，人们不再过分地热衷于抽象，而开始关注马涅里在其他时期的作品。她的丈夫在有生之年没有能够看见一场体现自己各个阶段的油画展览。而她，则有时间和精力使马涅里不只是 50 年代"活着的最伟大的抽象画家"，而且终生都是一个"佛罗伦萨画家"。我想，苏西属于那样一种人，她懂得打开紧闭的门，展开卷起之物，并赋予她的画家伴侣的生活以尚未有过的东西：一个开始、一个过程和一个结束。

塞萨尔·多梅拉

César Domela（1900—1992）

"六十五年抽象派绘画展览"，塞萨尔·多梅拉的第一次绘画回顾展的标题令人憋闷压抑。怎么！一个人竟可以从事抽象艺术六十五年！法国美术馆如此迟钝，竟等到塞萨尔·多梅拉87岁耄耋高龄才组织他的作品回顾展。真是了不起！他坐着小小的车去参观。我却以这姗姗来迟为耻：多梅拉住在巴黎已有34个年头了。

他住在阿拉哥大道，距离当费尔－罗什罗广场和广场上的那头狮子像不远，就在人称为花城的地方。整整一排画室，排列在倾斜的街上，树丛之间，不时有古旧的石膏仿古浮雕，和龙桑胡同里的浮雕有几分相似——这个胡同靠近布朗库西家，在阿莱西亚教堂附近的一条小街里，热尔梅娜·里希耶在那儿工作。

画室不大。私人空间在楼上的阁楼，下面是接待客人的地方。艺术家在工作台上的玻璃前干活。虽说是画家，他当时却主要做各种不同材料的拼贴。

他的妻子吕特称他为"塞"，我常去探望他们。他们热情款待我（吕特借给我头版《佩格·古根海姆回忆录》），且都幽默、笑容可掬，他们的友情并不外露，只凭大动作和高声说话来表达。

多梅拉喜欢让我坐在一张椅子上——二十年前，蒙德里安坐在这张椅子上,曾公然背对着多梅拉的画。每次拜访都如此。椅子摆好了,谈话可以开始了。

新造型主义运动(译按:由荷兰画家蒙德里安倡导的现代抽象绘画运动)确实存在危机。这运动的创始人之一德·斯蒂尔和泰奥·冯·多厄斯布与蒙德里安展开了论战,论战的焦点是在画中加入斜线的权利,因为原则上只容忍直角。多梅拉说:

> 我不明白为什么由于某些规则,我就不能在画里用曲线或对角线,但蒙德里安不能忍受一点斜线,他认为这样会影响作品的和谐。因此,到了我家,他就坐在看不见我那些有对角线的画的地方。

吕特插口说:

> 我们到广场的咖啡馆跳舞,面对蒙帕纳斯火车站。我和蒙德里安跳华尔兹,那可是难事,因为蒙德里安的舞步是方的,和布朗库西跳就好得多了。

塞萨尔和吕特回忆这些往事时脸上泛着笑意,他们觉得快乐。多梅拉叼着烟斗。他把它放下,看着我说:

> 这斜线的事使蒙德里安和多厄斯布吵到了互不见面的地步。区别变成了分歧,造成友谊的中断,那是非常厉害的。幸好蒙德里安和我之间还很友好。

　　他和我谈到他的生活。他出身牧师家庭,父亲是社会主义者和无政府主义者。如今在荷兰还很著名(即多梅拉-纽旺尤斯)。绘画是怎么找上他的? 似乎是在瑞士的山上。1919 年,他的父亲去世,他才 19 岁。战争结束,他动身去阿斯科那,到了一个很神秘的地方,维里塔山。那儿有人搞裸体主义、瑜伽、素食、新人回返梦。乔依斯、里尔克、格罗皮尤斯、依沙多拉·敦康、克利都去过。年轻的多梅拉在那里遇见了玛瑞安娜·冯·维尔佛金那,雅弗林斯基的女伴,画家和这自由之山的中心人物。他的第一批画就在这个时期完成。他拿出一幅 1922 年保存下来的画给我看。很难找到这样不忘从前的画家。我看到的是风景,也许。背景是一片绿,我看见四所房子,是在牧场吗? 也许。其中一所房子浓黑,一片匀净的绿色上面抹了一片匀净的黑色。

　　1923 年起的作品,两个圈子,一些长方形,一块直角、鲜艳、明亮的颜色,题献给玛丽安娜·冯·维尔佛金娜。她以前曾作过抽象画。现在轮到多梅拉了。

　　1987 年的回顾展称为"六十五年抽象画",也许在办公室里会引起厌倦,但从事这工作的多梅拉从不厌烦。

　　在他位于花城的画室里,从 30 年代起,他轮番创作水粉画和浅浮雕,这就可以理解为什么玻璃窗前的工作台上放着工具了:锯、钳、半圆凿、刨子。仔细留意的话会发现工具不多。如今自己在家修修弄弄的人配备都比他齐全多了。多梅拉削呀、粘呀,刨木板,刨钢、铜、有机玻璃和各种皮料。所有这些最终要集中起来,多梅拉懂得如何使每件物品与别的物品搭配,制造出有颜色的图画,有节奏的整体。这就是他的创造的才能。与此同时,他还是个机灵人,他和我谈到 1933 年在阿姆斯特丹，他请朋友弄荷兰护照，使一些受威胁的柏林人躲过纳粹。他不愿强调这样一个事实：作为摄影师、美术设计师、合成摄影专家，他可以轻易换掉人头像，并摹仿官方的图章。他不是在德国办过一个很大的合成摄影展吗？纳乌姆·加波就是这样得以躲过纳粹的迫害。艺术是唯一能阻挡屠夫行凶的武器。

塞萨尔·多梅拉是个冷静的人，他对我说：

> 我属于好几个流派，具体艺术派、抽象—创造派，新现实派。但我不是那种能在公众场合为自己的观点争辩的人。我喜欢在四面墙中工作，平静地思考在艺术中为自己提出的问题。

塞萨尔·多梅拉是安静的人，喜欢别人给他安静。与世隔绝，他才有平静，才能去寻找内心的世界。事实上，他很关注1919年他带到蒙特·维里塔的唯一的书：老子的《道德经》。他从中发现的真理不会随时间磨损。后来，他又把柏拉图结合在里面。

有一天，他对我说：

> 画是心灵随事物发展而产生共鸣的反映。它是内心活动的物质基础，能产生有节奏的震动效果，而这震动影响着人的某些状态。

由于我不很理解这句话，他又说：

这些浮雕表现出一种可靠和服从严密的次序的知识。我自己的次序要求我在制订浮雕时采取最大限度的强烈和激动的方法：我首先努力了解动力线。然后开始操作规律。节奏控制着作品。学科给它尊严。

这话听来比较明白。有一次，他对我说：

我认为艺术家不是创造者，而是大自然的摹仿者。我心里有什么东西在逐渐滋生。我获得构图的精神画面。于是，我完全根据精神画面工作。我摹仿这精神画面，却不知它从何而来。我也不想知道这个。

我还记得他强调这个事实：

艺术不同于科学，科学一定要精确，而艺术和形而上学有关联。我认为这是有充分根据的。美是寻找、钻牛角尖、从而产生对神圣事物的神秘灵感。我并没向我四周的人宣扬这个想法，这只是对自己的要求。以前我以为我知道艺术的含义，现在我不知道了，因为我凭不僵化的灵感在工作。

［问：］我在你的作品中没看到表现不幸的主题，是不是我看错了？

［答：］我对那种艺术不感兴趣：它极力表现艺术家的小小的苦难、他的快乐和不幸。我知道这个。但我不想在画布上表现出来。看到凡高的那些令他发了疯的画，我很难过。看着这家伙一天天变成疯子，何必呢？

多梅拉不知道什么是艺术，但他需要它。因为艺术帮助他思考。他天天工作，他一直在工作。

有一天，政府动员本地人、报纸和各部门，要铲平龙桑胡同的旧棚屋，在这儿建布朗库西街，他们征了花区的地，计划在此建舒适的别墅，带停车场和热水游泳池。幸好，建筑师不坏，他的热情得到了克制。花区还可以容下一些艺术家。

塞萨尔于 1992 年去世，吕特则在 1996 年。画室必须腾出给别的艺术家使用。塞萨尔的两个女儿，里和安娜，允许我在搬空画室前拍照。她们把它保存得很完整，工作台还在那里，蒙德里安背对着斜线画坐的沙发也在老地方。

那一天，我更好地理解了，友谊是可以被谨慎地保存的。

让·德瓦纳

Jean Dewasne（1921—1999）

　　这一区满载着几个世纪以来相互交叠的历史古迹。西西里国王街是巴黎玛黑区的一条很古老的街，另一头是蒂布尔镇街，圣路易国王曾在那儿划了一条界线，给雇佣兵居住。我到这儿拜访一位抽象派画家。首先看到的是一扇大木门，非常高，马车夫坐在马车上可以直接进院子。这个院子曾经是汽车修理站，上面是大玻璃天窗，下面有通往下水道的梯级。后来，修理工搬走了，下水管也重新塞住。如今，进到这里来的车，都是作为雕塑的车的幽灵。这里住着一个画家。我们跨入的是让·德瓦纳的家门。时间是1987年。

　　我在1950年认识他。他当时住在元帅大道的低租金住房里。我记得是一间小套房，打蜡的地板，画架上摆着抽象油画，地上没有颜料的斑迹，靠近画架放着乐架，小提琴摆在桌上。乐架上是一套乐谱，全是巴赫的小提琴组曲。德瓦纳对我说："我喜欢巴赫，但我更喜欢布克斯特胡德。"当时他的装扮和现在一样：三件套装，领带，上过蜡的鞋，工程师的眼镜，着装整齐。我感觉他不喜欢打扮成艺术家的样子。我问他对抽象艺术和他的合作伙伴们的看法，他回答说，他反对所有那些摹仿晶状体或活细胞形状的作品：

　　　公众没有显微镜，绝对看不见它们的形状，如果他们看得见,他们会给画家起绰号。幸好,他们还不会把传染性的杆菌名贴在这些画家身上。

我碰到的大部分画家都对我说,他们不知道为什么画这个或画那个。他们对自己的秘密守口如瓶,而德瓦纳却告诉我他知道自己要画什么,为什么画:

> 这幅画里的红面没有画大,是因为红色不捅破整幅画就盖不住大面积的表层。这一表面的画上有一条曲线,因为它进入了整幅构图,或因为两个着了色的面并列了,使它不得不如此。这条线把红面和绿面分开,线是橙色的,一样符合光学法则。我的油画全都受最古典的视觉规则支配。而这些规则不是从自然来的吗?

终于有人把画理说得这么深入浅出了,这就给了我安慰。这些作品有力,拒绝弊病、退化,让人看到无比的力量。它们有爆发力,但这力量又受到控制,永远如此,甚至越来越强大。

后来,我在布罗涅的小楼里见到德瓦纳。那地方的风格更像是在比朗古而不是在布罗涅。他和一个汽车修理工分住一个院子。修理工在院子里堆满了汽车零件。最后,他住到巴黎,就在这条蒂布尔镇街,在玛黑区突然变成一个时尚小区之前。

我眼看着他的工作不断前进。刚开始,他在画架上画画,然后尝试着在公共广场的墙上画巨幅画,这可不是件容易的事。他在法国、委内瑞拉、丹麦、德国、荷兰都有订单。每幅画60米长、100米长不等,有时还是1200平方米。他在汉诺威近 150 米长的地铁站墙上画画。他怀着美好的回忆对我说："我是坐着私人小飞机去汉诺威的,夜里飞机落在机场上真是妙不可言。没有警察也没有海关。人觉得很自由。飞行员名叫汉姆斯基·科尔萨科夫。"

如今,他的画完全不再像是用画笔画出来的了。他用的是一种亮光漆,会反光,表面光滑无缺。油画吗?倒不如说是珐琅,车身制造技工的油漆活不会比他更精确。德瓦纳的工作领域,一般画家不会来冒险,只有工程师才会光顾。

在玛黑区的画室里,我从没见过正在进行中的画。看见的都是大功告成的。有几次他给我看水粉画,我因而知道他也画素描。但他不是那种轻易把草图示人的画家。他说:"作家也不会出版他的草稿。"他对他的活儿保密。这方面他就好比一个从来不会衣冠不整的人。他没有变。他随时会向我解释他做的事。现在,他的艺术是数学。他懂得形态学理论,朦胧柔和的整体论,拓扑学理论,当灾难理论出来时,他马上就接受了。他读我不懂的书。他向我解释,我也只能一知半解。例如,当他对我说,文化永远是对骚乱的控制,我还能理解一些,但有时我就一头雾水了。他对我说:

> 形象艺术(对形状的了解问题)强调的是形状,应该找它们的特性。美学提出了对称的问题,而强调的是特性,应该找到形状。

我表示赞成。他微笑地看着我,他看出我并不太懂,他不想教我,只说:"看吧!"这样我就很高兴了。如果他当时有点忧郁,不能对我这个无可救药的蒙昧的人解释一切,那就糟了。同样的道理,雅尼斯·塞那奇也不再想教我弄明白什么是随机音乐。

在他的画室里有一套镜面装置,他可以用它们制造出各种曲线效果。出于谨慎,我不敢问他这些凹凸镜的用途。它们一定是用于把直角弄弯或绞扭成四方体。我在学校读的书远不能理解他的几何学。我猜他在这方面的知识是极为广博的。

1987 年,我和一组记者去玛黑区的画室。这些记者都是为了报道拉德芳斯的新凯旋门工程而来的。画室里人很多,那可是共和国总统亲自过问的一项大工程啊!让·德瓦纳也参与其事。他在丹麦的名气很大。他的老伙伴雕塑家罗贝尔·雅科布森把他的名字告诉了建筑师斯普瑞克森。结果却是丹麦人罗贝尔·雅科布森赢得了这项非商贸建筑项目的竞标。在拉德芳斯的摩天大楼中作画。对于一位画家来说,这是划时代的订单。四幅 100 米高的画,挂在圆拱的两条柱子上。这个构思是很伟大的:在建筑的入口就能看见"挂幅"——6 米高的油画,人们可以完完整整地欣赏作品,因为沿着层层走廊一路而来,人们可以细细观赏作品里的各个微妙之处。那一天的报道全是赞赏。

在准备这幅以交流为主题的巨幅画的过程中,让·德瓦纳逐渐发觉很难找到一个光滑的表面,不过,采用意大利泥水匠用托泥板的手工抹平技术,四堵墙还是可以从整体上达到完美的视觉效果。后来计划破产了,法国政府把"新凯旋门"的一半卖给了一家私人公司。那家公司完全不理解斯普瑞克森的构思,正是他想到要把油画元素加进建筑设计构思里。后来,在"新凯旋门"的一根柱子上,出现了一些赶时髦的杂乱的画。人们最终又回到了不太高明的装饰术上。

有一天，我在西西里国王街碰到让·德瓦纳，他伤心吗？不。他在画画。"你要我怎么样？要我抱怨总统？给他写一封信？"让·德瓦纳，别担心。你那四幅交流主题的画的构思没有实现，最终只做了两幅，历史将会明白，这不是你的错。这一切应该归咎于人类的平庸和无能，不能实现整个计划。人们也许会记住不喜欢你的画的那家公司的总经理的名字，这位先生也许会青史留名。总之，我们已习惯了这类事。大家都看见了，国家教育部在帕西对面建的玩艺，这是我们这个世纪的耻辱。如今在拉德芳斯又多了一个。什么样的人有什么样的货色。长久以来，人们都在不幸之中手足无措。艺术家很天真，总是准备冒险。现在，德瓦纳准备为戈尔巴乔夫赠送给日德兰的丹麦人的潜水艇画装饰画。

我去过科尔丁的油画颜料厂。那家工厂就建在田野里，在牧群放生的草场中间。生产工业颜料的工厂被四周的办公室环绕着。事实上，人们看不见在这儿生产的颜料。一切都在管道接通上去的圆柱形小塔里进行。穿着雪白工作服的工人时不时来看看钟面，转转按纽。职员们都让办公桌背对着工厂，隔着玻璃窗看牛群吃草。后来，德瓦纳来了，给小塔和管道抹上颜色，工人们偶尔也去打球，风景就这么出现了。厂长告诉我，职员们慢慢地都把办公桌改朝向工厂，上了色的工厂就像一个戏剧舞台，他们愿意看它了。

然而，有个丹麦的计划，德瓦纳却没能完成。还是在科尔丁，有一个没被摧毁的沼气池，从前在城门就可以看见，像个巨大的蘑菇。有人想把它改建成公共活动场所。他们请来让·德瓦纳，在地板、天花板和墙壁上画画。我们一起去探望过他。池内，歌声、喊声不绝于耳，那回声没完没了，连绵不断。大家觉得这事有欠考虑，便放弃了。

哥本哈根有一家最大的日报《政策报》，在马戏广场上罗贝尔·雅可布森的七座巨雕周围组织了一次庆祝会。他们要求德瓦纳为他们的办公楼二楼的天花板画画。报社编辑部就在广场上，当你经过广场，抬头看时，只见大楼彩色缤纷，下雨的日子，夜里可见广场潮湿的地面上倒映出鲜艳夺目的颜色。

德瓦纳就这样在丹麦有许多发展的空间。为什么在丹麦呢？不错，战后他马上在丹麦举办了画展，不错，他有一个丹麦朋友罗贝尔·雅各布森——这位雕塑家对他的成功起了一些作用。但丹麦人的忠诚也许是原因之一（忠诚是丹麦人的特色），对此我毫无了解，正如我毫不了解德瓦纳的数学知识对他的绘画所起的作用一样。

有一天，我把他带到马德里，好在戈雅的画前采访他。我希望，很有条理的德瓦纳会对戈雅那些强有力的、狂放如天马行空的作品提出一些让人惊讶的见解。我没有失望。德瓦纳看出，戈雅极致地表现了数学建筑和分寸掌握的能力，这一点此前一直不为人所留意。在佛罗里达的圣安托尼奥小教堂的穹顶下，戈雅画了圣安托内的奇迹：他为了显示真实，让一个死人复活。德瓦纳用几句话就指出穹顶上人物的结构。而这并不影响他这个数学家看到天使脸上的柔情。我对他说，有一天，我有幸爬上脚手架，凑近瞻仰戈雅的作品。我看到了戈雅的手指留下的痕迹。我感觉到了这位艺术家在激情创作时刻的活生生的存在，大受震撼。德瓦纳回答我说：

对呀！他已经考虑到了，在正常的高度下，他的忠实的观众不会看到他的手迹,而只看到他的活力!

那一天,我欣喜地看到,抽象派画家不但能够理解而且更容易理解艺术中的形象化表现。

任何一间画室的秘密迟早都会暴露。德瓦纳的画室的秘密由米提亚告诉了我。显然,她深深着迷于丈夫的作品。她对我说的话,打破了人们对这位艺术家的习惯式定位,她告诉我让·德瓦纳的如此深谋远虑的画是怎样诞生的。她对我说,开始,在最初的冲动下,画家的思想里产生了片刻的色彩的痕迹,然后再加以悉心考虑。就这样,让·德瓦纳的作品在各方面都掂量过,正如当时的人所说,它们带有某些个人的新印象派画法。我从没想到会是这样的,他的创作来源,几乎可以说是率性的。不过,在作品完成时,艺术已接近过度。确实,他的有些几何学的理性的作品变得如此激扬澎湃,以至于要让人以为他疯了。所谓疯,就是超过了限度,正如巴罗克艺术一样。我不说洛可可艺术,因为油画不宜混乱,它是紧凑的。虽然他更喜欢布克斯特胡德,但他心里惦记着的还是巴赫。

维克托·瓦萨勒利

Victor Vasarely（1908—1997）

　　1995 年的一个早晨，我发现巴黎房地产公司改变了多年来作为其文化象征的画面。昨天的广告牌上还贴着一幅瓦萨勒利的很漂亮的作品。在整个法国到处都能看到。夜里这个画面闪闪发光。我知道瓦萨勒利没拿一分钱广告费。但这是他的存在，一位朋友存在于大街小巷。如今，画家被遗忘了，人们取走了他的作品。我远远地为这一变换感到难受。新换上去的画和瓦萨勒利的很像，但显得紧张，少了光线。这是出自他儿子的一件作品，选得不好。我想起大家的传言，说老国王不幸失去了他的王国，躲在家里度过余生。我认为，瓦萨勒利是一个辉煌的、慷慨的创造者。现代艺术史里已抹去了他的名字，取而代之的是一位美国人，美国人更棒，懂得几何作图。如今瓦萨勒利被人从广告公司的招牌里赶出来了。

　　1963 年 2 月底，我到他住的名为"马尔纳上的阿内"的郊区拜访他，他住在勒利克街。有时大家称他为伯爵先生，他听了就笑。但在匈牙利，他确实是伯爵。

　　我是在另一个郊区"阿尔屈依"认识他的，要到这郊区需搭从索到当费尔·罗什罗线的地铁。我一般就是等地铁，他却是在地铁里看墙上的白方砖。他钟情于陶瓷品上的裂缝。小小的裂缝划出一道道线，就像人的手纹。这使他联想到绘画。当时在阿尔屈依，他 40 岁，才当画家不久。之前他是书

法家、搞印刷的,在报界和出版界很有名气。他在阿尔屈依的
画室是画家的画室,有画架、画布、纸、调色板。但他没有忘记
放在印刷家德拉热那儿的机器。1948年他写信说:

> 　画一幅画要花太多时间。最好是能在瞬间里确定下
> 即逝的感觉。一幅画不能自动扩大。因此应该直接画大
> 尺寸的画,但怎样才能做到像画在一块小小的画布上那
> 么轻松、那么迅速呢? 我认为未来的油画将从二元纬度
> 中摆脱出来,实现更多元的标准。我越来越想用放映的
> 办法,先是在屏幕上,然后是在空间。问题是要用可震动
> 性的材料代替固定不动的材料。

他找到了他作画的原则。

我认识他的时候,他是共产主义者。那还是在法国共产
党追随苏维埃社会主义现实主义的美学之前。我不相信领导
同志们当时有抛弃艺术家的想法。艺术家们提倡形象派,那
不会使他们不安。莫斯科方面也向法国共产主义者确认它是
正确的,要他们以这样的美学原则制定政策。事实上,就现代
艺术而言,同志们并不比法兰西共和国坐办公室的人及至所
有法国人了解得更多。

当时,瓦萨勒利打算为工厂作画,在工厂的开阔的墙上画
画。画的是抽象艺术,节奏强烈,色彩和谐,发挥任意,很有新
意。确实,这些画就是放映机放在车间板壁上的幻灯片。这
计划显然是不可能实现的。

今天,1963年,瓦萨勒利还有同样的想法。苏维埃共产
主义不赞同的东西,能在资本主义社会完成吗? 1955年,他

出了名,在德尼斯·勒内的画廊办展览,展出现代艺术的"活动艺术"。历史学家们认为这次展览具有历史意义。在几年内,"活动艺术"(美国称之为"视觉艺术")袭击全球。人们到处看得见视觉裙、视觉衬衣、视觉鞋、视觉首饰、视觉毛巾,甚至裸女披着黑白相间条纹的画。大商店的橱窗也在哈哈镜里放上动画,变形影像。瓦萨勒利被时尚的东西弄得忙不过来,视觉艺术是个办法,观众在看着作品时,有可能从中看到好几个形象,怀疑自己的感觉,于是对自己提出问题。不错,我们的感觉是变化无常的。我们从一个形象中看到另一个,由于眼睛的生理机能。艺术家给了我们自由,这是我们对我们看到的东西提出问题的自由。我应该提醒的是,所有这些都是抽象艺术、几何艺术、冷漠倾向的冒险。

瓦萨勒利出了名。"马尔纳上的阿内"的房子离街相当远,栏栅后面是花园,过了花园是画室,但这已经不再是画室了,没有调色板、画笔、画架,我看见助手们俯身在倾斜的画桌上,倒像是建筑师的工作间,瓦萨勒利不在画室,却在办公室里。他没变,依然是一副高贵的样子,文质彬彬,对女性谦恭有礼,他说话很急很快,别人听不懂,他就把话说慢些,重新再说一次。这是个动作急速但会控制自己的人。

在巴黎,大家说瓦萨勒利通过电话作画。这话说得有点对。事实上,十五年前他在信中对我说过的易于创新和迅速完成的办法,他已找到了。他设计作品,好像安排节目单。他设计模型。他设想一出来,助手也就完成了。他要求他们调好颜色,加大部件,扩大明暗色调,让四方体整个向着中心旋转。如果他能操纵电脑,有什么是他不能做到的呢?

1963 年,人们开始谈论绘画市场的危机。现代油画对于业余爱好者来说太贵了。大部分人两手空空地从画展出来。瓦萨勒利一直是共产主义者。他甚至神秘地笑着对我说，他不缺法国共产党的经费，既然大家都解放了，他希望金钱不再把艺术家和公众分开，他认为公众有权获得一种从陈旧的模式中解脱出来的艺术，有权享受跟得上时代的艺术。他要尽力让艺术不深陷在银行的保险箱里。工厂不要他的幻灯片，但那些便宜的木版画却可以进入工人们的家里。

正好此时出现了丝网印刷，这技术不是通过印刷商进口，而是由古巴画家维佛列多·阿尔凯引进的。凡是有关艺术的新想法，瓦萨勒利都想看见。他甚至因此而和他的画廊主德尼斯·勒内决裂，她和某家大商店打官司，因为对方用瓦萨勒利的作品装饰商店的正面墙壁。瓦萨勒利宣布："艺术是公众的财富，在艺术中没有抄本。"瓦萨勒利是多么慷慨大度啊！

我去拜访他，想听他谈谈有关他的世界民间创作的事。几天以后，他将在巴黎装饰艺术博物馆谈论此事。他计划现场送给感兴趣的人一些彩色几何元素，他在自己的作品里也是用同样这些元素，每个人用这些元素做出他想要的墙面。在丝网印刷造成的晃动颜色中，他取出几百万张四方形的纸。他解释说：

> 我选择四方形，因为它是最好的建筑元素。在这些四方形中，我请人放一些简单的形状，菱形、长方形、圆形、椭圆形、梯形，大小一样，颜色各异。四十多种色彩，几种固定形状，就可以构成无止尽的可能性。我们也可以采用陶瓷、矿岩、有色水泥、玻璃、金属、合成材料来制

作。就如建筑集中了各种预制材料，形成预制的彩色配件，好用来做墙、地面和表面层。

我问他，他就不担心用同样的拼料做出雷同的东西吗？他答道：

> 一点也不。我相信他们。在欧洲和美国，人们创作出了不同的作品。我们要让灰暗的环城景观变得生气勃勃、令人振奋、心情舒畅。不能让大伙儿都灰溜溜的，对生活提不起劲头，悲观失望。重要的是要说服建筑师，使他们在拿起铅笔做草图的第一时间，就想到要把墙装饰成令人愉快的艺术品。艺术不应当变成是为了弥补错误。否则那只能是一张遮丑布，一眼就看得出来。

瓦萨勒利让我看他用作民间创作的例图。那是一堵墙，红色的菱形好像要飞出圆圈。另一堵墙上，四方块排成竖行，象征明亮的沙滩，旁边排着暗色的配件，好像是太阳在和黑暗对话。还有一堵墙上，波浪起伏。离开瓦萨勒利时，我被他的热情感动了。

三十年后，人们总结他的构思，决定不接受他的提议。不过，在巴黎郊区的默兹，建筑师因斯贝想冒险采用瓦萨勒利的"民间艺术"。一切都准备就绪，却遭到那幢房子的物主们的拒绝。瓦萨勒利为了尝试，终于在"普罗旺斯的爱克斯"自费修了一堵墙，但没人注意到它。

蒙帕纳斯火车站有两幅瓦萨勒利的壁画，巴黎七大理工系有一幅地上的画。波恩大学也有一幅壁画。所有这些画都属于个人作品，而不是以"世界民间创作"的经验完成的。人们欣赏瓦萨勒利的风格，他们不愿他的创造被其他人所分享，他们将因此分不清瓦萨勒利的原创和别人用他所提供的元素拼凑的墙画。

要禁止艺术家为公众服务吗？禁止他们脱离使原创增值的商业范围吗？商业抓住艺术家们不放。

瓦萨勒利还说，绘画死了，孤独的画家只好让位给多学科团体。他相信那些在街头、在广场上为所有人而作的作品。在这方面，他继承了苏维埃模范艺术家团队的优良传统。但大家只买他在画架上的画。

1992 年，我去看他，他还住在"马尔纳上的阿内"的房子里。助手们都走了，84 岁的老国王独自一人，被他所提供的那些为人鄙视的纪念品赠品包围着。我不知道他在想什么，但我很希望，在所有人都溃散的时候，他还是共产主义者。光荣啊，伯爵先生！

在获得如此的成就之后，为什么遭受如此的鄙视呢？暮年的瓦萨勒利遭人围攻，他们诋毁他的作品和他的事业。法国现代艺术博物馆取下他的画，打入冷宫。历史学家从他们的书中抹去他的名字。瓦萨勒利和他的光荣同样迅速地消失了。

我最后一次去见瓦萨勒利，他把我领到一个小房间，那儿有一张铁床，床上有栏杆，好使人睡觉的时候不会摔下来。他指给我看他挂在墙上的几个镜框，里面是荣誉博士证书，在欧洲、南美、美国获得的荣誉装饰大师证书。我没时间细看，他也没让我细看，他只是想让我了解他的成就的广泛性。然后他指着那张狭小的床,对我说:"你看,我死的时候,他们会把我放到这床上,就在这些说明我的荣誉的证书下面……"

我一直在揣摩他说这句话的含义。因为,瓦萨勒利是个幽默的人,他的幽默要仔细品味之后才能体会。

尼古拉·舍费尔

Nicolas Schöfer（1912—1992）

在蒙马特的斜坡上，克里希广场后面，大片的房子都是画室，里面大概住着获得过罗马大奖的艺术家，因为门口很有气势。台阶上头一尊典雅的裸女像，上面点着瓦斯灯，照亮了这一带小区。这是个浪漫而尊贵的地方，和雅克·维永在皮托住的简陋棚屋或布朗库西住的龙桑胡同截然不同。尼古拉·舍费尔就住在这儿，他是匈牙利籍的雕塑家，法语说得很不流畅，但写得很好。他从1936年起就住在巴黎。

我第一次参观他的展览在勒内·布勒托画廊，在1947年。这类画展比较含混，很难猜到接下来会发生什么事。里面尽是些混杂的作品，不在人世的人的肖像、一点也不恐怖的妖怪、不那么抽象的画。我想第二年他到某个美术学院的沙龙里去办展览了。总之，哪儿可以办就在哪儿办。从前他是画家，如今是雕塑家。我还记得那些安放在底座上的雕塑作品，另有一些从天花板上吊下来，全是金属的。这些雕塑会动，我不知道是风吹动的还是马达开动的。这无关紧要。他是个万象运动论者，是个运动的艺术家。

他没有参加1955年由瓦萨勒利在德尼斯·勒内画廊组织的以"运动"为主题的展览。但他是所有艺术家中最"运动"的一个。他在欧洲和美国办过展览。在比利时和法国建过运用了控制论技术的塔。他甚至计划在拉德芳斯上建立一座无顶塔（至少高 1000 米），上面的螺旋桨旋转起来，把颜色喷射到天上去。人们看着这座塔，会问，巴黎怎么样啦。而塔则以转动和颜色作出回答。

舍费尔出版了十本关于艺术和城市规划的理论书。他教建筑学。他从各处收集装饰品。最后他进了法兰西美术学院，当时学院刚刚转向"新浪潮"，但还没运用在电影上。

皮埃尔·亨利、亨利·普瑟尔、莫里斯·贝雅尔、罗尔夫·利伯曼、卡洛林·卡尔松，阿尔维·尼古拉陪同他在戏剧中冒险。学校的孩子们排着队来到他的画室，把头探到他的棱镜里，看到了无限的空间。画家给他们看塔的模型，这塔时而转向这边，时而转向那边，里边有雕塑的计划，有城市规划。画室里人群拥挤。我不明白小学女教师是否让娃娃们参观了他发明的性娱乐中心，它的形状是一个巨大的乳房，这是他为他的乌托邦的城市、网络住宅区而设计的。没关系。他有着惊人的创造精力和超凡的速度，即便到了生命的最后那些日了，半身不遂也不能阻挡他的创造。真是条勇敢的汉子。

他乐于承担别人交给他的冒风险的事业。有一项电台广播节目，"法兰西文化频道的下午节目"，他有意在上面做调查。石油危机令司机们和燃油重油的锅炉主们不安，这是个好话题。他建议做电话调查和"人行道微型"调查：人们在巴黎发现了重要的石油矿藏，就在巴黎圣母院的下面，你们认为该怎么办？有好几个答案，有人建议斜着钻孔，不要碰到巴黎圣母院，不要影响人们去朝拜它。有人反对，认为钻孔务必伤及圣母院的美，他们建议把圣母院移走。我一点儿也没夸张。人们真的都在谈论，挖油井、提炼石油，在市中心和在一个祈祷和默思的地方，意义是不同的。许多人建议搬走圣母院。

报社记者开始就埃及迁移阿布·圣贝尔寺庙一事,广泛征求读者们的意见。我们不是可以参考此例移走圣母院吗?我们可以咨询联合国教科文组织的那些成功搬走寺庙的专家们。专家们经过土壤分析,认为完全可行。广播电台的人吓呆了,尼古拉·舍费尔也是。巴黎人真的不明白他们的城市的意义吗?他们不知道自己住在什么样的建筑里吗?如果历经千年的古老建筑他们都不关心,他们对现代建筑又有何眼光?当然,我们得知有不少人表示,他们宁可不要车辆,不要摩托,用木柴烧火也不能失去教堂,他们情愿在殿堂里得到一星烛光。然而,谁能相信,在公众中能听到有一个人,大声高叫要石油胜过要教堂?当时我还不知道,混蛋不一定非得是最多数的。很简单,大家注意到了他们而已。

无独有偶,1961年,尼古拉·舍费尔在里埃日建了一座电子控制塔。塔高52米,内有66面转动的镜子、120盏各色探照灯、64块由37个马达以不同速度操纵转动的铝板。建塔目的在于,对在附近截取的情报做出反应。这座塔在默兹边沿,作用相当于议会宫的信号。它随着驳船经过情况和城区的生活信息而改变颜色和闪光的节奏。议会宫的日常活动在塔正面形成某种有光亮、可视听的场面。名称也挺好的,叫做"光动力学"。这座塔受到高级文化人士的称赞,但反对意见也越来越多,尤其是反对它放出来的电声音乐。人们于是用铃声、鸟声代替。塔安静的、光灿灿的,转动不休,就这么继续存在着,起着城市信号的作用。再后来,又有人批评它耗电,是多余的玩艺!于是,马达被切断,空间动力塔成了不锈钢塔门,几只鸟在那儿筑巢做窝。塔被废弃达三十年之久。1978年,里埃日美术馆或者是没考虑清楚,或者是有什么隐藏不露的目的,组织了一次舍费尔的展览。舍费尔于是强调,立体塔仍可以有新的发展,他有不少相关计划。

1992 年,里埃日人听到他去世的消息。他们认为,在经济危机远去的时期,修整这座塔可以为城市找回声誉。尤其是经过这儿的游客总在询问这座废弃的塔,旅行社的人却不知该如何回答。你猜发生了什么事? 他们为这座塔成立了一个协会。还不止这些。但我不知道,他们是否会重新开动塔里的马达。

有关公众对现代街头作品的态度,每个人都有自己的解释。大家常读到,欧洲人生活在有着丰富文化遗产的环境中,不需要现代建筑。难道这个理由正确吗? 立体塔不就是被这些人扼杀了吗? 在巴黎,不是有人宁可要石油厂也不要教堂吗? 大概他们的糊涂是一样的。

除了不被理解的大环境,还有其他许多乱七八糟的因素。例如,毫无节制地追求新奇,把现代艺术博物馆变成水涨潮时的漏勺。从此以后,一项创造发明再也不可能从大家称为现状的节奏中得到实现,并达到某种不受当下风潮影响的繁荣状态。而在那样的理想状态里,无论 15 世纪的死亡之舞,坦盖里的击鼓雕塑,透纳的橙色、蓝色天空,还是出现在舍费尔的桨叶上的颜色(当它转动得太快时就看不见形状),都是可以共存的。

为了对新作品采取某种更简单的态度,难道不是应该后退一点,就好比几个世纪以来我们对待那些无从了解诞生情况的作品一样? 虽说每一创造只能表现它的时代,它却也是为了能经受住几个世纪的时间考验,保存它在产生时的经久和价值。否则,艺术史就只是一场竞争者之间的大屠杀了。

第三章

从马克斯·恩斯特到胡安·米罗

安德烈·马松　罗贝尔托·马塔　斯坦利·威廉·艾泰　勒内·马格里特
保尔·德尔沃　曼·雷　胡安·米罗　皮埃尔·阿列辛斯基
马克斯·恩斯特

安德烈·马松

André Masson (1896—1987)

　　1945 年,他是第一批离开美国回巴黎的画家当中的一员。雷厉风行的行动与他的性格是一致的。回巴黎后,他立即在伽里玛的七星画廊举办画展,然后在路易丝·列里——1924 年坎魏勒就把他介绍给了这家画廊。同时,他为马里尼剧院设计场景,为让·路易·巴罗尔导演的《哈姆雷特》设计服装。早在 1937 年,他就向巴罗尔介绍朱格尔·德·塞万提斯的剧作《纽曼丝》,马松本人为此剧担任美工设计。安德烈·马松在战后重新激活巴黎文化生活方面扮演了重要角色。当时,人们刚刚走出屈辱,处于饥寒交迫之中,每日的交通工具只有地铁。在这样的经济状况下举行文化活动只能是勉为其难。

　　玛格画廊由官方举办的超现实主义展览之前两年,出现了这位被大家称为"超现实主义的异端分子"。他被这次展览会开除,大概因为他违反了团队的纪律……当时,安德烈·布勒东在马克斯·恩斯特、曼·雷、米罗、马塔、贾柯梅蒂、杜尚和唐吉的陪伴下,吸引了不少年青人,比如弗朗西·布维、萨拉纳·亚历山德里安、里奥佩尔、塞尔庞、格茨。但安德烈·马松不在其中。超现实主义重放光芒,发表宣言,出版杂志和各种宣传小册子。安德烈·马松始终与这一切保持着距离。

　　然而,在超现实主义运动之前,马松就展出了他在美国的作品。这些作品带着一向疯狂的形式，在奔腾的线条之间突然出现一张面孔，或一具胴体。他被完全排除在超现实主义之外吗？事实上，他在 1927 年的一幅旧画，本该出现在 1959 年超现实主义色情展览上。就在 1959 年这一年，他以圣德尼街上的妓女们为蓝本画了充满神秘色彩的形象。当时的展览会居然全然不知这样一个画家，实在很可笑。但他最终还是被排除在名单之外。

被排除在外的马松反倒满意了。因为被排除于超现实主义之外，可以作为一次"经历"，载入他的"过去"。马松性情叛逆，但为人宽厚。他和一些朋友闹不和，首先是超现实主义者们，还有他的画商坎魏勒。但不和也只是暂时的。而对于少数真正接近他的人，对于他写的文章的读者——因为他写了不少东西，他绝不是一个爱争吵的人，而是一个对艺术和诗歌充满热情的人，不管这些艺术和诗歌的创造者是否站在他这一边。事实上，他热爱几个世纪以来的任何能感动他的东西，从不考虑作者本人是否得到了他的超现实主义朋友们的选择。埃尔涅斯托·萨巴托在一本关于影响人的生活和思想的神秘力量的书里指出，时尚造成恐怖。马松能抵挡这些神秘的力量，不管它们是什么东西。

他住在巴黎圣安娜街。最里面的一个房间光线充足，涂成白色，给他做了画室。我去那儿看他。他谈起自己对莫奈、夏尔丹、雷东的热爱。他的视野超出了他本来所属的那个小团体。他喜爱德拉克洛瓦。在所有画家中他偏爱提香，而当时没人欣赏这位画家。至于他的同时代人，尽管他偶尔写到某个画家，比如他步入绘画生涯初期的同伴米罗，却几乎从来不提这些人的作品。这样的沉默让人产生疑问。是策略？还是谨慎？是出于尊重同事？除了让·阿尔普为他所尊敬的艺术家们写过一些诗，一般的画家往往把分析的战地让给诗人们。

无论是作为超现实主义者，还是作为异端分子，马松在画界都不乏支持者。当然，这些支持都显得姗姗来迟。1965年，他在国家现代艺术美术馆里举办展览。人们从中可以看到他的转变。他的画，在初期是透明的，带有影射意味，逐渐就有了主题，但始终像是在云里瞥见蓝天那样。他成了一个神话学大师，主要的灵感来源是古希腊神话。我在他的画里看不到任何圣经题材。也许将来哪一天，比较夏加尔作品和马松作品里的神话概念，会是一个有趣的题目。人们是不是从根本上拒绝耶稣的悲剧呢？不过，更有意思的在于了解神话是否在艺术表现中具有相似的节奏。

有一天，他告诉我，他曾强迫自己去参观屠宰场：

> 我想了解"牺牲"这个词背后的意义。那不过是屠杀，但许多文章却赋予了它高尚、神圣、超凡的内容。这样一来，牲畜的死和人的死之间没有区别，屠杀一头公牛和屠杀一个英雄也没有区别。应该去看看。从那以后，我了解了从生到死的过程，我知道了所有那些变形记里蕴藏了多少流成河的血。

正如夏加尔在歌剧院的表现无人可以匹敌，马松在剧场的天顶上画下了无与伦比的悲剧人物：那就是1965年他在奥第翁剧院穹顶的画。一份140平方米的壁画订单，每天不可能画超过2平方米。那是他得到的第一次官方订单。当时他已 69 岁。他站在 3 米半高的脚手架上画天花板。他说起这事,一下子又像个工人了。我听他的诉说,就好像听到在教堂里画壁画的文艺复兴时期天才工匠的声音:一样的激动,一样的疲乏。

对于一位超现实主义者来说,从个人神话过渡到世界神话,丝毫没有减损他的精力。这是怎样奇怪的命运啊!

战后,马松在普罗旺斯的埃克斯市托罗涅路定居。他住在塞尚所描绘过的风景里。1953 年,普罗旺斯的埃克斯组织了一次塞尚画展,毫无疑问那是一次迟到的画展。我问他的感受。他给我寄了一篇长文章,文章开头便抗议埃克斯人的控诉,责备他们不了解画家的天才。他附和德拉克洛瓦的看法,德拉克洛瓦自称在巴黎的三十年间“献身给了畜牲”。然后,马松又指出,人们对塞尚的作品仍然不理解。它不仅属于普罗旺斯,它还属于全世界。读着他的文章,你会觉得它没有失去现代意义。

生前默默无闻或几乎默默无闻,死后才受尊敬。一切终于回到它本应有的秩序。是不是?唉,不。不管他受到如何的赞赏,也不包含全部的事实。不了解还是不了解。人们有时对他的作品的解释过分了,他的影响是无可比拟的。荣誉属于他的继承者。他的继承者从他那儿得到最体面的遗产。据最近的消息来看,“新俄耳甫斯主义”的发明者可谓他的合法继承人。你们看看:这些浅薄、嘈杂的彩色唱片,花里胡哨的玩艺,如此平庸。塞尚色调细微变化的结果就成了这样。这些人不提醒我们倒是有道理的:塞尚如果再活十年,这就是他要做的事,只要他敢的话……

　　我们在这里介绍一些北方国家的操作形式。关键在于使塞尚成为抽象画的代言人之一，也就是使他成为一个预言油画已死的前驱，要不就是宣告了某种号称空间式的庸俗艺术，某种一千零一变的衰弱的表现主义，某种绝对的、滑稽的、未定形的装饰艺术。倘若不是塞尚，那就是高更或修拉或凡高。总之一样过分。

　　所有这些，只是这类"艺术批评的占星学"的表现之一。昨天还满足于对一幅绘画作品发表有价值的判断，今天竟然藐视起艺术创作的有机成分，不屑于回潮到它的根源，甚至取代艺术本身，让它说出它没说的东西。

　　只需看看埃克斯的大师［指塞尚］的无论哪一幅作品，都可以相信他对感知世界的热忱。他的热忱同样表现于他在浪漫的青年时代所做的那些杂乱的尝试中，以及在成熟期乃至暮年的极其大胆的作品中。

　　在给他的儿子的最后一封信中，他提到对有色感知的研究是他的工作基础，接着，他还对有可能出现的跟随者说："我是难以理解的。"这一对秘密之不可揭性的肯定，可以通过塞尚自身的矛盾得到解释：使用印象派的"运动"、"转瞬即逝"等技法，以表达最坚固的平稳性。当然这里面是有技巧的，但好像不可言传，不能成为公式或处方。

　　他的画作如今已传播到世界各地，其中有好些回了他的家乡。这些被展览的画的主要特点是它们和所画地点本身的对比。不是为了比较作品和画作地点，那就太简单了。比较的目的是为了更好理解由感知的灵魂所预见到的真实：塞尚的油画和自然的关系，和埃克斯乡村的关系。四方形的小屋。这些半农民式半贵族式的、又同时具有农民和贵族特点的乡间小屋，与他的立体感和稳固感很相符。与此同时，他着色之精细，也是无可争议的。他在托罗涅高尚的环境中，在河谷以东的山中，找到了适合他心情的东西。他的孤独被那些雄伟得触动人心的石与树所环绕。他的僻静的天性和这山一样。这些山连在一起，形成了蔚为壮观的地理史诗。

有好几个人注意到他的创作方法，并不无道理地说这是他最好的作品。

受到这样的启发，我们更好地了解到他的热情奔放是无可替代的。他的平稳树立了榜样，这种平稳不是古典式的，但在表现和创作上与古典式的平稳具有同等分量。在他那里，平面建筑和生活接触奇特地溶合在了一起。别忘了他的全部作品都是写生，这完全不会改变他的艺术作品之不朽性的本能。

这种和持久性所做的伟大斗争（好比在江河中建金字塔）会不会有一天重新开始呢？总之，在这条基于感知的建构道路上，他始终是我们的"乔托"。他作为艺术家的生活堪称楷模。某些时候，他也怀疑彷徨，那是孤独创作的苦恼，被难以解决的众多矛盾困扰而难免产生的情绪。他保持着不衰竭的精力。

塞尚的作品，不管是完成的还是未完成的，都表现出他的主要特点，即雄伟。

我就不再重复安德烈·马松的全文了。我在读了他的文章后才知道,如果一位艺术家又是作家,读他的文章会有这样的感觉,他的画变得更接近了。他以创作自己作品的经验去谈论塞尚的作品,他把塞尚置于当时的争论中,并彻底了解了他。塞尚的作品在埃克斯的展览并非毫无风波,他的画作《玩纸牌的人》被盗,这似乎比给卢浮宫借去更倒霉。

安德烈·马松接受我的拜访。我到圣安娜街看望了他多次。每次我都持有他的油画的健康证明。1958 年的一天,我看见他正忙于为马拉美的《骰子》设计版式和插图。他对我说:

> 我画画毫无顾虑。我不再担心什么了。我让自己画画。从每天的这样的乐趣中,主题就跑出来了:我画各种各样的迁徙。死神随时都会降临,但不会打断什么。死亡只是我们生活中较黑暗的一面。

1962 年 11 月,有一次,他在路易丝·列里画廊展出他的整套神话主题作品,谈话自然扯到这方面的事:

> 不久以前,我开始画迁徙主题。一些会动的点,可移动的力量,轨道上的星座,革命之中的原子。怎么说呢?后来,我感到我被困在无限的空间里了。我马上停了下来。我想创作别的东西,好看得更清楚。形象表现,对于那些其唯一要求就是倾听他人呼唤的人来说不够充分,对于那些很久以来就朝自己的方向走的人来说不够自由。对于那些一点也不愿失去最积极的寻求的人,则不得不烧掉一切,从头开始。一开始是抽象或无形,但紧接

着,形象和画面会在没有名称或尚未有名称的情况下,涌现不止. 我给这些画起什么神话题目呢? 这个我突然在自己画中见到的人,几乎要被巨大的重量压垮,为什么不称他为西绪弗斯呢? 神话永远是生动的。这没什么可大惊小怪。每天我们在焦虑的时候都碰得见神话。我曾经有很长时间对表现主义的抽象充满信任。人在生活中总有这样的过程,然后会停下来,害怕了,心想不思进取是危险的,还是要往前走。谁没碰到过这样的波折呢? 行为绘画的捍卫者波洛克在生命晚期又回到形象表现上来,他这是急刹车吗? 每次运动都迫使一些艺术家或迟或早地摆脱那些他们曾经追随的某个主义的共同特点。有时我会找出我青年时代的作品。有一天,我看见一幅。一片沙滩,我在上面抹着从颜料管里挤出的颜色。如今我可不敢做这样的事了。我错了吗?

这样,从他和我的几次见面中,我发现了安德烈·马松的几个性格特点:本质上的不确定性和偶然的确定性;焦虑而勇敢;喜欢挑战;置身于画家相互传承的自觉感。我觉得这一切构成了一个生活向前奔的人的个性。

罗贝尔托·马塔
Roberto Matta（1911—2002）

　　他说，他不是画家，他经营报纸。他写作，素描，雕塑，但油画画得更多。他爱讲话。他好动，无论是在巴黎的街上还是地球上随便什么地方。他说他属于散居各国的游民和移民。他是智利人，但他首先又是巴斯克人，也是美国人和法国人。他在意大利画油画，在巴黎刻版画。他被开除出有关的艺术圈子，为此还相当自豪，他可以自由来往了。就这样，他挺高兴被他的智利堂兄弟们称为野蛮人、印度人。他也被超现实主义者们驱赶出他们的圈子。他付出了代价，遇到了不少困难才得到自由。马塞尔·杜尚写文章说他发明了新的空间。大家发现这空间是能量交流的空间，就好比《奥德赛》里的狂风产生的能量，或刑讯室里、太空火箭、火山爆发的能量。马塔永远带着枪，他能极其迅速地转身，其气势足以令任何一个杀手胆寒。

　　马塔在 1933 年到了巴黎，打算在科布西耶的工作室做建筑师。但他抗拒不了绘画的诱惑。当时，他为了西班牙共和国的楼阁，经常去找《格尔尼卡》的作者毕加索，还有《割草人》的作者米罗。那是 1937 年，为了巴黎的世博会。加西亚·罗卡派他去探望萨尔瓦多·达利。达利又把他介绍给安德烈·布勒东。他必须参与超现实主义运动，参与 1938 年在巴黎举行的超现实主义展览的有关活动。他不属于他们，但看上去他好像是他们中的一员。

然后他去了纽约。在那儿,他与年轻的美国画家波洛克和马塞韦尔交往甚密。马塔总能遇见他必须认识的人,在有新鲜事物出现的时候。为了1947年的超现实主义展览,他回到巴黎。1948年,他同时被超现实主义和美国画廊关在门外,美国画廊不满意他回了欧洲。他从1949年起住在罗马,1953年回到巴黎。

1959年,我去他家。他住在巴黎圣日尔曼大道,漂亮的楼层,正好在狄德罗雕像的上方。至少两个世纪以来,那所房子不停地往大地里面下陷,铜像也跟着下陷。狄德罗手里拿着笔。他在写什么?《冒失的首饰》?《百科全书》?还是给俄罗斯女皇的信?马塔似乎很得意他的房子受到地心引力的影响,而狄德罗又和房子一起在他的梦里下陷。不然他为什么会对我讲,他脚下的土地是疏松的?

他告诉我,他想邀请所有的马塔到家里吃饭:8岁的马塔、13岁的马塔、在"科尔布"那儿的马塔、常找毕加索和马塞韦尔的马塔。他想了解这些不同的马塔互相有什么话说。他高声想象着这场宴会,为了让我明白,马塔行星是由哪些地质元素组成的。

在他的作品里,他表达了自己对那种仅限于在窗口观望的艺术的冷淡。马塔并不高大,但他说起话来,动作豪气十足,这使他显得异常魁伟。他说:

> 我对透视法毫无兴趣。只有当我感觉到天花板之上出现星云、地下有了地下火,这时我才会被唤醒。

说到底，他是宇宙起源论的超现实主义者。超现实主义者，真是这样吗？不久之前，他重新成为超现实主义者。这重要吗？就如马克斯·恩斯特也被开除过。对这个问题，他只是以默默的微笑作答。

他被让·伯努瓦邀请到诗人曼苏尔家参加"萨德侯爵遗嘱执行会"。那是超现实主义者全部人马的集会。其中有11年前即1948年开除马塔的那些人。"我看见伯努瓦来了，用带小轮的木板拖着一具巨大的男性生殖器。"这次（私人）晚会的重点是在达尼埃尔·科尔迪耶画廊举办的有关色情主题的超现实主义展览。

为了表示可信，让·伯努瓦必须做到不掩藏悲痛。他脱下黑色背心，用烧红的铁在胸口烙了萨德的名字。然后他建议大惊失色的与会者效法他的行为。他走到客人圈子中间，伸出烧红的铁。没有人响应，大家都扭过头去。我是受不了有人挑衅到这种地步的。于是，我拿起烧红的铁，在胸口上也烙了萨德的名字。他们以为我是受虐狂，完全不是的。我是为了辱骂他们，我对他们说："我向你们证明，我比你们还要超现实主义。"一切又归正常。1948年开除我的人在1959年宣布："马塔出自感人的动机，做出可敬的行为，是那个晚会最突出的亮点。"事实上，我没烙好，后来又没脱下衬衣。结果伤口发炎，萨德的名字看不清楚了，倒让人想到某种洗衣粉的商标。

这句嘲讽的话又令他发笑。

开除与否，都不阻碍马塔参与他认为应当参与的斗争。

他参与的政治斗争包括：声援罗森贝格夫妇，反对印度支那战争，反对阿尔及利亚战争，反对对格里莫执行绞刑，支持费代尔·卡斯特罗、切格瓦拉、萨尔瓦多·阿朗德，反对智利军事制度和诗人阿尔贝蒂称为 Sanguinopinochet 的制度。我肯定还忘了别的。

1968 年 5 月，巴黎现代艺术美术馆组织了他的作品回顾展。他为此作了设计，把他的大幅作品悬挂起来，在参观者的头上拍动着翅膀。大学生暴动的头几天，他把展览整个搬到了郊区的一个工厂里。

有哪一个博物馆会想到举办宣传以艺术对抗政治的展览？人们情愿把时间用来欣赏戈雅、德拉克洛瓦、库尔贝的画，杜米埃、库普卡的木板画，以及毕加索、埃利翁、皮尼翁、马塔、勒贝罗勒、马内西耶和许多别的艺术家的作品。这就让人思考创造性的家园这个问题了。为了下一个结论，人们没忘在那次展览会上摆上几幅类似于 1999 年我在巴塞罗那、2000 年在巴黎克洛德·贝尔那画廊见到的那种油画。在巴塞罗那，我记得一幅马塔的画，有 5 米长，画的是宇宙飞行员的空间世界，里面有像星系一样的卵母细胞和网般穿过银河的精子。巴黎的回顾展上的画没这么大，但表达了同样一种幸福，即我们属于一个生者、星球和死者共同自由演变的世界。马塔，这位参与了所有战斗的人，在 90 岁高龄获得了这种幸福。但这仅仅是在他的画里。

斯坦利·威廉·艾泰

Stanley William Hayter（1901—1988）

　　斯坦利·威廉·艾泰长得像让·巴赞。一个是英国人，一个是法国人，却是表兄弟。战时，巴赞住在法国，他和几位艺术家在巴黎组织了一个展览，"法国传统的青年画家"，展出的作品说明这传统来自马蒂斯、博纳尔和毕加索，这些艺术家都是被纳粹占领者很快称为身心衰退的人。而艾泰是英国公民，德国入侵时他去了伦敦，然后去了纽约，1950年回到巴黎。

　　艾泰既出名又不出名。出名是因为他把当时最伟大的艺术创造者吸引到木板画和铜版画上来，从毕加索到马克斯·恩斯特，从米罗到贾柯梅蒂；不出名是因为他帮助别人时很谦让，不张扬。确实，这本书中提到的许多不同辈分的艺术家在战前战后都到过他在巴黎的画室：埃利翁、马塔、阿尔杜、夏加尔、阿列辛斯基、达利、马松、卡尔代。在美国的时候，到他家去的有波洛克、德·孔宁、马塞韦尔、克莱因。说他不出名，因为他没沾所有这些光荣的光。但到了生命最后的日子，他告诉我他发现的一个奇怪现象："人们开始买我的油画了。"

　　他87岁去世后，到处都在展览他的作品，大家说他具备独特的能力，可以辨别出30种不同的红颜色。

　　那天我去拜访艾泰，他住在靠近巴黎奥布塞瓦托大道的一栋大楼里。那是装饰艺术风格的建筑：玻璃、混凝土、锻铁，一件训练之中的运动员的浅浮雕让人想到马特尔兄弟的雕塑,但我没去辨认作者的签名。

艾泰在凉廊里。我在画室里转来转去,好找到他。各种画架之间有一张乒乓球桌,上面铺着画木版画的板和早上刚画好的纸。他向我解释。他那网球运动员式躁动不安的身影来来去去。他让我背靠着墙坐下。他和我谈话时,一边看着我的肩膀上方的角落,他的木版画就在那儿。玻璃下压着雅克·维永、阿尔贝托·贾柯梅蒂、昂里克·扎那尔蒂的画,以及约瑟夫·埃克特的一件做在纸上的浅浮雕。这是非常罕见的。这个埃克特是个奇妙的发明家,好像没人听说过他的名字。他是版画大师、野兽派画家,是半中国半亚述人。然后还有日本人葛饰北斋的画。这些作品有大有小。不算收藏,而更像是参考资料,像是圣人们当中的一个圣人。我在那儿没看见有艾泰的版画。

很难把他的个人作品与他在 17 号画室的推动角色分开。在所有我见过的艺术家当中,他是少有的一个,在谈到自己的时候不说话。别的人出现在他的生活中,是否也在他的作品里呢?我不知道。或许是一直以某种辩证的形式存在着罢。

艾泰经常打网球。后来我逐渐明白,他与其他艺术家在网球场上传球,与在画室交谈有着密切的关系。

他对我谈到 1926 年他是怎样来到巴黎的:"我在找一座我谁也不认识的城市。"当时,他在伊朗的阿巴丹当工程师,替一家石油公司干活。有时候,艺术会让科学研究者们分心、被干扰,改变生活的道路:狂热有可能成为一种方法。艾泰刚到巴黎和米罗、马松、唐吉、贾柯梅蒂住在同一个区里。他敢相信这就是命运吗?他马上又说,巴黎生活并不昂贵,他在普通居住区找了个地方,靠近很脏的院子。这就是 17 号画室。

　　从某种程度上来说,集体画室就是一个企业,会惹来税务审查之类的麻烦。艾泰可没想到这个。有一天,他看见来了一个税务员。他默默地看着隔板上臭烘烘的铜版画、酸槽、墨水罐、铜板、印刷机,看不出这地方是用来干什么的。他认为不该干扰这赚不了钱的实验室。他问艾泰:"你们要交点税啊。你们这儿的租金多少?"艾泰说出实情:"很少钱。"检查员说:"那么,你们愿意交一点税吗?"艾泰说他从未见过如此善解人意的税务员。就是这些小细节使他在战前喜欢住在巴黎。

　　在被吸引到他画室的艺术家中,当然有版画家。安东尼·格罗斯、罗歇·维埃亚尔、约瑟夫·埃克特,还有很早就来的超现实主义者们。强烈的试验精神使最后这一些人必然要去尝试集体创作的经历。不同年龄辈分的艺术家们相继而来。艾泰目睹了新的艺术潮流的到来。一浪又一浪。他是如何看待的? 听了他的话,我明白他根本没有改变自己的原则:

　　　　我们对美学倾向关心得很少。关心的是泡沫、表面、模式。这样的现象该改变了。大家在干活,但完全忘了这些东西。1983 年 1 月,我们在画室里不干 1982 年 1月我们干过的活儿。画室被内心的狂潮所激动了。有人发现了新东西。这引起了别的人的反响。有些人自以为是发明者,但发明者并不一定是最好地使用他们的发明的人。有时候这些发明者是些顽固的人。

艾泰把他的 17 号画室描绘得好像游戏室。玩的游戏就是严肃。"玩笑"这画室的旧词令人大为吃惊。他回忆道：

> 有一天，马克斯·恩斯特把一块锌板放入酸内制铜板。槽里沸腾起来。情况很危险。我把很烫的板抽出来，放到水龙头下用水冲。它的表面已完全被酸侵蚀掉了，只看见马克斯·恩斯特在锌板上刻下的痕迹。这是一项新发现。后来我们采用了这办法。但又不完全一样……

我听明白了他的方法：对一件事，先推倒合理性的结果，再建立非合理性的结果。他认为一切都是从无意识开始，就这样他接近了超现实主义者。

> 在纽约，我已经对自动主义画法感兴趣。各地来的人给我看他们的无意识画作。有些很有意思。我对他们说："你接着要干什么呢？"因为，我相信，自动主义将会引出某种有价值的工具，并有能力随着时间流逝而得到演变。我们可以以此出发，做点东西。重要的是，要在人们自身的发现领域里信任他们，然后，要马上让他们明白，这个领域比他们想象的还要广阔一千倍。

我马上想起马塔谈到的美国年青艺术家们对自动主义的兴趣。这促使他们领会了超现实主义。当时，波洛克在接受精神分析治疗，医生要他只管画自动画。他在这无数的自动画里发现了自己对神话主题的根本性兴趣。马塔则认为，自动主义使达芬奇的方法复活了。达芬奇的方法就是不停地解释旧墙上的硝石痕迹，这痕迹的形状令他产生无边的幻觉。他还说：

> 解释一块痕迹造成的幻觉，就如从天上的云中看见一匹马。光是涂抹画布是不够的，许多画家没做到产生幻觉的地步。

这就是超现实主义者与现代抽象派画家的分水岭。
艾泰仅仅为了超越一种方法才接受它。他说：

> 当人们有某种观点时，就固守不变。这是很危险的。不应当停留。我常改变我的表达方法。有一次，我和毕加索争论起来。他说我的一件木刻，即 1934 年的《卢克莱修的入侵》是我最成功的作品，我不同意他。我争辩说，我后来的作品更成功。我认为我做到了这一点。

这种原则，即不改变就等于灭亡，使我又想起了马塔说过的话："为了使自由不成为一座雕像，我做了画家。"马塔抱着他的坚定不移的观点在纽约的另一间 17 号画室工作，离艾泰不远。他们的铜版画也许比他们本人的联系更紧密。他们的共同原则是，永远质疑，不坚持任何东西，甚至不坚持超现实主义原则。

我明白艾泰不能忍受停滞不前。他的活动已在他的生活中根深蒂固，并且不受任何美学教条的约束。他和我谈到画家巴尔蒂斯的拜访。那是 1930 年。

巴尔蒂斯看到我在 1926 年画的巴黎风景画。那是梅尚街的一角，还带有一点巴黎观测站的穹顶。很明显，在这风景中，垂直线不是垂直线。我和保罗·于塞罗一样，在三维上使用球状透视法，使上下都聚在一起。巴尔蒂斯对我说："我看你始终都忠于于塞罗。"这可不是所有人都看得出来的……

就是这样，艾泰在超现实主义者、纽约的非形象主义画家和于塞罗之间徘徊，同时也不因此而否认自己学科学的出身。科学方法在于一切都要试验，尤其不拒绝任何东西。不错，那么在艺术中呢？他说：

数学家往往从找出问题的所有解答入手。在绘画中，数学式解答是很烦人的事。不过，提出成千上百万种解答可能，这本身就可以成画了。

画室里传来人声。是工人们在忙碌。管子工。他们为艾泰年青的妻子德茜蕾装了一个厨房。"我不需要厨房，但最近几个月有人买了我的一些画。于是有人给她装厨房，我要厨房没什么用。"他坐在板凳上。我看他打算走了。他不是坐得住的人。而他的妻子光在厨房里忙着。她还为她丈夫建立了一个铜版作品目录。

我请他谈谈他的早晨是怎么打发的。我走到他的摆满了纸的乒乓球桌旁。他告诉我：

早上我也是懒懒的，拿起墨、颜料、纸、铜板，慢条斯理地画。我画无意识的东西。我要自己做我要求画室里其他艺术家做的事：对大家知道的一切进行"消毒"、"废教"。有时我要他们不要相信我说的话，他们很反感。对我来说，这同样也是不容易做到的。但每天早晨我就做这些事。不能把技术和思想分开。[那么艺术是一门职业吗？]是职业，但不会因为日积月累而变得容易。有人要是自以为掌握了这门职业，可以闭着眼睛干活，那他就错了。

艾泰拿起雨衣，要去 17 号画室。我答应他不公开 17 号画室的地址，有人为他保守这样的秘密，巴黎就更像巴黎一些。

谈到集体画室里的创作，他常用"我们"而不是"我"。17 号画室的艺术家们在创造道路上的经历会影响艾泰本人的创作吗？表面上看不会。任何试验得到的知识，任何教育规则，均不足以使艺术家在创作过程中转向。从来都是如此。正如他的意愿不可能在他的形象的创造过程中固定不变一样。不管他选择的方向是什么，作品永不能完全听从法则。总有不规则的东西，使它有所不同。再说，我们之所以热爱艺术，难道不正是因为，在大大小小的作品中，艺术表现了一种存在，一种使我们很快就会感到熟悉的存在？任何创造都不可能不表现其作者的个性。至少应该有足够精细的目光去领会它，说准确一点，这就好比区分两个指纹和区分两个 DNA 之间的差别。

艾泰大概从 17 号画室的艺术家们那儿掌握到了一些技巧，以避免触暗礁。如何在一条路上停下？或如何坚持下去？

如何放弃又重新使用同一技术？如果说，他的近 500 件铜版画，以及伴随而来的油画作品，印证了一个世纪以来的艺术演变，印证了从超现实主义到抽象主义的表现手法的过渡，那么，他的那些"无意识"的早晨也使这些作品自身发生演变，流动、柔软运动、醒悟和揭示的过渡。就这样，从神话形象到江河涡流，到水的奔腾，到自平滑的岩石泻下的瀑布，永远朝着更透明的方向。1930 年到 1987 年间，艾泰的作品，通过他的雕塑刀划下的每个痕迹，在无限的天地里获得了自我印证。

雕塑家为什么不能和画家一样出名？是不是因为铜版画没有油画值钱？或者因为，有许多人到博物馆里观看油画，而对于铜版画家来说，只有孤独的业余爱好者从纸箱里抽出一张张画来看？

勒内·马格里特

René Magritte（1898—1967）

  勒内·马格里特住在沙埃贝克。1964 年我去看过他。沙埃贝克不完全是布鲁塞尔式的，倒像华丽的郊区。房子小巧而干净，布局错落有致，四周打扫得干干净净，就像我们在北欧国家看见的那样。沿街的栅栏前栽种着一排排整齐的小灌木。房子前设有台阶。我在米莫沙街 97 号按了门铃。

  每回去一个画家的家里，我都凭想象在附近找到画家存在的痕迹。这天傍晚，沿着几乎千篇一律的小房子走到米莫沙街，我觉得自己就像走在马格里特的风景里：白天和黑夜同存并相互交叠。高高的蓝天上慢悠悠地飘着白云：这是白天，日光在地面筛出斑驳的树叶的剪影。然而，白日里却又迷漫着朦胧的夜色：路灯亮着白光，照出人行道和房子的正面；房子的楼层上，两扇窗户亮着浑黄的灯光。

  但那天，在黄昏时分的沙埃贝克，这一幅风景只在我的脑海里。我在米莫沙街没看见它。不过，97 号房子，我却是熟识的。马格里特很久以前就画过它：这是比利时风格的房子，朴素坚固，有的地方用红砖，有的用白砖。一所人人都可能有的房子，却也是一所秘密的房子。秘密在房子里面。躲在平凡之后保护自己，这很正常。我这是要去一个超现实主义画家的家里。我按铃。

  勒内·马格里特为我开门。我大吃一惊！他头上没戴瓜皮帽。他常让自己画里的男子们带这种帽子。自从画了《哥尔孔德》以后，他就进入传奇般的时代。他画房前的雨，和一大批带有体面标记的人：黑色大衣、双排钮西装、黑色薄底浅口皮鞋和瓜皮帽。这么说，画家没在住所附近留下他的作品的痕迹，也没穿通常的马格里特式男性制服。这一下子显得更微妙了。

马格里特住在一所最平常的房子里。从门口我就看见打了蜡的地板，光溜溜的，我于是用眼睛寻找毛地毯，好引着我经过玻璃坠子的吊灯，沿着路易十五风格的家具，走过黑橡木钢琴，进入客厅。这是最典型的资产者的客厅。客厅一角不可避免地连着另一个种满绿色植物的房间，让人联想到传统房子里的"冬季花园"。墙上挂着画，用的是 18 世纪的画框，带有浮雕，经过镂刻和镶金。这时，我才意识到，画家尽管看上去是传统的三件套、英式领带、胡子剃得很干净、发型不变，在这井井有条的资产者的普通外表里却执意隐藏着什么。他的画也一样，事实上，就掩藏在某种光滑、理智如安格尔的技术之下。创造的过程，乃至创造者的手是看不见的。在马格里特的画里，一切都化了装。衣服、家具、行为、艺术，都尽可能明显地爆发出神秘来。

一辆自行车。两个轮子。轴线闪闪发光。自行车在一支雪茄上滚动。长号。放在海边大堤的人行道上，被火焰围绕着，长号燃烧着。这是蓝色和白色的平静天空。起风了。天空没有改变白日的情况。但有件东西飞入云间。一个有脚的玻璃杯。雨水的希望吗？几滴雨将从云里落下？天变凉了。吹着冷风。面前是山。山在想自己是不是鸟。山脊的线条，鹰般的脑袋，展开的翅，从几千米高的地方看护着一个窝巢，里面有两只白生生的蛋在等着它。列卡米尔夫人在躺椅里，支着手肘。一副棺材，由漂亮的铜螺丝钉所钉成的棺材，上面有一个花圈……

画就在这儿，在小房子的墙上，在漂亮的地毯、水晶吊灯的旁边。镶在富丽堂皇的框里。任何地方都不能像此处的背景那样尽显这些画的神秘。一个尽量作到无特色的背景。

马格里特对我说了什么？我们坐在独脚小圆桌旁，桌上放着他画过的瓶子。这样一来，我就好比面对着一个裸体女人，头伸在一把麦杆前。

　　——我不相信无意识。心理学是很聪明的体系，但它只是一种表现手法。我呢，我认为画里的云就是云，我也不相信想象。想象是随意的。我寻找真实，而真实就是神秘。我不相信思想。如果我有，我的画就是象征性的了。但我保证它们不是的。
　　——那你怎么解释你画中的神秘呢？
　　——呀，很简单，是我的思想变成了可见的东西。但这些思想没有经过解释。

然后，他解释道，1926 年第一次开画展以来，他画了一千多幅画，却只创造了一百多个神秘。他继续说道：

　　那都是些又脆弱又坚实的主题。说它们坚实，因为它们以不可抵抗的方式吸引我，说它们脆弱，因为我们不能以任何理性去画它们，不能以任何标准衡量它们，不能以任何熟知的技巧改变它们。

我来找马格里特,是因为当时在流传一张传单,上面有针对他的幽默宣传。马格里特出版了一本名为《修辞》的小杂志,充满玩笑和讽刺。在传单上,有一张百元钞票的复制品,但马格里特的照片替代了比利时国王的脑袋。由此而来的第一件麻烦事是:这张复印品被当作伪钞,从而污辱了国王陛下,也惹来警察的调查。第二个麻烦是:它被看作是他的画的销售价单。例如题为《记忆》的画,那个太阳穴出血的石膏头像如果是看着左边,这幅画就值这么多比利时法郎,如果是看着右边则是另一种价钱。如果画里还有风景,那就更贵了。传单用大号字体写着:"大降价",下面写着:"节日继续庆祝!"传单又借马格里特之名,说了他从没说过的话:

从神秘到神秘,我的画正在逐渐成为一件投机商品。我决定结束这种违背神秘、使神秘沦落得可为任何金钱所触及的剥削行为。以下价格使穷人和富人在真正的神秘之下得到协调(画框不包括在价钱内)。

怎么回答呢? 马格里特受不了这样的玩笑。他确实围绕着一百种图像,画了一千幅画。他对我说:"我需要试好几次。"而玩笑正发生在他的画价飙升的时候。这令他想起他还是超现实主义者的年轻时代的传单。他还看到了别的。他的画没有大降价。我不知道是谁写的这些传单。

但生意自有规矩。在巴黎,我看见根据他的画所作的雕塑。我还记得一件铜雕,表现了列卡米埃夫人的躺椅上的棺材。这丝毫不会增加画家的光荣,但多少还保留了几分神秘。

1987年,在他去世十一年后,他本人的瓜皮帽在纽约拍卖,卖到 16500 美元,比起价高 11 倍。帽子几乎是新的,他在照相的时候才戴它。不仅是画家的服饰,他的作品也很值钱。如今,他的画得到许多有钱人的喜爱。

1945 年,马格里特加入比利时共产党。1947 年,他被安德烈·布勒东从超现实主义运动中开除出去。同年,他在布鲁塞尔参加比利时共产主义画家展。虽然如此,在 1999 年以前,莫斯科从未展出他的作品。为了在布鲁塞尔《红旗日报》所在地举办的这次比利时共产主义画家展,马格里特送去了一幅题为《强暴》的画,画的是一个女人的上半身,金发瀑布般分披在裸体上,与此同时,裸体化为脸,乳房化为眼睛。两年后,1949 年,画家皮埃尔·阿列辛斯基(我从阿列辛斯基 1997 年在伽利玛出版的《生活在社会边缘的提醒》里得知此事)和诗人多特尔蒙到《红旗日报》,想看看能否收回他们当时送去的作品。工作人员让他们放了心:全都在那儿。在找自己的作品时,他们发现了被遗忘的马格里特的作品。谁会去共产主义艺术家展览的仓库里找马格里特的作品呢?我敢肯定,如今的废物回收中心里还留着许多被艺术家们忘了的作品,其中大概还能找到几张杰作。当然,得有勇气去找。阿列辛斯基把画放在他父母的仓库里,后来就忘了。1967 年,马格里特的去世勾起了他的回忆。在比利时共产主义艺术家展览的 20 年以后,他把画寄还给马格里特的遗孀若尔热特·马格里特。后者把画捐赠给了国家现代艺术博物馆,我想是巴黎的现代艺术博物馆。

保尔·德尔沃

Paul Delvaux（1897—1994）

　　保尔·德尔沃住在布鲁塞尔，他的房子和马格里特的很像。一样的砖，一样的栅栏后沿街种着小灌木。马格里特穿三件套的西装，打着领带，房子是典型的资产者住房，墙上挂着金框的画。而德尔沃却一直敞着衣领，不打领带。他在真正的车间里工作，靠墙有在铁轨上跑的蒸汽小火车和电车。真的，不是画的。靠门边有几个大布袋，裹着两个形状古怪的玩艺，我问他："这些布袋装的不是衣服吧？"他打开，里面是两具成人的骨骼模型。

　　马格里特承认自己曾是超现实主义者。德尔沃则说自己被超现实主义解放了，他不愿接受超现实主义的方法和风格。

　　制造非议是超现实主义者的作风，而如今惹得满城风雨的却是德尔沃的一件作品。1954年威尼斯年展，他是比利时皇室会馆的主要邀请人。然而，这会馆却接到严令，禁止各阶层的教士、神父、僧人、修士、修女前往参观。这是威尼斯的主教、未来的龙卡里红衣主教、下一任教皇约翰二十三世做出的决定。这样一来，那些不穿长袍、不戴修女帽的人都趋之若鹜了。主教的动机在于：在其中一间展厅里摆放的耶稣受难像不符合规范。确实，如果说基督露出了被十字架钉着的受难肉身，满脸痛苦的表情，与佛拉芒派画家如蒂埃里·布特所表现的一致，那么，左右两个强盗却仅剩骨架，十字架下的圣女们也是。这足以造成整个大厅里的德尔沃作品遭到宗教禁令。何况,还有一幅大型画也不该再让人为之流连,德尔沃自称在这画里开始尝试着争取自由:他在罗马的凯旋门上点了煤气灯,罗马的广场上看得见赤裸的妇女。就这样,色情不名誉地与违背宗教的罪行结合在一起。

德尔沃喜欢挑衅吗?他以很低调的幽默口吻答道:

> 什么?我可是比利时皇家美术学院的成员,我教许多学生绘画。他们全都画抽象画,我以最认真的态度改他们的作业……

他说得对:你在他身上看不出他是个爱开玩笑的人,也不是无政府主义者。他不愿污辱教堂。他给我看他的两副骨架:

> 我就是用它们画那幅有争议的画的,在我去过的所有绘画和雕塑的学校里都找得到这样的东西。我不反驳任何人。可是,在教堂里,圣骨盒不也有骨架的残片吗?

这让人想起18世纪的画家加默兰。在一本木版画的教科书中,他画了一副天使的骨架和一个钉在十字架上的被剥去皮的人。当然,加默兰生活在革命的时代,他的作品的目的是讲授肌学和骨学的知识。但同样的,德尔沃的"十字架"也是放在一座艺术的殿堂而不是人们祈祷的地方。他没干什么违法的事:人们却下了禁令!对他们来说,最严重的是,这个平静的男人在他的画里藏着有害的思想,而他的那些画,人们在匆匆走过时还以为是纯学院派的。当然,就解剖学方面,这些作品无可指摘。那就去看看，画中哪儿藏有破坏元素！

我们大可理解画家本人的惊讶。他没想到会造成如此轰动的效应。同样，他也没打算惊动观众。他画了一座树林，联接两个村子的农村小电车遇见了一个赤裸的女人；他画了比利时海水浴疗养中心的小房子，例如叫作德·帕纳的疗养中心。他画了穿着得体的善良的佛拉芒女人们，站在家门口，并没有任何挑衅意味。她们在等待什么，或某个人？事实上，她们在等待命她们脱衣服的信号，好变成美人鱼，冲入波浪中去。还有比这更体面的方式，能够把荷马《奥德赛》中的神话转变成为一个资产者的场景？事实上，德尔沃的挑衅意味从来都很简单，只是天真的挑衅。哪个旅行中的男人没有梦想过，有一天，在乡村铁路的一等候车室里遇到一个赤裸的女人，坐在红丝绒的长凳上，映着荷兰铜灯的光照——这种灯每晚都会照亮寻常饭厅里的家庭晚餐？

保尔·德尔沃从未被公认为超现实主义者。批评界一般把他定位于超现实主义与古典主义之间。他呢，他把他的画说成是抽象画。当有人向他指出他的画里有许多裸体女人时，他露出吃惊的神气。他的画里偶尔还有些戴瓜皮帽的男人，好像是从马格里特的画里逃出来的。平时他画的男人都穿着如凡尔纳小说中的插图人物，头发总如学者般零乱，不加梳理；至于女人，她们如是穿了衣服的，也是 1900 年时期的模样，类似于马拉美在他的杂志里谈到的那些穿长裙、黄蜂腰、紧束着胸衣的女人们，外加一顶女式大帽子和一些装饰物，如鸟、羽毛、水果、鲜花或鸟窝。

那么他是古典主义艺术家了？德尔沃以他在皇家学院受到的教育所赋予他的体面为挡箭牌，他这样做不无狡猾的成分。无疑他算是古典主义者:形状已完成,色彩不流淌,我们在这儿那儿都能认出几张光滑的面孔,如普桑所喜欢表现的那样。不过,在德尔沃的画里,还有另一些面孔是从电影明星们那里得到灵感的,脸上带有被镁灯光亮照的效果。他告诉我:

> 大家太注意我那幅以罗马广场为背景的裸体画了。它们来自我在中学时代对古典风格的学习。我也画日常生活场景。比如比利时风貌:郊区的白砖小屋、火车——那是欧洲最拥挤的铁路网中的火车,火车头在乡村站台吼叫,车尾亮着大红头灯。我青年时代的电车穿过树林,高高耸立的路灯在夜色中照亮了道口看守员居住的小白木屋。你好好看看,所有这些并不很忠于真实,你看见的这些沿着我的画室墙上摆放的微型列车模型帮助了我,使我画的火车不会让人觉得不像。但往往,一个细节、一个人物、一次行为、一个简单的动作,就会使人抓不住与整个故事连贯的环节。我的画表现的不是大家可能认出来并一起分享的传说。倘若真有叙事,很有可能恰恰是我自己的传说为我所不知道,我只抓住其中的一鳞半爪。我并不希望了解它的全部。

我认识一位精神分析学家,他自以为他很棒,能从一个艺术家身上分析出他将会画的所有画。他也许是在吹牛,但却吓倒了所有人(那是在一次画家们的晚宴上)。保尔·德尔沃不愿意完全认识自己。离开他的时候,我祝愿他在自己的神秘里无止境地漫步。

曼·雷

Man Ray（1893—1976）

　　曼·雷有两句格言："我总是争取最大限度的自由。""我宁愿做被否认的悲观主义者也不做被否认的乐观主义者。"如果你听了这两句话，再看他自拍的照片，就会觉得他是个愤世嫉俗的人。他与人保持距离，以保护自己。不管怎样，他依然谦恭有礼，他幽默地修筑自己的城堡。

　　1951年，他回到巴黎后不久我就拜访了他。他当时找了一个宽敞的工作间，用于制作一件纪念性的大型雕塑作品。那里成了在无垠的天空飞翔的隐秘之地。工作间位于圣叙尔皮斯教堂（是的，就是德拉克洛瓦［在里面画画］的教堂）、议院和卢森堡公园之间。费鲁街，过去和现在都一直寂静无比，大概因为它有一道长长的黑围墙。广场上有一家"四条路"书店，由某个嘉比里罗维奇小姐经营。店不大，但有关艺术方面的书却极为丰富。我遗憾没有收集有关这家书店的纪念品。然而，我知道嘉比里罗维奇姐妹出生在圣彼得堡，俄国革命时她们首先到维也纳，后来到巴黎，并开了一间书店，在香榭丽舍大道边。她们在书店里举办了许多展览，出版了不少兼具知识性和趣味性的书籍。嘉比里罗维奇小姐简直是一个活生生的图书目录单。有一天，我要求她就阅读16世纪宫廷画家老卢卡·克拉那赫给我提点建议。她马上凭记忆给了我一份德文版本的必读书单。然后，她问我："您能用俄语阅读吗？

真遗憾！1912 年在《艺术》（*Isskoutsvo*）杂志上有篇极为出色的文章！"在她的书店里，你用不着赶时间。她在办公桌对面放了一把椅子，大家可以坐下来舒舒服服地聊天。

离广场不远，住着画家兼作家皮埃尔·克罗索斯基。布勒托画廊展出年青艺术家的作品。电影院放映艺术类与试验性作品。几家旧书店，使这个小区在还没有变成卖几乎千篇一律的黑色衣服的精品区之前，成为一个具有知识氛围的小区。我还要补充的是，广场上卖烟草的小店，柜台处售有一种阿尔伯玫瑰红葡萄酒，让人赞叹不绝。曼·雷就选择住在这儿。倘若他在 2001 年回到巴黎，又该上哪儿去安身呢？

不久，曼·雷出版了题为《自画像》的回忆录，他说到出版此书的原因：

> 为了从过去解放出来，也为了避免让听我说话的人感到厌烦，我有时会忘了自己已经讲过［而去重复］这些故事。

读这些文章，我们发现他就这样使用他的一生：自由自在地、怀着没有责任的希望过完一生。不管是在美国还是在法国，他都在不停地希望摆脱责任：比如从时尚摄影家的职业、肖像画家的职业中摆脱出来，并不无高兴地挑起这样一种舆论的愤怒，即允许画家摄影，而不许摄影师作画。

走进曼·雷的家，首先看见的是巨大的炉子，炉的管道伸展到高高的屋顶。靠近炉子的矮桌上摆着棋盘，棋局已经开始，两个位子空着在等下棋的人。然后看见书架上的文件夹，尤其是从天而降的一个"活体"，它不动，由 63 个拱形组成，那是再普通不过的拱形了：用木头做的，一个圆的四分之一配上金属小钩。炉管、棋盘、"活体"之间站着曼·雷，穿美式格子衬衣，他的第一句话就是："不管在法国还是在美国，我都希望人家把我看成外国人，这样好办事。"

像我们看见的那样，他是外国人，还与朋友保持距离。

1921 年，达达主义者在巴黎接待他。然后是超现实主义者热情地取而代之，那是战后，他刚回来。在他们的怂恿下，他和他们一起办展览，展出他的新作品。他寄给他们的第一幅画是在巴黎画的，是风景画。他画的是费鲁街。在斜坡上，有个男人拉着一辆炭车。这幅画玷污了其他送出去的符合超现实主义的画。曼·雷解释说："我画这幅画，因为别人以为我不会画它。"事实上，如果你靠近看，就会发现炭车上放袋子的地方，有个奇形怪状的东西，用黑布遮盖着，黑布还用绳子系紧了，像是被捆绑的猎物。画的题目是"费鲁街"，日期1952 年。曼·雷在炭车上留了一件纪念品：1920 年他做的一件作品，他称之为"依西多尔·杜卡斯之谜"。这个标题借用了洛特雷阿蒙在谈到"相遇在一张解剖台、一台缝纫机和一把雨伞之间"时的话。那么，费鲁街的炭车运的是一件超现实主义作品的被召鬼魂（在黑布下，我们能猜到是一台缝纫机）。当初这件作品构思时，超现实主义还没有成立。在超现实主义的画展里，曼·雷的这幅画可能显得荒唐。它在画展里完全找到了自己的位置，并带有幽默意味地暗示着其作者的老资格。而曼·雷本人是不关心它是否摆在第一位的。

曼·雷在欧洲并不宽裕。不错，他享有很高的声誉，但他拿不出多少作品来。他的画没有商业价值，再说他也坚持置身于买卖之外，就好像他希望自己"置身于艺术史之外"一样。

我让他重复这句话。我还没见过一位艺术家像他这样明显地表态要置身度外的。

他创造的东西消失了：被忘却、被偷盗、被遗失……他只剩下思想。他以不可辩驳的方式诉说这些思想。举个例子吗？很快就举给你们听。他说凭借思想，他能给出新的形状、颜色和材料。1957年，我果真看见在圣日尔曼·德普列的一家画廊里（名字有点怪，叫学院画廊），曼·雷展出了一件弹簧节拍器，装在木制的小塔里，作为当时最流行的节拍器，由游标上的铅来调整节奏。这件物品的摇摆器是女人的独眼照片。他取名为"用于摧毁的物件"。附近的国立高等美术学校的大学生们都是爱恶作剧的，听从他的建议，摧毁了它。没有人叫警察。曼·雷很高兴：他的晚了三十年的挑衅还有效。他买了另一个节拍器，在里面装了另一个女人的另一只独眼的另一张照片，给它起名："摧毁不了的物件"。

在费鲁街的文件夹里，一方面有他的摄影底片，另一方面则有他的几百种摧毁不了的构思宝库。我想，正是从那里面出来了一把草编的扫把，他安在一个底座上，命名为"法国芭蕾"。也是从那里面出来了一个面包，被他画成蓝色，并高兴地称为"油画的面包"。他带着《爱丽丝漫游奇境》里的猫的微笑说："在文件夹里，我明显地偏爱那些被我忽略了的构思。"他更感兴趣的是作品的构思而不是制作。

他的文件夹里不但经常涌现出许多新玩艺，他还喜欢重制那些丢了的构思。例如，在他的影片《埃玛克·巴奇阿》——巴斯克语的意思（我该不该相信呢？）是"让我安静些"——里，几次出现了从前渔民用来挂渔网的浮子所做的软木雕塑。他在比阿利兹沙滩上找到这些浮子。电影结束以后,雕塑也消失在大洋的波涛里了。

在另一些年里,在别的沙滩上,他收集了其他软木,以另一种方法合拢起来,但一直怀着创造一个小形象的感情。他命名为《渔民的偶像》。这件作品本可以被扔到地中海里去,但有人把它做成了青铜像。构思是不可摧毁的……与此同时,他也很乐意去把一些旧画做成雕塑。

有一天,在工作间里,我看见一块放在钟摆上的"油画的面包"从旁经过。经过了,并就此消失。在他的工作室里,没有一样东西是能持久的,除了炉子、棋盘、63 个拱形"活体"……和曼·雷本人。

我斗胆给他拍照,取了 36 种姿势,也用完了我的一卷莱卡菲林。他挺不高兴。"为什么浪费菲林?我只用一张就够了。"我告诉他我不是专业摄影师,他露出满意的神气。后来,我在他的《自画像》里得知,他害怕各种各样的专家。

他去世后,我去探望他的妻子尤里埃。他娶她那天,马克斯·恩斯特和多罗特阿·唐宁结婚。尤里埃不再住在工作室里,而住在阿萨街的一所新楼里。每天,她到蒙帕纳斯墓地上坟。她花了很长时间,把工作间变成公众能参观的场所,以纪念曼·雷,并整理出了一些作品……但自由对大家而言,并不是如对空气一般的需求。也许曼·雷太独立了,政府不那么重视对他的纪念活动?国立现代艺术博物馆接受了曼·雷的一万多张反转片、油画及其物件的捐赠。然而,在一次展览和一本作品册出版之后,这一切就全都消失在博物馆的幽暗仓库里了。有关照片的展览问题上,专家们还发生了争论,让他们争论去吧……只是,这样一来,行人经过费鲁街二号时,就不能停下来,呼吸一点独立的空气,这种独立曾经是曼·雷赖以生存的原因。

　　我尽可能多去博物馆。在里面我很快乐。然而,有些日子,我感觉到在博物馆看到的艺术家都是馆长们所喜欢的。我梦想有这样的城市:艺术家在那儿生活过,而我们亦可以为之做短暂的停歇。我们可以看到他们的作品,就在他们创作这些作品时的同样的光线里。我们甚至可以做得更简单些,当我们经过普莱桑斯小区,在一个夜里能被照亮的玻璃橱窗里,有亨利·卢梭的一件作品的复制品;在蒙马特,靠近"洗衣船"工作间,有毕加索的《阿维侬的少女们》;在圣·雅克郊区街,有布拉萨依的照片;在戈盖街有哈同;在伊波利特·曼德龙街有贾柯梅蒂;在蒙帕纳斯大道有马蒂斯;在"第一乡村"街有伊夫·克莱因。在所有的街道,有所有这些人的作品。他们造就了巴黎,而巴黎却再也看不见他们。

胡安·米罗

Joan Miró（1893—1983）

　　他在法国的最后作品是给安德烈·布勒东的诗所配的一系列"星座"图。在德国纳粹部队推进之前，他回到了西班牙——弗朗西斯科·佛朗哥的西班牙。现在，他在巴黎，只是为了完成一套石版画。他为此必须住在穆尔罗的工作室。相关的大招贴画为即将举办的艺术展做宣传，给难以从灰暗之中摆脱出来的巴黎带来了一些快乐的颜色。穆尔罗工作室位于巴黎十区的沙布罗尔街。1948年，走进这家工作室，人们就好比是走进了一艘船里，身处于木船、木头通道、天桥、吊桥之中的古老年代。这也叫人联想到那些皮拉涅斯宫殿，空间宽广，敞开着门。但在穆尔罗工作室却漆黑一团，梁、地板、巨大的版画石在桌上，报纸……相比之下，那些纸张白得耀眼，就在放满了墨的架子当中。艺术家们就在敞开的小间里工作，每个人呆在自己的角落里。今天我来探望米罗。这是他战后第一次回到巴黎吗？我没问他。他在1940年离开华朗日维尔城，在帕尔玛定居。米罗生活在佛朗哥统治下的西班牙。在1948年，我们能和他谈论西班牙吗？我细细地打量他。他穿着灰工作服，像杂货店商人的衣服。他长得不高，在我看来挺结实的，就像一棵小橡树。有点生硬。但他的双目炯炯发亮，说话时嘴皮动得飞快，双手老是动来动去。从表面看，他闪闪发光；往深处看，人们能猜到他的城府。这样看来，他像他的油画。

　　对我来说,西班牙就是[电影]《贝尔纳尔达·阿尔巴的房子》,是其作者加西亚·罗卡的房子。不久以前,我参观了他住过的小旅馆,里面只有穿黑衣的女人在干活。在楼梯平台上,我看见许多蒙着黑纱的照片。由于我这个陌生人的存在,他走进酒吧时和别人的招呼都停下了。街上走着太多的残疾者:西班牙,这个国度正因其最高统帅的和平主义而变得万马齐喑,鸦雀无闻。西班牙,胜利的佛朗哥分子的国度……而米罗住在这里……他是怎么做到的呢?

　　去年,在塞纳河岸的旧书商的小摊上,我看到米罗的一幅小招贴画。作于 1937 年,为了宣传如下口号:“援助西班牙。请捐一法郎。”米罗画了一个男人,头戴着我猜是弗里吉亚式样的帽子。他紧握巨大的拳头,大声吼道:“No Pasaran!”[别让法西斯通过!] 我已听说过这幅招贴画。在画的下面,有米罗的手迹:

　　　　在现时的斗争中,我看到法西斯方面的力量已经衰竭,而具有无限创造力的人民方面会给西班牙带来震惊世界的冲力。

米罗是在 1937 年写这句话的。而佛朗哥在 1939 年占领巴塞罗那。米罗一直在巴塞罗那附近生活。他会说什么呢?

　　　　我住在靠近塔拉哥纳的乡下。那地方适合我。我的祖辈都在那儿度过一生。我很重视那儿的风景。那个地方支持我!

他就是这样谈论他的土地,他的树林,他的田地。听他的描述,我好像亲眼目睹了他在 20 年代画的风景:一家农场的院子,粮仓大开,在亮晃晃的月光下,看得见所有的农具和所有的牲畜。米罗就躲在那儿,躲在这块土地上。我明白了他对我说的话的深刻意义:他向我讲述了在唯一存在的现实世界里的隐退。他没和我提起一本题为《巴塞罗那》的书,他在 1944 年出版的,也就是在佛朗哥攻占巴城的五年之后。50 幅黑白石版画,充斥着屠杀者的形象,甲壳类、昆虫、轮虫类动物,全都在撕咬、吞噬、玩弄颌骨。发行量是多少? 我后来才知道。5 册。这数字本身也很有意义。

米罗计划出另一本书,他和特里斯坦·查拉合作的《自言自语》。"今年夏天我拟好了画稿。75 幅石版画,我们打算要在玛格画廊发行。"75 幅版画:画家东山再起的胃口很大。生活终于又回来了! 回到巴黎,意味着和朋友们一起,重新进行共同的创作。同时,马克斯·恩斯特也和我说起同样的事:是诗人们接待了画家们。

然而,米罗没有把巴塞罗那撇在一边。在巴塞罗那,他找到了陶瓷匠人阿尔提嘉。阿尔提嘉重建了工作室。米罗去看他。于是,画家成了陶瓷工。

开头,我在阿尔提嘉那儿,只有和他烧坏了的瓶子碟子在一起时才感觉舒服一点。我喜欢利用这些翘弯的、变形的瓷片。用它们创作还可以。后来,阿尔提嘉给我新的陶瓷片,表面很光滑,很干净,反倒不能用了。我感觉到我像平时那样在绘画。后来,有一天,我在车间里找到旧的砸毁了的砖块,被毁坏的炉。我觉得它们更能派上用场。我在那上面涂颜色，在两边画画。

就这样，他用被毁掉、砸坏、破碎、肮脏的材料，制成可以用火烤的艺术品。陶瓷艺术给了他试验的场地，他在自己所偏爱的坚硬材质上得到了发挥。米罗成了粗陶瓷器制造者。他称它们做"两个铜板的碟子"，他用的是烧过的土和带疤痕的瓷片。

1961年，有另一次，我去看望在巴黎附近的米罗。他在玛格画廊的一家印刷所里。这回的车间是全白的，很明亮。墙上挂着他的石版画，刚刚用图钉固定好。这是他重新进入创作高潮的标记和构思。桌上有一块海绵、几块抹布、纸。他接待了我，然后动手制作他的铜版画。他同意我拍他在工作时的照片。我将看到一幅米罗的作品的诞生。他用手指蘸了墨，在铜板上画很大的黑色图案。然后用海绵蘸上黄色的溶液，把它倾注到黑墨里。乳浊液把一种颜色推向另一种颜色。有些地方开始冒泡。黑色蒸发以后，只剩一个印记。我看着墨、水和酒精的化学反应。他让海绵造成某种绿色花开的效果，然后取走。米罗站直，剪一块纸，在上面甩出一点痕迹，再用手指添点儿什么。他把这张纸插到版画上。这让原先的黑色图案淤化开。他取下纸，重新加工那个黑图的四周，把手指浸上红颜料，点上红图形，又抹掉。再用海绵抹成同一红色的云，取而代之。这还没完。他在黑图的下方加上一点绿色，然后一点紫色，抹掉它们。我看见什么了？一只手利用化学反应唤醒了生命。我拍照。我没有计算时间，这幅版画花了十分钟还是一个小时？我不知道。

六个月以后，我想看看结果。石版画冲晒出来，做了日内瓦展览的目录册的封面。我看见上面加了他的名字。米罗用很小的点和透明的线写字。那就好像显微镜下的原生动物，被水流冲扫的细流。他名字中的 O 飘渺得如同烟圈一样。这和他最初用指尖画的黑色大椭圆图案相得益彰。所有这一切，只是为了做一本目录册子的封面。即便是在这样一些小事上，米罗也只肯拿出真实的东西。后来，我了解到海绵在其中的意义。这是为了进行某种尝试。同样，在巴塞罗那的阿尔提嘉画室里，他也曾用废炉旧砖做了一些尝试。

那一天，我依然不敢问他有关西班牙的问题。佛朗哥一直在那儿统治着。从 1937 年起，米罗就没有改变过他的主题。九年以后，我们证实了这一点。1970 年，一些政论报报道说，米罗和一些反抗者在一起，其中有画家安托尼·塔皮斯。他们把自己关在迦太南的圣地、蒙特塞拉修道院，以抗议几个 ETA 成员被判处死刑。警察包围了修道院。当时米罗已经 77 岁了。我在想达利这另外一个迦太南人当时在做什么。警察最终没有攻击。原因是什么，又有谁能知道呢？也许因为，米罗的画里都是一些驯服的乌鸫、熏衣草、蟋蟀、火石和星星。大自然的所有力量都和他一起躲进了圣地。政府不会令警察镇压这个。也许还要加以说明的是，正如理查德·瓦格纳所说的，蒙特塞拉修道院受着圣·格拉阿尔的庇护。

1978 年，在那个活着的艺术还没被看作精英主义亦没有失去公众兴趣的年代，我有幸在法兰西文化电台的一个工作室里，邀请了许多米罗的朋友。其中有一些在巴塞罗那，如建筑师何塞－路易·塞尔，诗人若昂·布罗萨，画家安托尼·塔皮斯，巴塞罗那福特波尔俱乐部的团队。有一些在纽约，如批评家詹姆斯·约翰逊·斯维尼，画家罗伯特·马塞韦尔。有一些在伦敦,比如超现实主义历史学家罗兰・蓬罗斯。在巴黎的有画家维费列多・拉姆、华列里奥・阿达米,诗人雅克・迪潘,少不了的菲利普・苏波,历史学家让・莱马里。我们甚至找到了日本有关米罗的第一本书的作者 Takiguchi,那本书于 1940 年在东京出版。艾梅・玛格借给我们一盘录音,是诗人雅克・普莱维尔的《写给米罗的一首诗》。所有这些声音,在米罗四周谈话。有了这么些见证人的在场,米罗自己无需多说什么。但他比皮埃尔・勒布所预计的要话多。在最激动的时刻,他甚至连续说了两次"对的"。

除了这近两个小时的录音,我们还有什么礼物可以送给米罗呢? 卡特琳・华尔向我建议,送他一个在树林里找到的小小的鸟窝。我们把它包在塑料盒子里。整个儿看起来并不显得可笑。米罗从始到终都紧紧抱着那个盒子。他 85 岁了。祝您生日快乐,米罗先生!

几天之后,我收到一封信。在米罗的笔下,那件通过全球电话征询的礼物成了这样:

我在画室的一个角落里珍藏着这小小的盒子:一个鸟窝,一只乌鸫蛋,它给予了我诗般的美丽的鸟鸣声。

那一天,我感到新闻业并不是没用的。它可以把乌鸫蛋引进米罗的画室里。我们,这些男孩子们、中学生们,我们需要战争才能了解什么是珍贵的。艺术家们不需要阅读让・焦诺,以及他的关于"重习价值"的呼吁,就发现了真正的财富的意义。他们出于本能地了解它。米罗明白,人们卖给迦太南孩子们的花里胡哨的石膏哨子的意义。我在巴黎一间小旅馆里碰到的马克斯·恩斯特明白，他的妻子多罗特阿出现于他在阿里佐那座雕塑之中的意义：多罗特阿坐在那些野蛮人的头像中间。

我记起有篇评论文章的题目：《米罗：几十年的反叛者》。说得不错。米罗不断地在美学意识的层面上展示一些前所未有的东西。他把注意力引导到绘画的事故，到人民的涂鸦，到各种错误，到失败和挫折。他让大家从中发现，错的似乎可以变成为对的。从此，行人将会小心路边墙上的那些由"无文化"、"无文凭"的人所创作的令人震惊的标记。米罗是那个教我们了解野蛮人的知识的人，是一生都以最顽强坚定的态度追寻那些被社会拒绝以表达权的人们的原始发明的人，没有深入的研究，没有可控的工具，你什么都不能创造！你生下来就只能被奴役！

让·阿尔普憎恨技术的进步。米罗和他一样，以自己的作品鼓励大家不要被技术所控制。1949 年回到法国的恩斯特也和他一样。米罗的"飞机花园"、"毁灭性植物"表明了他对工业文明的不信任，这从 1915 年起他加入达达主义运动就可以看出来。后来，让·迪比费起来指责"令人窒息的文化"。艺术家们的反抗是古往今来就有的。它在浪漫主义之前就存在了：反对既有的学院权力。它从未停止过，但逐渐地改变了目标。危险确实变得越来越严重。说得准确些，是艺术家们意识到，背弃进步是他们的关键性问题。服从进步意味着，除了要服从政治领导，服从经济需要，履行符合思想体系的义务（这些大概拓宽了创作的场地，但却造成了抑制他们的创作能力的危险），还有副作用：增加了麻木性。艺术家们通过要求提出原始形式、回归原初的权利，成了今天我们所称的公民反叛的前驱。他们的目的在于维护人性，把人性作为检查人是否成了电脑的奴隶、人还有没有人本身的优点的试金石。很明显，我们的非宗教性使我们不再考虑"人的来源"问题，但我们没有从记忆中抹去丢勒所创作的亚当和夏娃的形象。同样，马克斯·恩斯特也不是那些以为可以不要前辈所创造的解放奇迹的人；文化也是自由的一课。然而，在人们对自由感到绝望的今天，谁又能肯定，现代信息化文明使千百万人受着小屏幕的控制，这会不会也成为迎来反抗者们的另一个空间？

　　1920 年，米罗把画室安置在靠近安德烈·马松画室的地方，在巴黎十五区布洛梅街 45 号。半个世纪之后，这些苏波、勒韦迪、布勒东和超现实主义者们当年常去的画室被铲平了。在它们的位置上建了大楼，为了满足后来称为"绿色空间"的需要，人们在那儿建了小公园，名为"布洛梅小公园"。1974年，人们在这儿竖立了米罗的大青铜雕塑作品《月亮鸟》。有人在公园的小径上做了一次快速调查。结果表明，孩子们毫无例外地对落入他们眼帘的这尊大雕像表示了很高的热情，而成人们则同样毫无例外地表示反对。其中有一个人补充说，它对孩子们有好处。我很希望，他的声音里当时是含有些微遗憾的。

皮埃尔·阿列辛斯基

Pierre Alechinsky（1927—　）

　　没有人像他那样，能为了不断地从一次冒险跳到另一次冒险而做出如此好的规划。他的身边总是围绕着这样一些人，他们需要他，正如他需要他们。他们来自世界各地，是超现实主义者、境遇主义者、新小说派以及各类流派的创造者。阿列辛斯基从他们身上汲取他所需要的东西。人们发现，这些完全不同的人，就他要在他们身上寻找的那些方面，却很相像。这样，阿列辛斯基不断地寻求新的发明创造，牢牢掌握着航向。这样的阿列辛斯基，一直是为人所熟知的。

　　我去布吉瓦尔看望他已经是几十年前的事了。我每次去看他都是在画室里，那是一个自然采光的很大的空间。进去之前，回头看看身后的山谷，美丽的天空，在这里呼吸是很自在的。然后，你才好在画室里端详那些油画。画上的笔触很大，也赋予了某种自由。但是什么样的自由呢？每一种自由都和别的自由不同。各有各的特性。每件作品都从破坏一项秩序开始，一本传记必须从那些一开始就必须破坏的东西写起。对于阿列辛斯基而言，他一开始接受的是美术学院的教育吗？不是的。他当初选择了排版课和印刷课：不能没有技术。不久，他就转向了社会主义现实主义。他还记得这个。不过，他在和我谈到他的生平时，很快就提到他参与哥本哈根－布鲁塞尔－阿姆斯特丹艺术家的科布拉运动（CoBrA）的幸福时光。

　　他当时 22 岁,没有过去,没有知识,除了掌握石版画和印刷方面的技术。他说:"我什么都做。我写作,当投递员,运东西,印刷,拼版。"门向他打开了。他发表了第一篇文章《迪克西米的玩具娃娃》,是关于一个梦的叙事和分析。1950 年在科布拉出版社出版。同年,同一家出版社发表了有关他的作品的专题论文集。他已然是一个和纸张打交道的人了:写作的纸、画画的纸、摄影的纸。只要有中国的墨,他的幸福就到了顶点。

　　诗人克里斯蒂安·多特尔蒙比他年长 5 岁,把他介绍给了荷兰人阿佩尔、科尔内耶,丹麦人若尔、依鲁普、佩德森。他进了实验艺术家的大圈子后,发现那正是他的王国,一个王国而不是一个小组。

　　科布拉运动历经三年,于 1951 年拉上了帷幕。阿列辛斯基当时 24 岁。他学会了不停留在原地,哪怕那儿正热火朝天。他学会了朝前走。这比超现实主义者们强,他不像他们那样驱逐邻人。他常说:"我去印刷所,为了不一个人呆在画室里。"他之所以这样说,是因为他是这样想的。但我认为应该做出区分:他并不怕孤独。事实上,他喜欢为自己的画笔找到延续的机会。23 岁时,他在制作石版画的大印刷所里开始职业生涯,那是在穆尔罗。给他印象最深的是,机器旁边来了毕加索、米罗,以及当时所有的大画家。他回忆说:"有人对我说:'你应该向坦坦[超现实主义者查拉的昵称]请教,他有不少高招。'"坦坦很快了解到,面前的这个小伙子是初学者。他教他怎么获得某些石版材料,确实教了他好几个高招:不用测量器而是用手指测温度,他教他用手指做了几次试验,结果是：学徒的最后的石版画成了年青艺术家作品展览目录册的封面，在玛格画廊展出的《神手》成了当年巴黎最大的奇迹之一。一下子，所有的吊桥都在他面前放了下来，并且从此再也没有中断过。

他的艺术特点是涡流、转动的水流。只是涡流、水流吗？总之，是转弯的力，转来转去的能量。不是代表于布老爹的"螺旋形"标记，不是从前某些艺术小组弄的牛耕式书写法，而是用手指尖、由臂膀牵动的手画出来的东西，不用圆规、尺子和鸭咀笔。这是一种处于控制之中的自由，并且是完全不失自发性的控制，是在两种互相牵制的力之间的奇特的平衡。将近半个世纪以来，阿列辛斯基以这样的活力在做一项事业，制作牲畜、人、眼睛、大张的动物的口、闭上的嘴唇、蠢动的小虫、幼虫、微小动物的运动。他好像觉得它们的运动还不够厉害，在它们的四周加上比中心图形更小的、但丝毫不会缺少运动的图形，从而加强了运动的密度；如上涨的海潮、直泻的水流、喷发的火山、大蟒蛇身上的环状花纹、从坡上滚下来的轮子，乃至把大海掀上天的陆龙卷。是的，如果它们都不动，那就不是阿列辛斯基了。

这种活力，一年又一年，从一次又一次展览会上他的画里表现出来。他在表现他的变化方面是很棒的。阿兰·罗伯—格里耶说它们是向着无理性逃逸的东西。而这些都是在画室的孤独中完成的，正如大家知道的，他的画室是融合理性和非理性的地方。不过，他真的也花了不少时间在对话上……举几个例子。

与在普罗旺斯旧货店里发现的一捆公证文书对话。为什么？因为，直到 19 世纪，纸张都是墨水的好伙伴；因为，石版

费尔南·莱热(1881—1955)

1960 年 5 月 13 日，夏加尔出席莱热美术馆奠基仪式

费尔南·莱热美术馆奠基仪式

夏加尔画巴黎歌剧院天花板

雅克·维永(1875—1963)

亚历山大·卡尔代(1898—1976)

安托万·佩夫斯内

(1886—1962)

布拉萨依(1899—1984)

奥西普·扎德金(1890—1967)

让·阿尔普的作品

阿尔贝托·马涅里

(1888—1971)

让·德瓦纳(1921—1999)

安德烈·马松与让—路易·巴罗

维克托·瓦萨勒利(1908—1997)

尼古拉·舍费尔

(1912—1992)

罗贝尔托·马塔的画室

保尔·德尔沃(1897—1994)

曼·雷(1890—1976)

勒内·马格里特(1898—1967)

皮埃尔·阿列辛斯基(1927—)

罗贝尔·雅各布森(1912—1993)

艾蒂安—马尔丁的工作室

埃米尔·吉利奥里(1911—1977)

在安托万·布德尔的花园里,图中人物为亨利·摩尔和安托
万·佩夫斯内等

弗朗索瓦·斯塔利(1911—2006)

艾蒂安·阿尔杜(1907—1996)

阿尔贝托·贾柯梅蒂的作品

皮埃尔·苏拉热(1919—　)

汉斯·哈同(1904—1990)

画的笺头丢掉了有时是挺可惜的,因为,手写的字迹甚至连开在发票上的数字都显得比一般机器上的字体好看。古旧的纸和不怎么古老的纸。例如说,他把手放在被米歇尔·布托称为"供排版用的打字文稿"上,那是用打字机打出来的"手写体",用的是复写纸,字迹明显地比较模糊。他从中找到了添上自己的画笔和素描的理由。有时,在页边上,他真的加上用以校正印版低凹的垫纸。他从中受到启发。

与各色铸铁板对话。我没看见过,但我可以想象。在黑夜即将过去、黎明的曙光即将来临之际,在行人和车辆都较稀少的时候,皮埃尔和米基手脚并用趴在纽约的街头。我想象他们忙于在纸上留下他们称为"人的洞"的印痕,这些洞口让技术人员可以下到地底,检查导水管、煤气管、蒸汽管、下水道。在皮埃尔之前,没有人注意到,这些洞口有时也饰以城市的纹章,带有铸造厂的招牌,而人们就在那么美的东西上走过。而他,这个写过一本关于轮子的书的人("创造的小径"丛书中的《自由的路》,这套丛书是阿尔贝·斯基拉出版社最无与伦比的创造),也没放过这些铸铁板:它们是圆圈,因此也是轮子。于是乎,自由轮子滑向太阳轮子,没完没了……,带回画室的那些各种各样的印痕,也影响了他的油画,成了月亮、星球、石磨砂轮。阿列辛斯基还采集了人们安置在大道两旁的树四周的栏杆的印痕,这些圈子令人联想起天文学家通过黄道十二宫图给星座起名的天体图。就这样,天上挤满神奇的存在者,阿列辛斯基则加上了他自己所创造的存在。

与朋友们对话。这回可是采取了决斗的方式。和荷兰人卡列尔·阿佩尔。在铺在地上的几张大纸上,两个前"科布拉"成员手拿着笔,对抗起来。这是私底下的一幕,但大伙儿看得见结果：纸上有陷阱、劝诱、后撤，每一笔都是和谐进展的，快乐的，就如行吟诗人的充满诗意的马上比武……是的，这是一种新的方法，以前从未试过的。科布拉的基本思想（自由创造，没有或远或近操纵着的等级概念）在此得到实现，人的平等得到尊重，没有高等低等之分。在这场游戏中，人献出最好的技巧。这样，两个艺术家共同存在于彼此分享的作品里。这就是科布拉精神。

　　与诗人们对话。有时，在同一张画布上，诗人写字，画家作画。谁先开始的呢？有时是诗人（例如多特尔蒙）。有时是画家。他们相互出题。这也是游戏，带有躲闪和挑衅的意味。阿列辛斯基也喜欢诗人出题。在这种情况下，他们就不再只是玩玩而已，而是在暗里较劲了。画家要会写诗，把它写下来，再配上画（在巴黎他和让·塔尔迪奥就在波旁宫较过劲）。至于让诗人像画家那样地写下自己的诗句，也就是"画"下自己的诗句，那会是怎样一种情况呢？诗将变得看不清楚，就像是墨水四溅和爆裂。克里斯蒂安·多特尔蒙用文字配过许多画家的作品，献身于这项他称为"标记文字"的奇特事业。阿列辛斯基和他一起画了布鲁塞尔某个地铁站的壁画。他用棋盘方格勾勒空间，每个格子又有自己的方格。他们俩站着，互相观察，手上各拿一碗墨水，身子向纸倾着。显然他们都只穿着袜子，以免弄污白纸。他们伸着脸，都在构思。这次合作和那次与卡列尔·阿佩尔的合作有什么不同？阿列辛斯说：

　　　　当我看见多特尔蒙在写他的标记文字时，我不明白这些写在画面下方的清晰可辨的文字的含义。我不把他的图形当作画来看待。如果我不知道他写什么，我就不能为他配画。

这就是说:画家必须说明诗人的诗的含义。如果他看不懂标记文字,就领会不了它的意思。标记文字往往与其行的排列有关,就如迁徙的燕子朝南飞,不丧失它们的方向一样。标记文字一般不会晕开,而油画则极尽渲染之事。我们更能理解阿列辛斯基的画而不是多特列蒙的标记文字吗?显然不是的。因为,我们投向一项新创造的目光是不该受到限制的。首先应该竭力摆脱限制。这是保住通往自由的入口的唯一办法。

二十年间,阿列辛斯基始终用油彩绘画。后来,1965年,他在纽约发现了丙烯。虽然他不是一直忠于这个技法,但也从没有很长时间不用它。为什么会有这样的变化呢?我向他提出这个问题。

因为,丙烯让人能从容地作画。我们不用再对着画架作画了。我们站在画纸上头。这样人是居高临下的。有了丙烯,我觉得我从素描画家变为油画家。颜色就在这儿,它一滴滴地落在纸上,我组织它们,在某些时候它们变成一张脸,另一些时候变成一群牲畜。也就是说,我感觉更自由了。

丙烯和墨水一样给了他自由。这么说来,当他说他去印刷所是为了不独自呆在画室里,我猜他是想着去享受这自由,把它和别人的自由对比。人永远不可能摆脱成群的青年,而在他们那儿,最大的要求就是保护自由。

长久以来,阿列辛斯基成了科布拉精神的维持者。他坚忍地应对反对者们那好比司法诉讼一般的问讯与攻击。1950年5月某天你干什么了？他得尽量避免弄错日期,无形中像是在为未来的史学家们干活。因为他无法阻止别人的歪曲理解。他不停地在两个方向里斗争。第一个是阻止把科布拉归并到国家性的艺术组织里。法国人谈论"科布拉"就好像在谈论巴黎的某个学院一样,如今他们再不敢了。荷兰人组织了荷兰科布拉展,比利时人组织了比利时科布拉展。我觉得丹麦人比较谨慎。科布拉难道不是超越这些边界的吗？在1948年,这不是很容易就越过了吗？阿列辛斯基努力制止有人分裂科布拉。

他的第二个斗争旨在解释科布拉的建立计划。迟早商业会致使平庸可疑的作品滥竽充数。必须同时小心官方组织和商业组织,只有付出了这努力,才能得到自由。在这方面,他有个人的经验。1975年,他摧毁了他不满意的两百幅画。当时他说,这是为了它们不被公开出售。这使我想起了1948年的那场大火——我亲眼目睹了乔治·鲁奥把他的315幅画扔进火里。

然而,我们还是不宜把阿列辛斯基看作某个派别的代言人,就如那些维护集体思想的人一样。不错,他乐意承认自己曾经是一个年青的信徒,并愿意为此完成落到他身上的职责。但他对集体项目始终怀有参与的心理,却也最终使我们发现了他的根本的不同处。在所有的科布拉成员中,他是作品始终坚持一个方向的人。在小组的中心,他保留他的特立独行。从他的手,人们认得出他,从他的调色板、他的画,人们认得出他,就如认出一个人的笔迹一样。

马克斯·恩斯特

Max Ernst（1891—1976）

　　艺术家们一批一批地从美国回来。我就这样看见费尔南·莱热、马克·夏加尔、奥西普·扎德金和库尔特·泽利希曼回来。今天我去参加马克斯·恩斯特回来的欢迎会。我们在巴黎。今天是 1949 年 10 月。

　　我对他有何了解？开了两年的现代艺术博物馆里，只展出一幅他在 1929 年的画，而且我还没看见过。幸好，在 1947 年，我参观了玛格画廊举办的超现实主义展览。我看见了马克斯·恩斯特的肖像画。一个像是不规则的方块前（影射几何学？），竖着藏在毛皮之中的一个金字塔型的鼻子。装饰着玫瑰花的包头巾下面，一张葡萄叶做脸，上面刺穿两个洞成了眼睛。我以为我看到的是范·艾克某一幅肖像画的梦。神秘的人手拿（仅仅是手吗？）成串的鱼。在展览目录册上，恩斯特说那是古希腊数学家欧几里得的肖像。战前我在地铁月台买的杂志上看到过他的作品，我为这位画出如此意味深长的作品的创造者而兴奋。这些作品表现了几个世纪的重叠，几种文化的混合，我们时代的暴力惊人地把所有这些证明推到我们面前。他的画对我起到震聋发愦的作用。《欧几里得》震动了我原本井然有序的浅薄知识。恩斯特赋予了旧意识以狂热的生命。在这种强烈的感觉里，我认出了属于我的那个时代。

　　欢迎会在 14 区的小旅馆里举行。在当费尔－罗什罗，面对 B 号线火车站,连一颗星也不是的旅馆。三层楼,窄门,普通的房间,只有几平方米,仅放得下一张床、一张桌子、一张椅子、带镜的衣橱、洗手间。从窗口看得见火车站。马克斯·恩斯特就在这儿下榻。我听过有关他的传说。从曼·雷的照片上,我知道他是个很有魅力的人。当他打开门时,我吃了一惊。他 58 岁,一头银发使他看去比他年青时更英俊,更奇特。他的脸晒黑了,眼睛显得比我想象的还要蓝,还要明亮。他向我介绍他的妻子,多罗特阿·唐宁。她是画家。他们在加利福尼亚的贝维里·依尔结婚,就在曼·雷娶尤里埃的同一天。美丽的年青妻子,穿着色彩斑斓的裙子,长发飘拂,光脚套着凉鞋。我看她才 30 岁光景。实际上她刚 40 岁。在这间火车站的旅馆房间,仅有几平方米的灰溜溜的地方,两个人显得容光焕发,光彩照人。他们刚刚在阿里佐那生活了几年。提到阿里佐那就令人联想到沙漠、响尾蛇、奥比娃娃、纳华约的印度人! 马克斯·恩斯特告诉我:

> 那是一个美妙的国家。我没亲眼见过它就把它画下来了。它的风景在法国、在阿尔代什能见到一些。但阿里佐拿的特色更浓罢了。我可以在那儿行走。我看见树木、绿色的长椅,要么就正好相反,红色的岩石,红色的长椅,以及品红色的峭壁。我喜爱的东西真的存在。

他向我讲述他是怎样度过战争的。他没告诉我是法国的警察把他拘禁了。因为他从 1939 年起是德国公民。他只是轻描淡写地说他在纳粹的监狱里呆了三次。这是出于谨慎?还是出于理智?事实上,他把所有的警察都视作一类货。他的身份证不合规定,但奇怪的是:他随身带的画对西班牙的警察和海关产生了惊人的效果,他畅通无阻地到了马德里,又从那儿到了美国。后来我得知,佩吉·古根海姆方便了他通往自由的行程。

阿里佐拿是春天开花的沙漠。那儿有山、有树林。那也是与世隔绝的地方。马克斯·恩斯特对我说:"与世隔绝?在美国我也觉得与世隔绝呀!没有这儿的咖啡馆生活。"我想到他在达达时期和超现实主义时期在欧洲与朋友们结下的友谊。他说:

> 1938 年我离开了超现实主义。我不想成为托洛茨基分子。现在所有这些都很遥远了。我到巴黎来找我的朋友们。和邦雅曼·佩雷、亨利·帕里佐(他翻译了刘易斯·卡罗尔和乔·布苏克的《斯那克狩猎记》)在一起。在美国,我见到了马塞尔·杜尚,曼·雷,但小组生活已结束了。我宁愿和多罗特阿一起单独呆在阿里佐拿,也不要在纽约和成千上万的人在一起。

在阿里佐拿,他亲自动手建木屋。他给它上色、给它雕塑。就如 1939 年他为阿尔代什的房子所做的那样。他在那儿竖起了大型雕塑《摩羯星座》。他让我看照片。我突然明白了他和多罗特阿·唐宁为什么如此神采飞扬了。在黑白照片上,我看见这座水泥大型雕塑。三个人物,其中一个是女人,腿部披着像是美人鱼的鳞片,要么就是海豹的皮,长脖子上面一张满月般的脸,带有鱼的标记。它高 3 米,旁边是人身牛头怪物,坐着,巨大的手臂在地上稳稳挂着一根很长的权杖。在他们之间，是受人身牛头怪所保护的一个小人，大概是他们的孩子，也坐着，两只圆眼睛，一张贪吃的大嘴巴，头上插了一根天线。整组雕塑的后面是阿里佐拿的被冲刷成沟的长斜坡。这大概是向土地神和水神祭献的作品。照片包含了雕塑家夫妇赋予它的意义：马克斯·恩斯特搂着怪物的肩，他的妻子也搂着怪物，靠着他的上半身。多罗特阿头向后仰，眼睛闭着，一副受保护的神态。

它表达了马克斯·恩斯特和妻子对这个国家的感情。恩斯特对我说："我在看见它之前就画了它。"现在他向我描述这个国家：

岩石丛生，高达 15 米的仙人掌，路边是瘦骨嶙峋的郊狼的干尸，路上有被车辆碾扁的大兔子，印痕般印在路上。

他一直很关注痕迹。他喜欢这样强烈、暴力、无度的自然。我呢，我记得他的那些潮湿的画，充满水藻的退潮、泥塘、海绵质的结构、水母、海星，乡下人心目中的海底世界。他所有的画都吸引我。奇怪的是，他从阿里佐拿认识到的自然的强烈变成了他本人的强烈。他的画摆脱了雾、泥泞、肿胀的腐殖土，模糊的地区、光亮和有反光的粘滞的东西。那就好像是一场大风刮过，也许是沙漠里空气干燥的结果？总之，他的艺术由纯洁的线条、准确的平面构成。他在旅馆的小房间里让我看他的新画照片。这些画表明了他对神秘的探索。一直以来，他都在接近新的难以辨析的领域：明亮的领域。

我们三人下了小楼。马克斯·恩斯特向蒙帕纳斯走去。

他58岁了，却再一次重新走他的人生路。我得知他的画展在巴黎、美国开了一次又一次，但他不卖一幅画。除了他在阿里佐拿沙漠建的房子外，马克斯·恩斯特还有什么？

1954年，我在威尼斯碰见他。他刚获得拉·比安那尔绘画大奖。那次的获奖者还有让·阿尔普和胡安·米罗，一位获雕塑奖，另一位获版画奖。三位朋友同时获得嘉奖！后来，我听说他们参加了颁奖礼，意大利总统伊诺第忘了宣读让·阿尔普、马克斯·恩斯特、胡安·米罗的名字。他丢了其中一张讲稿吗？我很希望我也在场，好看看当时他们交换的是什么目光。我敢打赌，他们一定像调皮的男孩逃脱一次坏分数那样笑了。他们不在光荣榜上！

超现实主义者们责备马克斯·恩斯特接受了这个奖项。这使他很难受。他的青年时代在责备他的成就？他一点也不愿对我提到此事。即使碰到了痛苦的事，他也保持着微笑。

第二年，他到图兰定居。他建了新房。在阿里佐拿的房子里，没有留下任何雕塑品。然而，那些"有心计"的人们还是弄到模子，制成青铜像，拿去卖了。

在他的作品展上，我看见了唐宁的作品。她并没有沾丈夫的光。马克斯·恩斯特的艺术探索了几乎是没有限制的各种空间，而唐宁则局限于关注室内、封闭的空间。在国家现代艺术博物馆里，我被她的杰作迷住了：那是一间宽敞的房间，板壁都铺了毛毯。从墙上的羊毛里，露出人的手臂、脚和脑袋。那是一个正在吞噬人类的房间。显然，这样的奇景是不常被展出的：博物馆不断更新它所悬挂的画幅，唯一不变的场所是人的记忆。

第四章

从阿尔贝托·贾柯梅蒂到弗朗索瓦·斯塔利

艾蒂安·阿尔杜　罗贝尔·雅各布森　艾蒂安—马尔丁　罗贝尔·米勒
亨利·摩尔　埃米尔·吉利奥里　阿尔贝托·贾柯梅蒂
弗朗索瓦·斯塔利和帕维·居里

艾蒂安·阿尔杜

Etienne Hajdu (1907—1996)

　　有一个时期,艺术家们时兴自己造房子,尤其是雕塑家们:雅克·热斯塔尔代、波尔·比里、弗朗索瓦·斯塔利、艾蒂安·阿尔杜。那时没有那么多的规章制度,不用申请那么多的批文,也没有市政府的监督。当然,他们的房子在郊区,很偏远,都是不需纳税的土地,也不受城建计划的干扰。比里在丰特奈奥罗丝,斯塔利在默东,阿尔杜在巴尼厄,都是郊区,在蒙受可悲的工业现代化耻辱之前。显然,建画室永远是首要的事。

　　我到阿尔杜家是为了看他用铝锻所制的浮雕。他对我说:

　　　　1940 年,我在战时发现了从根本上交织在一起的各种活动。当时我是小兵,仰卧在牧场的草地上,看天上的飞机交战。那地方靠近阿米安。直到七年以后,我才把这感动了我的一幕表现为雕塑,而这一幕也彻底决定了我的方向。

　　他的浮雕不仅是墙上的装饰,像一幅画那样,还带有波动起伏。它们是空间无限伸展的雕塑。事实上,它们像竖在底座上的圆雕,影像随着其四周、对面、背后、侧面、四分之三的位置而变化，很难看出真相。浅浮雕则是这些影像的延伸。
阿尔杜解释说：

> 对我来说，首先是布朗库西，他创立了纯粹的形状，
> 比如一只蛋的形状。然后是让·阿尔普，他幽默地把拇
> 指印在上面。而我则让它动起来，透明起来，并使人领会
> 到，活的东西与其周围的东西既是不同的又是有联系的。

飞机、鸟、云、暴风雨，活着的生物在天空中，不久则在空
间里，在揭去面纱之后的天文里：卫星的轨道、彗星的航道。

阿尔杜在埃德加·华列斯的电子音乐中听见他喜欢的东
西。在那里面，声音以超声波的速度流过，接近了大家不了解
的生命的形态。一切都在震动，他说：

> 有一天，我意识到，我所雕的石头并不是没有生气
> 的。一块大理石由上百万个微生物组成。如果我有能力
> 使它们在大理石里重放光芒，它们就会苏醒过来。

我见过他很多次，到最后，他对我那些问题的回答，总能
飞快地掠过我的记忆。例如，当他完成某些大型雕塑时，就
会说：

> 要不是雕塑家总是太迟才被召去给建筑添加一点儿
> 装饰，我们的城市会更悦目。从计划开始，我们本就应当
> 参与。

在他的位于巴尼厄的画室里,他有成套工具,加快了他的手的速度。他说:"我有手电钻,钨钻头、每分钟转 23000 次的截断机。"他喜欢这类技术帮助,以增强他的手的能力。有一天,在血液病学的实验室里(他常去这类实验室),他宣布道:

> 有一天,我们的成千上万的感觉将被改变。艺术家将运用"艺术计算机",电子画面给了我们无限的构图,但也使我们失去了手的敏感、动手之前的领会,而不再有触摸的灵感。没有了这些,我们就不再是我们了。

他的担心和害怕得到了证实。

人们把阿尔杜当成恒星。如果你以为空间令他本人无法呼吸,那你就错了。事实上,他的空间布满图像,从前有黄道十二宫的星座,如今则是他的那些"小姐们"的俏影,长裙曳地,无限长的秀项,小脸蛋配上发髻,侧影就像被斧头削过一样。她们烙在了雕塑家的天地里。她们既是同样的,又是不同的。就这样,在他的空间里有他母亲的存在穿掠而过。最终,我们不得不问这样一个问题:如何谈论所谓的非具象艺术?既然只要稍稍耐心一点,就会在每个艺术家的作品里找到自然的影响。

艾蒂安·阿尔杜从没离开巴尼厄。但他在乡下也造了房子。他挑选了一座与世隔绝的山峦,山上树木丛生,离巴黎不太远,但不容易找到。房子的形状像是一幢混凝土的殿堂,四周都是野草,很荒蛮,成双结对的孔雀群常来光顾,在树上探出头来。那里不是花园,而是真正的荒地。令人惊奇的是,天上吹来种子,长出了野兰花。他在那儿观察成千上万的叶子如何形成一棵树的样子。他在作品里构思"动"的画面。是的,原子的能量、布朗式运动也表现在他的雕塑里。

能量储存于形状之中。走进他的房子,你在他的画桌上能看到他的能量。他说:

> 在冬天最后的那些日子里,我的手因为使劲雕塑而发麻。我就画画,使我的手恢复柔软。

他画的是什么画? 一小瓶中国墨水,一支很尖的笔,一张很大的纸。他以惊人的耐心,一点一点地,画他那些葡萄牙大理石、比利牛斯山大理石雕塑所应呈现出来的形象。在纸上,笔在一点旁边添上另一点,这就构成了他的材料。他抬起头,微笑着说:"干这玩艺真是疯了!"一点又一点,在无数点之后,就出现了小姐们。他解释说:"在我的画里,黑色画出了光明,白色画出了形状。"他看着我。他不能确知我是否听明白了他的话。

他85岁了。他从不停歇地思考自己向自己提出的问题,那是他在30岁时就提出来的。那时,他躺在牧场上,看着飞机在空中的交战:怎么使雕塑有能力表现生命的运动,并成为生命的运动所栖息的处所?

雕塑家们创造了简单的作品,却老是害怕被人误解。阿尔杜说:

感情由局部表达。人们永不会明白。一棵树、一根树枝……我们身上的局部由感情表现。有悲伤的、精力充沛的、信心百倍的……

他向我抬起头，露出不安的神气，我懂他的意思吗？

罗贝尔·雅各布森

Robert Jacobsen（1912—1993）

　　我要迟到了。高速公路出了事故,我在省级公路上迷了路。没有一块牌子标明什么地方是"古尔特里"村。学校里的孩子们还在等我给他们讲罗贝尔·雅各布森呢。提到这位巨人有许多话可说,也许我能令他们开怀大笑。罗贝尔喜欢这个。从我熟悉的路上出来,我却再也找不到那个地方了。村子变了。那座城堡呢? 变成了市政府。市政府不是不知道城堡内住过继托瓦尔森以来丹麦最伟大的雕塑家:罗贝尔·雅各布森,塑造铁的大师。于是,人们在市政府里设立了"罗贝尔·雅各布森空间"。我迟到了一刻钟。孩子们在陈列着罗贝尔全部雕塑作品的大厅里玩耍。一次美好的展览。他们对所有这些废铁有什么感想? 他们从未见过这样的东西。我和他们谈起雕塑家。他们听我说。他们微笑着。

　　几天以前,为了这个著名的"空间"的开幕,我上楼梯去找那些办公室,并走遍了整幢大楼。我什么都没认出来,也许除了水房上的小桥,往后来注册的新婚夫妇们将在那儿拍照,背景恰好是城堡的正面。在古尔特里的另一天下午,女市长接待省长、地区顾问的秘书们。在市政顾问的人群里,我见到了古尔特里的故人,即罗贝尔时代的人们:罗贝尔的两个女儿利克和内尔、让·德瓦纳和米提阿·德瓦纳、西塞罗·迪阿和雷蒙德·迪阿。罗贝尔的妻子爱伦娜在城堡里生活,当时还没搬走。

　　我离开古尔特里时想，依然健在的人不多了。从前我在那堡里过得很快活，我们在一起笑，老人和年青人混在一起。我于是认定，不该失去围绕着一个男人及其作品的这样一种和谐。对于幸福，我们都负有责任。

　　那件铁浮雕，往后就竖在"罗贝尔空间"的回力球场上了。人们把它看作一件典型的 20 世纪下半叶的作品。但里面却有那么多的回忆……应该把它们说出来，我想人们会因此而更加爱戴他。

　　战后，边境线刚重新开放，两个丹麦人经过近三天的火车路程，到了巴黎北站。他们在巴黎叙雷斯纳郊区的丹麦艺术之家落脚。在哥本哈根的火车站月台上，有人朝他们喊，到了巴黎，要去一家画廊，画廊的名字由两个法国名组成：德尼斯·勒内。

　　1948 年，去叙雷斯纳是件复杂的事：但我有自行车。是蒂勒利街吗？我认路。在斜坡上面。你不可能弄错，有块上了漆的大木牌，写着英文字，说明这儿是丹麦艺术之家。天下着雨。我在雕塑家罗贝尔·雅各布森的门前按铃。他很热情地应我。雨越下越大。从外面看，丹麦艺术之家挺漂亮的。事实上，它是一座被弃置的产业。最后，门开了，在门框里，我看见一个撑着雨伞的高大的人。我们一直跑到房子里能躲雨的地方。雅各布森不停地讲话。我几乎听不懂他说什么。他说到屋顶、雨伞和柯布西耶。而我浑身直往下滴水。

　　我走进一间石灰刷过的白色大房间，高高的窗户，里面摆着白色底座的雕塑。他马上给了我一玻璃杯葡萄酒。对这个男人，我无需提问。他不住嘴地说话。后来，我猜到刚才他是想告诉我,房子里面也在下雨。他向一位建筑师请教,这位建筑师就是柯布西耶。柯布西耶告诉他说,雨伞和盆子是最经济的解决办法。于是,罗贝尔就在天花板到处放上雨伞,在接我之前他必须上去拿一把下来。就是这么回事。

他说的法语很古怪,却发明了不少令人难忘的表达法。他说丹麦艺术家的房子是"露天城堡",眼前的他不像刚才我觉得的那么高大,但强壮结实。后来他的画家朋友让·德瓦纳到处向人宣传罗贝尔干下的业绩。在哥本哈根,他把一个挪威人按倒在地,直到那人跪在尼阿温的一家酒吧地上。这事给人的印象很深。

在朋友家的晚会上,我曾几次碰见过他。那些晚会都是乐声悠扬的。不是塞尔日·波里亚科夫拉他的巴拉莱卡琴唱俄罗斯歌曲,就是耶稣·拉法厄尔·索托弹他的吉他和拉美音乐,再就是罗贝尔弹他的班卓琴,表演爵士乐。他叼着雪茄,吹哨子,哼小曲。大伙儿说起他干过各种各样的职业,他差点儿要潦倒不起,但如今却到了巴黎,或不如说到了叙雷斯纳,并在那儿当了一名普通的工人。他觉得自在。他在郊区谋生,为附近的车库修理自行车。那个车库名不副实,总看不见来一辆车。在跳蚤市场,他买回 10 个法郎的东西,以三倍的价钱把它们卖到哥本哈根。他熟悉旧货业。他从童年时就干这个了。画家理查德·莫尔汤森和他一起在圣·胡安和蒙特勒伊这两个巴黎旧货市场打天下。阿斯热·若尔时不时也会过来。罗贝尔应付得很好。他在任何地方都应付得不赖。他什么活都会干。

他是雕塑家。我知道他在丹麦雕很硬的石头,也许是花岗岩。他雕虚拟的头像,传说中的动物。有人说,它们活像北欧海盗们雕在船艄的龙，或是在岩石上凿出来的图案。

昨天，从哥本哈根回来的米歇尔·拉贡兴致勃勃地和我谈到他在丹麦遇到的野兽派画家：依鲁普、卡尔·埃宁·佩德森。他对我说："他们画了一些原始风格的画，奇妙无比。"我把这事告诉了罗贝尔，他用他的土话回答说：

> 不错，这，就是我们，丹麦人。战时我们都干这个。这也是我们在德国军队和纳粹国民艺术的压迫下捍卫我们的个性。

换言之，他想要拯救源头。雅各布森又说：

> 我熟悉阿尔普、康定斯基、克利、贾柯梅蒂的作品。在我的房间的墙上挂着他们的作品照片。但在巴黎，我在画廊上看见布拉克和毕加索的作品，它们给了我可怕的打击。我于是走出来，到了闹哄哄的街上。因为，我马上想到，在哥本哈根我获得了自由，而现在我要学会无情。

我看见底座上的大理石雕塑。毫无疑问：它受到了立体画派的影响。大理石很白，完美，高约 70 厘米。雕的是浅海区的小屋，灯塔。这个小哨所高悬于突出的一块高地上，鼓起如女人的胸部，又像船艄。整个雕塑是混合的，不可行的，大概是按几何的空间规则进行构思，倾斜部分又像教堂的殿，一盏灯照亮了礼拜仪式。罗贝尔继续说：

我称它为"自由的雕塑",大概因为它出自强制和约束。有点像非洲舞者面具上所插的花茎。

奇特之处在于这介于活人与几何体之间的怪物,这佛罗伦萨的大理石里所蕴藏的来自非洲的神圣情感。这从未见过的混合物是一个国家的人民的象征性面孔,正如我在罗马式教堂的柱头上看到的面孔。这个丹麦人只花了几个月,就找到了我们的加洛林王朝艺术花了很长时间才达到的那种变形。他和科布拉运动的其他艺术家一样,从在教堂里威胁罪人的魔鬼那里脱身了。北欧海盗式的粗糙从"野蛮"之中摆脱出来,并遵循某种光滑、坦透、完美的表现形式。罗贝尔·雅各布森和理查德·莫尔汤森在巴黎碰到了德尼斯·勒内画廊的抽象艺术家,当时他们所崇拜的乃是奥古斯特·埃尔班、阿尔贝托·马涅里和让·阿尔普。这些人脱离超现实主义艺术倾向,转到了抽象主义。我猜,他们应当知道,在他们所尊敬的人当中,至少有一个是凭据经验就认识了理论运动的多变性:那就是让·阿尔普。

罗贝尔·雅各布森并没有耽留于他的美丽的大理石雕塑。他拉我去看他的铁雕。这是他如今的兴趣所在:人用焊枪所能做到的事。戴着电焊机的眼镜,他的样子挺吓人的,但这个强壮的人把铁变成了美丽的形象,如芭蕾舞者踮起脚尖跳舞。我看见什么了?饱满灵巧的笔法在空间四周挥动,像剑尖在切割空间。铁帮助他意识到被自己无限化了的空间。我能否这样理解,在我以前见过的白大理石雕里,重要的不是船艏,而是耸立的撑架。是内在的空间企图表现罗贝尔·雅各布森的雕塑艺术。面对着这些漆成黑色的铁,我感觉到某种东西正悄悄开启。

在叙雷斯纳，在雨下，在他的"露天"城堡的流通的空气中，罗贝尔告诉我，他刚到法国时，到市政府领取定量配给的卡片。肉、煤炭、黄油当时只能以这种方式购买。小窗后面的那人回答他说，没有给外国人的卡片。在小区里，大家都把他看作德国人。这可以理解。于是罗贝尔向那人解释，他不是德国人，他是丹麦人。那职员喊道："那就是另一回事了。"他的一个孩子曾在丹麦受到照料。这样罗贝尔的一家就领到了供应卡。

罗贝尔在叙雷斯纳呆得很写意。警察，在当时是"骑自行车的燕子"，拜访了他。他给他们拿出烧酒和奶酪。这就使他们的关系轻松多了。在小酒店，大家看见他，先是说："我们这儿不要德国佬。"罗贝尔分辩说他是丹麦人，他们说："这也一样。"第二次去的时候，他讲着乱七八糟的法语，却完全改变了那些人一向的观点。他们认为他是艺术家，应当帮助他。

在叙雷斯纳，他是工人中的一个工人。在巴黎，他是艺术家和知识分子当中的一位艺术家。他说：

　　在家里接点焊接活儿，比如瓶子什么的，是很困难的。德尼斯·勒内让柯布西耶帮忙。柯布西耶就去一家"里奇德航空"公司联系。他们刚办好工作手续就又把我解雇了。

于是他就在郊区和拉·波埃提街之间穿梭。

他戴上他的电焊眼镜，用焊枪切割铁片，火花四射，如瀑布的水花溅落到他身上。他说："干铁匠活的人不应当出错。"

然后他取下眼镜,北欧海盗一般的蓝眼睛看着我。他的手沾满了黑色的铁屑。他又请我喝一杯酒。他继续说道:"法国很好。杂货商回收酒瓶。把酒喝了,把酒瓶卖回给他,我们还能弄回点钱。"他的经济条件拮据,身上几乎只有几个法郎。但他又是个富有的人:因为他才 36 岁。

铁从未离开过他。有一天,他说:

> 我喜欢未加过工的铁,就像是刚从工厂出来的。我从不愿改变铁的性质去做什么东西。我弄弯金属板做圆雕,但它们叫人想到朱里奥·冈萨雷斯的某些雕塑,叫人想到黄铜器、护胸甲、盔甲。我想做雕塑。我选的是加过工的铁,在上面做可能的形状。只是做形状,创建空间。

他还说:"我以为只要努力我会成为一小块铁的。"

罗贝尔什么活都会干,甚至拍过电影,在先锋派的影片里当过男演员。有一天我看到一张照片:他穿着礼服和条纹裤,坐在轮椅里,头上的瓜皮帽显得太大,盖住了他的耳朵。在那张沉重的铁轮椅后面,站着一个男人,也穿礼服,头戴高帽。我认不出他是谁。两个人的纽扣孔里都插着花。罗贝尔说:

> 那是狂欢节期间。我们住在阿斯热·若尔的姐妹家,她在尤特郎的西尔科波尔开垦农场,有农场就可以填饱肚子。那是狂欢节,我们想赋予狂欢节以反德国法西斯的意义,在城里的孩子们都化装,戴着魔鬼的面具。我们租了礼服,借了一辆小车。照片上是阿斯热·若尔推着轮椅和我,我戴着瓜皮帽,转动着眼珠子,做鬼脸,我们

经过由 SS 把守的岗哨。1944 年,他们烦躁极了。若尔向着他们示意,用手指敲自己的额头,表示他在推一个疯子游街。他们大概也嗅到了我们这个队伍对他们的敌意,觉察到我们在耍把戏,戏弄嘲笑他们,但弄不明白到底是什么。狂欢节的这场恶作剧差点没要了我们的命,但我们从中得到了快乐。也许这是机遇剧,机遇剧要有风险才有价值。后来大家都玩这类闹剧,成了部长们赞助的表演了。

这件普通的轶事,让我们多少了解了罗贝尔·雅各布森一生的惊险经历。

罗贝尔·雅各布森和理查德·莫尔汤森向巴黎的艺术家们证明了,他们不相信其存在的公众,事实上存在着,一群可能买艺术作品的公众,那是法国人拒绝做的事。丹麦人,从哥本哈根的火车站长到办事人员,乃至一般职员,都在自己家里挂先锋派艺术家的作品。因此,在这两个丹麦人的建议下,北欧的公众,即哥本哈根、奥胡斯、斯德哥尔摩、赫尔辛基、奥斯陆的公众们迎来了"克拉尔·福尔姆"展览,这次展览为丹麦的青年们展出了巴黎的雕塑家和画家的作品,很明显都带有抽象主义倾向。利埃日的比利时人也顺带举办了展览。德尼斯·勒内就这样发现了艺术爱好者。

1951 年,在筹备青年雕塑家沙龙的展出目录时,我们组织了有关雕塑艺术的观察和创造这两方面的问卷调查。罗贝尔给我寄来一篇短文,文中坚定不移地表示:

　　抽象派艺术家的创作原则和全世界的一样。不经努力产生的创造只是这些观察的合成。这些因素的新的结合，是保持艺术生命力的保证。

这不是表态，而是信念的宣言了。

然而，在他的叙雷斯纳画室里，他用同样的焊枪雕了人物、头像。他不再给自己下禁令。为了创作这些作品，他没用新铁，如刚从工厂出来的铁，而是他在垃圾场捡的废铁。比如没用的水龙头、自行车链、百叶窗的铰链、坏了的门把。用这些废铁，他雕出了讽刺性的人物，借鉴他给小女儿利克所制的玩具娃娃。但那些娃娃是私人用的，倒没问题。当作品在1957年展出时，他到处受到攻击。大家把他看成是抽象派事业的逃兵和叛徒，乃至敌人。当时甚至有人宣布他已自杀。

他当时45岁，肩膀也够宽的，可以承受落到头上的任何灾难。他创造了新作品，不同的作品。他从流派队列中出来。他不再是抽象派雕塑家了。他不再拥有这样的标签。他可以裁剪空间，允许自己重新参考人的形状。人们对那些自行解除禁令的人感兴趣。

在古尔特里市政府，"雅各布森空间"开幕时，我找不到1963年和罗贝尔聊天的大厅，那时城堡还是他的家。从窗口看得见公园、水房、小桥和里面排成行的梨树。从地窖到谷仓，罗贝尔都翻了新。但保留了具有先锋风格的城堡的金网白门。他在房间里安置了黑人雕塑，他的收藏品。听他说话，我似乎听见所有这些雕像、这些面具在朝他喊："前进！前进！别后退！"罗贝尔对我说：

这就正如有人常常敲门，对我说："完了，完了，你再不能做使人忘了我们的事了。"它们到处攀爬,它们掀起一切,改变一切,它们变幻万千。

　　——它们是谁? 是你的非洲的神,你的斯堪德纳维亚的魔鬼,或是这些你称为娃娃的头像?

　　——不是。

　　——那么是谁? 别处的人? 土星人? 金星人? 火星人?

　　——不,它们是幸福的。它们常做爱。它们活百年、千年。它们在同一个家庭,它们之间不仇恨。它们是完美的。我可以把它们造得很大,高 50 米或 100 米。但这做什么好呢? 造埃菲尔铁塔,它太小了。在艺术中,所谓的大在于艺术家创造的空间,而不是那种后面有机器操纵的空间,不是藏起来的马达,而是静止的雕塑空间。就是在这样的空间里,在你没发现的时候,运动就已经开始了。空间不是由度量制定的大小,而是由心来度量的。因为,我认为,区别人和机器的不是智力,而是本能。从逻辑上说,我不该离开抽象,但在我心里有更好的东西。自由就是拥有全部力量,以接近新的工作。

罗贝尔就是这样在获得自由时表明他的不同。

他在法国呆了很久。1956 年他离开叙雷斯纳,住到蒙特费尔美尔,那是一所郊区的房子,有两个仓库做了他的画室。后来,他又搬到古尔特里城堡,在塞纳—马尔涅地区。在那儿,他只好在那幢高贵的建筑物边上建画室。那是 1962 年的事。他当时 50 岁。

1969 年,他回了丹麦。他需要整个的小村庄。他在塔阿日仑的勒·尤特朗找到了。那儿有他需要的供电装置，相当强，可以发动他的机器。有停车的地方，有最重要的房子，好住下他的整个"部落"的人：他的女儿们，以及她们的丈夫。他有一个女婿叫贝尔纳·列奥泰，娶了内尔。罗贝尔和我谈到他：

> 我们是左右手。我是左手，他是右手，倒过来也行。和贝尔纳一起，我可以用手雕塑，高 10 米的也行。再高些的，我就要通过工程师用电脑和工厂里的工具计算了，贝尔纳计算得很准确，一间大学的技术人员曾预计，这件雕塑里的两个部件连接起来有得费劲。这可是手工活儿！没有计算机！然而，它们接合得很准确，这下子，这儿的人不叫他贝尔纳，而是叫他"贝尔纳计算机"。

在丹麦，我亲历了一次"变形记"。在法国，罗贝尔是一个普通的雕塑家。可在丹麦，他成了独一无二的丹麦雕塑家。在丹麦全国，没有哪座城市里看不见他的巨型雕塑作品。他用的铁片越来越大。从锁匠的金属到造船的大梁。他塑的是什么大型作品？没有骑马的军人，没有伸出手臂的政界要人，没有向天上飞去的圣人。在他的作品里，抽象与幻想相连，那是对人的形象的幻想，包含各种年龄、从学生到激进分子的转化、精力的变形、化学象征意义，乃至星期中的每一天。这么些雕塑，让行人从中找到成为他们自己的理由，而不再是遵循社会等级。因此，他的成就遍及整个丹麦，这些作品激励人们询问自己的生存条件和前途。大家甚至看到，有个丹麦的工业家把一件罗贝尔的巨型作品运到中国，立在他在那儿的工厂门口。

在法国，我不知道一个画家或雕塑家可以具有人民性。在丹麦，我看见街上的人们走来，向他伸出手，给他的车子让路。电视里出现他的带有哥本哈根郊区口音的声音。他成了名人。我观看过为他举办的哥本哈根马戏团的表演，正对着七座雕像，那是他刚为一个广场完成的雕像《白天》，那一天广场重新命名为罗贝尔广场。为了这次晚会，每个人都来尽义务，吕瓦尔先生跳肚皮舞，手技演员们活像小丑（那是丹麦的江湖艺人给他的礼物）。我想起有一天晚上，他鼻子上顶着红球，穿着属于小丑格罗克的大靴子（他从跳蚤市场买的）到我家来。那天早上，人们在法国大使馆给他颁发了文学艺术十字勋章，这是来自巴黎的让他快乐的标记。

我看见他在他的人民中很幸福！这个通烟囱工人和旧货商的儿子，看见王后陛下赠给他罗森波城堡，在那儿展出他的作品。他去世前不久，有人提议在哥本哈根外港竖一座罗贝尔像。他笑了：

> 在纽约的外港竖了巨大的可口可乐瓶；在东京竖巨大照相机；这儿是罗贝尔像，要多大的尺寸？60 米？或因为我 80 岁了，来个 80 米高的？

就在那个时候，我又看到了他演"机遇剧"的照片。在德国纳粹前面，阿斯热·若尔推着他，而他坐在疯子的轮椅里，穿着礼服。听他讲这故事的人都忘不了他的笑声。

在慕尼黑和哥本哈根，他都成了教授。他改变了大学生们盲目尊师的习惯。只要学生不摹仿他的方法，和其他人保持关系,他就很高兴。他有时派他们到巴黎去。有一天,我们看见来了一位年青的画家,他叫扬·西维尔特森,拿着"安全通行证":罗贝尔的礼物,一条鲑鱼。他和罗贝尔一样在法国定居了。他的画室靠近巴士底广场。他创作过一幅画,颜色非常浓艳,构图类似抽象派艺术,表现手法生动而出色。

哥本哈根没有为雅各布森在外港竖罗贝尔像。但有个德国工业家莱恩尔德·乌依特请他为自己的办公大楼的院子雕5座巨型雕塑,在巴德乌汤贝的乡下。最大的高18米,最小的一座高4米。还有一次,我们目睹了他把雕塑艺术和建筑艺术结合在一起,黑铁绘成了红色、蓝色,红铜绘成了黄铜。这些作品为举办一座博物馆拉开序幕,而这博物馆里收藏有包括米罗、莱热、若尔、波里亚科夫、阿尔普、哈同的作品,非常完整。有人发表演说,强调建筑师的价值和雕塑家的价值这两者之间的和谐。但那次,却是为了罗贝尔,节庆的乐师们奏起了音乐,饥民们吃到了香肠,孩子们欢乐地大叫大喊,沐浴在池水里。罗贝尔为这些非理论性的快乐而高兴。这一年是1992年5月6日,他80岁。

罗贝尔在法国的乡下建了房子,在梅马克,因为他的妻子喜欢科雷兹河。在梅马克,我认识镇上的细木工,叫埃斯泰先生,他告诉我当地人如何关注这个外国人,这位巴黎来的先生,他花了几个月的时间亲自建房子。罗贝尔成了当地一名学者的朋友,为了这位学者的博物馆,他命人从丹麦寄来北欧海盗的物件。另一位在梅马克的朋友就是这位让·埃斯泰,罗贝尔令他产生了用木料做雕塑的念头。有一天,在后来成了现代艺术中心的梅马克修道院的前面,罗贝尔立了一座大型铁雕。当时还举办了他的作品展,市长发表演说,罗贝尔坐着听。他已不能久站。与会者还有梅镇的艺术中心领导弗朗索瓦·巴雷。他对我说："现代艺术博物馆应该买雅各布森的雕塑作品。"我想，这事后来一直没实现。然而，在巴黎，在联合国教科文组织前那块不属于法国的土地上，却立起了一座罗贝尔的大型作品，丹麦王后陛下和罗贝尔的第三任妻子玛丽亚出席了奠基典礼。这已是罗贝尔去世后的事了。

在联合国教科文组织还竖起了阿尔杜的雕塑作品。但这一次是在他生前的时候。我的两个雕塑家朋友就在此和毕加索及其《依卡尔的堕落》汇合了。毕加索活着的时候，也曾遭政府禁止在巴黎的公共场所展示作品。巴黎政府在管理艺术方面的决定含有多少秘密呵！

罗贝尔从前经常说："如果有一天我死了……"从某个时候起，他开始说："我死的时候……"大家因此不再以为他是不会死的了。1993年1月24日，他做了一件雕塑的模子。然后，他辞世了。他的葬礼在丹麦君王们熟悉的哥本哈根小教堂里举行。当时突然响起了新奥尔良爵士乐的喇叭声。那是我们在解放时期跳起舞来的乐曲，是他曾用班卓琴伴着吹口哨时哼的"当圣人行进时"。这首歌突然显出了它的神圣意义。德尼斯·勒内轻声对我说："我听见爵士乐，就会以为罗贝尔又要出现了。"

丹麦的《政治报》一向支持罗贝尔的作品。它和所有的报纸一样设有读者来信栏目。罗贝尔去世的第二天，这栏刊登了读者来信，文章显示了典型的丹麦幽默："谢谢你们给我送来了漂亮的罗贝尔。这礼物太珍贵了。致礼。"签名人是：上帝。

艾蒂安－马尔丁
Étienne-Matin（1913—1995）

铁罐街在穆费塔尔街那边，在圣·热内维埃芙山的后面，真正的巴黎小区，里面混杂着菜商、大学生、旧货商、旧书店主，当然还有酒吧。当时还没有很多银行和房产办事处。我个人认为，和面包商、杂货商一起生活要比和银行家、房产商一起好得多。铁罐街那儿还有一个洞穴，雕塑家艾蒂安·马尔丁［艾蒂安－马尔丁的通常写法］就在洞穴里存放他在路上捡到的有趣的东西。他喜欢在巴黎的街头行走，有一天我看见他在穆费塔尔的跳蚤市场上，盯着一只长长的木制烟斗，上面有一个长胡子的工兵的脑袋。艾蒂安·马尔丁也长着胡子。

一切都可能发生，他的洞穴也一样。当商人们将照明现代化时，他没让他那铮亮的铜灯迷失在那些漂亮的乙炔灯里。它还在那儿。有一天我甚至在那儿看见一个用草填塞的犀牛头。洞穴里装满了怪诞的玩艺，通过一条弯曲的小路可以穿行其间，当心不要被突出来的、生锈的铁、石膏手臂、缆绳、树根、零散的树枝钩住挂着就是了。

艾蒂安·马尔丁就生活在这里。在他找到的东西的无穷回忆里，在那些不同体积的雕塑品之间，他无声地潜行着。但今天，我来看他，是因为他的雕塑作品把他那些杂乱的老东西从洞穴里挤出去了。天下着雨，街头下着雨，院子里下着雨，洞穴里也下着雨……，我的意思是说：画室里下着雨。我听见雨水滴落到盆里的声音。我看见的是白色，巨大的物件，石膏制品。门打开，我进了玻璃门窗里，高近 3 米的制品，它们好像向着光明张开怀抱。我穿过一系列的"宫殿"，那好像是群居性昆虫自建的，比如蜜蜂、白蚁，它们做的都是建筑艺术，但不用尺子和圆规。像非洲的干泥建筑？也像用烧烤土做的骨灰瓮。死人的骨灰在那儿找到庇护所、屋顶和窗户，它们最后的住所。我从未见过类似的东西。

画室塞得满满的，到了天花板，到了里墙。在这不断上涨的、石膏的海潮里，艾蒂安·马尔丁本人藏在沙发里。这些都是什么东西？他解释说：

> 它们是住所。我在德罗姆的一间大房子里长大。它有连绵不断的弃置不用的空房间。我高高兴兴地流连在里面，登上两座楼梯，一座是明亮的，一座则漆黑一团，好像每回我都走上了遥远的冒险之路。我的父母去世后，我保不住房子，就把它卖了。后来我想念这到处是门、楼梯、走廊的世界，我原本有种感觉，以为我和我的出身割断了。我错了，因为那座竖立在罗里奥尔街的小房子，我把它带在了我身边。我花了很多时间去装修它，当我和弗朗索瓦一起装修教堂的建筑，我非常明白我使空间变成了可居住的场所，给人居住的场所。但当我后来把教堂设计为贝壳时，我接近了住所的想法，这想法来得很自然。

1956 年，我第一次看见艾蒂安·马尔丁的"住所"，露天，在巴黎的罗丹博物馆的花园，在我是其中一个组织者的青年雕塑沙龙。它高将近 4 米。神秘得好像是从另一个星球掉下来的，或是另一种文化的机器。它是石膏制的，很白，制得拙劣，有缝，有楼级、墙、大开着……为了装什么？住人？装思想？装什么东西？水果、书籍、秘密？答案是多种的。而另一个青年雕塑家沙龙呢，艾蒂安·马尔丁建了四座塔，我觉得很像他原来的老家，大楼的幽灵，战后在被轰炸过的城市瓦砾中见得太多的被毁但依然屹立着的旧房子。我认为他在通过回复旧样而摆脱他出生的大楼的原型。以后他就有了完全再创造他的"住所"的自由了。

占满他的画室的就是那些古怪的玩艺，只留给他放他要坐的沙发的地盘。他向我解释说：

这个住所共分两部分，每部分包括好几样叠在一起的东西，透出一点日光，我设计了出口，抬高类似于绕轴转的岗亭，人可以在里面躺着，并随意调整方向，向着这一部分或另一部分。人躺在这个核的中心，这个他被领进来的杏仁中心。这个整体，即住所和躺着的人，自然而然地就是自我。你被引进去，你就成了你的你自己。这座雕塑可以比作水果、门、锁、肚子、猎犬、过道、坟墓、关闭的床、火箭里的宇航员住所。每个人都可以把它看作是自己的坟墓，或他静思的地方。

讲了这一段话之后，雕塑家停下来看着听他说话的人，好奇地想知道他的话是否被对方听懂了。他的眼睛里闪着一丝幽默的光亮。他不是在讽刺人，不。他深信重大的事情没有微笑是不会被人关注的。

　　他一点也没想到他的"住所"会成为什么，如果参观者排着队在里面躺上五分钟。他谈到参观者，但他说的是他自己的故事。躺在他的雕塑品里，他认出了他的生活的全部叙述。一方面，"岗哨"向着摸得到的自然打开，另一方面，向着奇特打开。这就是他对我说的话。我不敢问他什么是自然的一方面，什么是奇特的另一方面。因为我认为两方面以相似的方式层叠着。两者之间的区别是个秘密。我跟着向导在迷宫里转着。谁能比雕塑家本人更熟悉这条道路呢？

　　这石膏的"妖怪"没留在画室里。它阻碍人创造另一件作品。它有着惊人的命运。画廊老板米歇尔·古杜里埃迷上了它，要用铜把它造出来。马尔丁说："把石膏变成铜，就好像白色变成黑犀牛。"后来，这座6米长的住所被放在荷兰。在奥特尔罗雕塑公园里。我想会有参观者躺在里面，有点担心自己被吃掉。1990年，奥特尔罗博物馆展出凡高的画。凡高的亡灵大概也在那里面休息了一会儿。

　　关于他的住所，马尔丁说："它没一点新意，没有丝毫的标新立异。"他希望能使我相信他说的话。大概他说的是他的自然结果。而我们却想到一件雕塑品可以被设计为一只梭子，内含两种形式，一个象征自然，另一个是难以捉摸的复制品。我们的想象力会出了问题，大概是因为我们只看到形式中的形式，没有别的东西。而一件只要表现它的体积的雕塑品，需要怎样的巧妙才能使我们不光看到它的体积！

　　艾蒂安说它丝毫没有新奇之处。为了弄明白他的话意，我需要求助于我的回忆和那天他讲的话。那天，我去询问他有关那个野蛮人的偶像的事。一尊坐着的王后像，她披金戴银，她的黄金宝座就是雕塑的底座，由四个很著名的水晶雕塑球和第十世纪的圣骨盒构成。和这件作品相比,他的"住所"
属于传统型。圣女霍依·德·孔克像给他指了方向。"她"是
绝对的形象。他认为"她"表达了雕塑一直要表达的东西。
"她"被置于非洲、印度、埃及,以及这里、孔克、亚维农等艺术
圣地。他认为雕塑不是要表现什么,而就是那东西本身。我
明白他为什么一再强调他的艺术是自然的了。但谁会来他的
雕塑前祈祷呢? 谁会向偶像求救呢? 我们不是认为形式就是
形式本身吗? 即表面是空心的吗?

他的那件 1960 年雕的"住所",令人重新思考世界、地球
和人本身。它让我们打掉了一切商业的念头,把我们重新置
于宇宙中心的场所。事实上,我之所以要求并非基督教徒的
艾蒂安·马尔丁谈谈女圣人霍依·德·孔克,是因为我知道、
我认为没有人能回答这个问题:当今天我们已不再懂得理解
画像,雕塑还有什么意义? 他的作品是具有神圣意义的雕塑
的怀旧吗? 今天他使人从形式上看出神圣的东西成了什么
了呢?

马尔丁的"住所"是庇护所。他的整套作品是一系列的避
难所。我可以就 1962 年举办的展览会上他的作品《大衣》加
以说明。这次展览会在勒内·布勒托画廊举行。二战以后,
它一直是交流经验的场所。没有人会认为这里的展品是用于
买卖的。我在里面看到一幅赠给马克斯·雅各布的作品,也
许是再现了他的最后一篇文章。革命的超现实主义者在此坚
持着他们的根本原则。这就说明一切了。画廊位于波拿巴街
的一个院子里面,在一个粗大的房梁让人联想到海帆时代的
空间里,人们看见了作品《大衣》。穿了铜护眼的很大一幅篷
帆布挂在吊杆上,由电动马达操纵着慢慢转动。有人告诉我,

在另一个房间有《大衣》的罩子，我没看见。

完成"住所"之后他干了什么？马尔丁列举了这件《大衣》包含的元素：绳子、马具、擦鞋垫、酒椰、围巾、腰带、镜子。每件元素都有它的含义。我开始猜想，这大衣是包一匹大马的，事实上和"住所"一样，它是自画像，他的作品的目录单。马尔丁对我解释说：

> 镜子是反映的机会；被卷好的绳子说明艰难的曲折的追求；因此，它不是旅人脱衣要进入"住所"。我通过我所挑选的元素来简单总结我的雕塑，而生活的叙述则会给它们加工成形。

这是他的遗嘱吗？他答道：

> 每份作品都是遗嘱，因为它要留给想要它的人。在这儿，在我至今还不了解的材料里，我要表达我的某些东西。很明显，我会冒不被别人理解的风险。但谁又了解谁呢？

从他的微笑里我看出雕塑家已不计较名分了。他知道每个人的"真实"是找不到的，也许这就是《大衣》不被人了解的原因，而这作品是他进入巴黎国家现代艺术博物馆的唯一象征。博物馆的大厅的地面不够结实，承受不了他的"住所"的重量。

1992年初，我回到铁罐街，还是那些破铜烂铁。1992年，他在切割树干，他在跳蚤市场找到巨大的玩具大北极熊，在街上那只熊大概引起了人们对皮货商店的注意。后来，它守在画室的门后，成了艾蒂安·马尔丁洞穴里的熊。

谈到雕塑家马尔丁，不提乔治·居尔德耶夫的为人是不可能的。在十年期间，马尔丁常去居尔德耶夫去世后留下来的团契里。他大约于1947年碰到瓦莱，瓦莱激励他进行伊尼亚斯·德·卢约拉的心灵修炼。他倾向于心灵研究。然而，我们不能说他的作品是精神准则的说明。即使是，他从表面看也没有沉思默想的严峻。我还记得他坐着四轮马车，随身带着一件梦的创造作品，经过巴黎大宫殿的楼梯前，嫉妒而吃惊的艺术家们看着他们的爱嘲讽人的朋友和同事使劲挥舞着帽子向他们致礼。

他的作品激发了极大的热情。米歇尔·古杜里埃出版了他的"住所"的铜版画，之后，居伊·朗东发行了他的大量的雕塑品，但我觉得它们的尺寸减小以后，效果就被影响了。后来，他把他的整套作品安置在布列塔尼，在一座城堡的四周。这些雕塑在那儿找到了它们需要的空间。

这位雕塑家在作家们那儿找到了支持者，如米歇尔·拉贡。但商人们没给他的作品带来大批量的销售。开始时，作品的体积、重量、精神作用之间的对比都按作者本人的建议完成了，但却很难在公众中获得成功。后来这作品变得越来越孤立，从它的风格（如果不放在史前糙石柱堆里，它又该靠近哪些艺术家来展出呢？）和精神意义而言，它进不了美学小组，也进不了宗教团体。然而，任何对现代雕塑的粗略研究都不可能不知道它的存在。我认为，未来若有人坚持按历史标准（也即他现在的标准）看待艺术，就不可能不把艾蒂安·马尔丁看做是从大海深处时时喷出的火山之一。

罗贝尔·米勒
Robert Müller (1920—)

　　他的作品不是无缘无故就吸引了以色情书闻名的作家，如勒内·德·索里埃、德·芒迪阿尔格。这是因为他的雕塑、石版画、素描引起人们去接近、分开、抚摸、接触的愿望。

　　罗贝尔·米勒的作品具有各种体积，但从铁到木，从石膏到铜，从纸到中国墨，它都使雕塑不再处于绘画久已远离了的结构不动的状态。因为它插入进气管、排气管、烟斗和泵，因为它竖在我们面前，要我们从缺口溜进去，护胸甲保护着它的内部，他的雕塑品一下子就吸引了观众，被大家所接受或排斥。在人们眼里，它是非常特别的东西。一点也不像雕塑家们过去习惯表现的人体这一主题，也不同于抽象艺术家在抛弃了赤裸或不赤裸的人物之后所给予它的代替方式。罗贝尔·米勒的这尊雕塑表明，人体和发动机不止于一处相似。不是有用发动机呼吸这样的说法吗？事实上，他的艺术还要复杂。

　　1954年，我参观他的第一次展览，在约翰·克拉温画廊。约翰·克拉温从前是摄影师，后来改行做了艺术商人。在他的前言里，勒内·德·索里埃强调，作品本身远远不及其潜藏行为的优越，因为在作品中潜藏着激情。总之，在他的开头话里，诗人索里埃领会到，作品具有性交的企图，后来这点就更明显了。

罗贝尔·米勒不住在巴黎而是在维立叶·勒贝尔。它还不算是郊区，即没有商业中心和行政管理部门的居民点。它是一座村庄，有村政府、学校、教堂、中心杂货店、药店、栏栅后名人居住的房子，带花园、百年老树和橙园。雕塑家罗贝尔·米勒就住在这儿。名人显然没有继承人，因此，这些颇为古怪的创作才会在原本不是为了庇护它们的空间里产生。

他和他的妻子玛利阿姆住在那儿。当我看他的雕塑，读了几页他的笔记，我就想我所面对的是不是一对夫妇的雕塑作品，而不是一个艺术家的个人作品，正如他们想让所有的人相信的那样。玛利阿姆从不说话。如果说米勒的作品里，情色这个词常被用于一种可以威胁社会秩序的力量，它有助于人类过分要求自己。很久以来，米勒就明白某些作品诞生于爱的感觉。有一天，他看到他以前写下的笔记，他想——

　　要一个庞大的情人，而我却很小，我在她的面纱下散步，在她的摊开的肉体上攀爬，我进入她体内的所有凹入处，我看见她庞大的乳房。

后来他反复咀嚼"掉入情网"这个词，"掉"就是被地球吸引力所吸引，掉向地球中心。逐渐地，他肯定"情色是想象力的最强的发动机"。他还说："这是唯一动机纯洁的发动机。"在这样的能量的基础上产生的作品、这种造成了就我们所知的最复杂的感觉的作品，只能两个人一起创造。但玛利阿姆一声不吭，她进入了雕塑之中。艺术是沉默的，说话的只有观众。

罗贝尔·米勒是铁匠：他去水渠边生锈的废铁堆找他的

材料,等着运送它们的驳船过来。当时所有的雕塑家都来这儿寻找他们的幸福。从塞萨尔到罗贝尔·雅科布森。他们找到铸铁、钢、铜。这种回收充满了魅力。它是带来整个形式的宝库。但当我去看废铁匠米勒时,他爱上了另一种材料:石膏。于是我想,在我们这个时代,艺术家已然脱离了工匠身份,取得创造者的资格,从此只想着怎样通过自己的创造,成为时代的思想家,促使人们思考人类的生存条件。这么说来,米勒并不是在倒退回雕塑久已远离的工匠状态。他说:"我要留下所有东西的痕迹:膨胀的牛羊肠制的薄膜,细面条,尼龙袜,皮毛。"他的车间是打铁场却像实验室。他配制糕点铺里大家称为"小漏斗"的东西。他说:"石膏并不比铁能给我更多的自由,但我可以添加其他形状。"在车间里,大块的黑铁和白色而脆弱的近乎透明的石膏共存,使参观者产生走进了创造之家的感觉。

事实上,雕塑丧失了铁所给予它们的东西,棱边的裂口、压碎,由管、径提供的某些模型。但他的创造与他的作品特点不相违背。他用石膏开辟的新路拓宽了他的金属雕塑指出的路。他从材料中解放出来,他就能制作所有别的东西了。

于是他开始奇特的冒险了。制造新的雕塑品。作家保尔·尼赞在巴塞尔文艺中心见过它们,用一句话总结它们的意义:

　　　　这些作品的题目:《庇护所》、《苦修会》、《多肉洞》、《凹进处》、《隐修教士的住所》、《七个乳房》,进入性的大陆,也引入死亡和灭亡之路。

　　他看得很清楚：新的和旧的雕塑，都连接了情色的能力，但它们的形式不再来自护胸甲、武器、管等宝库。每一种都是雕塑家的发明，并交给大家一起参与这其中的精彩。

　　罗贝尔·米勒说：

　　　　我把我的一件石膏托付给一个冶金工人，请他做成铁的，我看见一件柔软的东西变成了坚硬的东西，我没想到改变是这么复杂。于是我继续干下去了。

　　他把石膏拉成铜的，然后是塑料的，再要求做个木的、大理石的。他把它们做大了，他说："每次干完后，又是另一件作品。但是谁改变了？是雕塑还是我们的设想？思想有大小吗？"得出的结论是："大小是一件作品的因素之一，但附带的因素足以说明发展情况，就如在另一种材料中看出它的转变。"在车间里，五种材料制的同一作品设在相邻的底座上，让人怀疑自己的眼睛。我们寻找最初的创意，很难相信它可以被雕在不同的材料中。我们面对着既相同又相异的作品，而这就是性能力提出的身份问题。这不惊人，却至少造成了困惑，不是艺术家本人的困惑而是观者的困惑。

　　1971年，在巴黎的法兰西画廊的展览标志着他的雕塑艺术巅峰。之后，米勒开始做纪念性作品，不再雕塑，而成了素描家和雕刻家。我再去维里叶·勒贝尔。后来它真的成了郊区。罗贝尔·米勒和玛利阿姆·米勒一直住在那所房子里。米勒的石版画一直从同样的能量里吸取力量，并且带着牧歌式的格调。在他们送给我的书中，我看到他们俩从房间里出来，各自看着走廊的两边。从照片中看得出房间的寂静。玛利阿姆一直不说话。

　　巴塞尔，2000 年春天，艺术中心展出了罗贝尔·米勒的全套石版画。在老城的一家画廊还可看到他一家人的作品：罗贝尔的绘画，他的两个儿子，格列格尔是画家，马努埃尔是雕塑家。在向火车站走去时，我想起不讲话的玛利阿姆。在罗贝尔家，她成了雕塑本身。

亨利·摩尔

Henry Moore（1898—1986）

从地图上看，从伦敦到穆什·阿德汉算不上是长途旅行。但事实上，路途还相当遥远，简直可以上溯到古代：我们走在前往莎士比亚年代的英国的路上。车子在一条溪流前徘徊，看去没有桥，要涉水而过了。车子在踏上右边的路之前的风景里缓缓前行。那是没有暴风雨、没有干旱、没有水涝的地方，是永恒的英国乡村，没有变化也永远不会有变化。大路蜿蜒进入绿茵茵的地面，地上飘浮着凝然不动的白云，这是 18 世纪风景大师康斯塔布尔画笔下的牧场和羊群。

我们的车轮隆隆作响，像敞篷四轮马车的车声，这声音一直陪我们到了英国最著名的雕塑家亨利·摩尔的家里。这是 1977 年。巴黎准备在杜勒里花园举办他的雕塑展，在橘园博物馆举办画展。趁此机会，他答应见我。

这是个农场。我知道他在这儿住了将近四十年。领我去那儿的皮埃尔·鲁伏对我说，摩尔是在战争开始时来这儿的。当时他卖掉了一尊雕塑给超现实主义画家温斯洛·福尔德，这让他有钱买农场。如今农场被其附地所包围。他的技术人员在那儿工作。亨利·摩尔的纪念性建筑遍布世界各地。在他的技术人员当中，有个年青的法国人，他请这年青人给我们做向导，陪我们到附近的饭店吃午饭。那家饭店也是从莎士比亚时代就开了的。

亨利·摩尔在英国雕塑家中是最著名的了。确实,我对上几个世纪的英国雕塑家一无所知,除了雅各·爱泼斯坦,他的作品在 1907 年的伦敦被视为不够体面,尽管哥特时代以来这样的作品早已屡见不鲜。在艺术史中,英国是有别于大陆的一座岛屿。

我想起 1971 年在巴黎罗丹美术馆举办的亨利·摩尔展。在一个象的头骨四周,他展出了自己最近完成的石版画。那个大象头骨是他的生物学家朋友朱里安·赫胥黎送给他的。象的头骨让人首先想到巨骨的体积,还有洞穴。我们面对着结构神秘的机器。他的石版画有些摆在整个头骨上,有些则摆在部分骨头上,看来解剖分析使他找到了方法来陈设他的雕塑作品。当时我就问他,是否以前他就知道他的艺术和骨学相似。他答道:

> 我常到溪流、沙滩拾石子,到树林捡骨头,到沟穴找龟壳,在大海边捡飘浮的木头。我知道,骨头的形状尤其反映我们在别的东西里猜不到的内在张力。此外,由于骨头有时在关节中心,所以可能朝几个方向转动。雕塑不是骨学,它在起身、行走、跑步方面没有用途。雕塑只有在具有自身活力的时候才存在。这活力由某种推进来表达,即来自内部的推力和从外部得到的推力。因为,对我来说,雕塑上看不太见的暗处也和看得见的明处一样重要。

摩尔用法语说话,他的努力使我感动。尤其是我告辞时,他和我握手,非常有力。雕塑家的手具有非常特别的活力。

六年后，我再次拜访他。我立刻看出他没变。白发，轮廓分明的脸庞，像在石头上刻出来的，一直那么结实，依然有力的手。他79岁了。我们爬上小楼梯。平台上有房子的真实光线，比在博物馆里细致多了。光线照明了人走过的过道，还有家具。从窗口看去，白日在不断地变化。他在奥古斯特·罗丹的大铜像顶上活动，那可是这所房子里的珍宝。

我们坐在矮桌边，桌上放了一盏矿工灯，黄白色，就和别处的一模一样。灯说明了他的出身，他来自有矿藏的国家，也说明了他曾在地下坑道里做过调查。就在同一年，他又做了一次调查，在伦敦的地铁里。在那儿，他看见人们在警报响起时就带着被子和草垫躲进来，城市先是遭到德国军队的轰炸，后来又有了V2火箭。

他画了许多素描。在画中，成排成排的人躲藏在无边的穹顶下，不能动弹，极力寻找睡意而又不能入眠，在害怕和恐惧中等待得直到麻木。我们经历过的历史可以变成画面，给人以希望。艺术清楚地再现那个时代的人的生活。然而，尽管有政治压力，历史的绘画和雕塑却没有持久地复兴。看着桌上的矿工灯，我明白，在洞穴里，在亨利·摩尔的雕塑作品内所挖的通道里，内在和外在既发生冲突，又展开了对话。我们可以在上面看到用作庇护的走廊，或百姓用以掩护自己的穹顶。

古墨西哥人的雕塑曾经强烈地影响了亨利·摩尔初期的创作，然而，我们是否能用它们做出现代性的后退？我们能否看待这种现代性就如看待竖在我们面前的靠着墙的非洲雕塑？（我们既不懂它的意义也不懂它的用途。）同样，我们是否有望更深入地了解他所领会到的、他带着我高高兴兴地看的库尔贝、德加、塞尚、柯罗、修拉的画，即他所说的"法国油画"？可以肯定，艺术以外的历史的东西一点也不能使我们更多地了解这些画。我们应该没有参考、没有帮助、没有让我们转过目光的拐杖，直接去到那儿。

然而，个人的一点经验，就如深深刻入我们的记忆的东西，一切属于敏感的东西能使观众更好地观赏作品，对艺术家来说，它产生于同样的财富。摩尔带我看他所喜欢的几幅画作。他说：

> 我的坐着的人物（我想到他的雕塑中最出名的一件《国王和王后》）该归功于塞尚的《洗浴的女人们》。同样，我的躺着的人物，该归功于乔治·修拉的风景。

这就是为什么这些画在这里的缘故。为了雕塑，他需要它们。

他接着领我到某个类似于壁凹的地方前。我明白了，他就在这挤得可怕的空间里创作了他的作品。架上放着与他的创作有关的物件：海星、有裂口的浮木、被海浪冲刷得尽是小孔的卵石、兔子的脑壳、贝壳，只要是有形状的，与他的无数石膏作品的创意有关的，他都不停地拾来，重新挖过，用生锈的刀刮擦。他一边告诉我，他怎么想到安排工作时间的：

> 我认识康斯坦丁·布朗库西。战后我在巴黎的龙桑胡同遇见他。他从雕塑上剥去没用的部分，把纯洁的形式还给我们。他把它刨得光滑如镜，照出了整个世界。在他之后，做什么呢？难道不是开启这种形式吗？所有

的雕塑家都尝试这么做，我也是。我一样也分开了不同的体积，以创造有机的整体，就如大自然造的脊椎骨，相互交错，彼此又有小小的距离，好让血流过。我喜欢在雕塑的不同部件之间找到它们的距离，既分开它们又联系它们。这间隔中发生了什么？也许就是雕塑中最重要的事？总之，整体、体积必须如同空无一样，与其所放置的地方一致，与不远的树木、彼处的山冈一致，我刚才和你谈的就是这个，在谈及修拉的时候。

然后，他领我到农场四周，去看他放在那儿的大型青铜雕像，从远处看那好像是枫丹白露的岩石被搬到绿草地上了。我们走过去，只见青铜像有五六米高，我看见两大块东西，挨在一起，叫人联想到桥孔。雕塑的旁边，羊群在吃草。他又说："我要求农民把羊放到这儿来。"看着四周的羊群，我明白这两大块东西是羊群的雕塑。

说到羊群，我们在画中、在17世纪的荷兰艺术、19世纪的法国风景中见过它们了。雕塑家们也雕过它们。但亨利·摩尔的动物，大小和真的一样，大的动物具有神秘的意义，这意义是我们在史前岩画、亚述或埃及艺术中看见过的。这不是解剖学原理的描述——艺术家们曾以为不得不按此原理去塑造动物。这是人对复杂的、神秘的动物的看法，与任何科学看法无关。

看着他这些在牧场上的羊群，我想到他的一些相关素描。他的素描和雕塑都朝着同样的方向。它们表现的是动物，而不是肉店里的肉。它们表现的动物是神秘的，我们看到的是金羊毛，而不是称盘上的肉排。同时，我想到他的一件雕塑，那是为芝加哥大学塑的，与原子能的主题有关；某种类似于保护盖形状的东西，旁边开了口。这件令人不安的雕塑作品具有人们不可能不知道的力量，它令人害怕，但我们又都明白它是不可避免的。这样，艺术起到了解释思想的作用；它把人和能量放在感觉的一边。世界重新成为看得见摸得着的可理解的东西。它避开了数字标记。它在神秘的空间、在体积总占上风的地方组织自己。

很少雕塑家能像他那样，在数世纪里那些表现自己的时代的艺术家中占一席位。从这一点上，他令人想到罗丹。从这个意义上说，他是杰出的创造者。说他的成就是世界性的，就可以被理解了。

亨利·摩尔于 1986 年 9 月 31 日逝世，享年 88 岁。我问雕塑家艾蒂安·马尔丁是否希望向他致悼词。他回答我说：

> 我刚给皮埃尔·卡巴纳和他的《晨报》寄去文章，谈我听到他去世后的反应。你想知道吗？我的反应就是：亨利·摩尔永远是关注形式的萌芽与生长的园丁，而这形式是永远被光明之水所浇灌的植物。他的作品与史前的斯托涅安日巨石阵一样不朽。

这样，我们又一次得到证明，艺术家同时也是诗人。

埃米尔·吉利奥里

Emile Gilioli（1911—1977）

 雕塑家埃米尔·吉利奥里住在巴黎"伯尔的磨坊"街。他
35 岁，从东南部地区格勒诺布尔来。在那儿，湍急的德拉克
河的河水给他冲来一根树干。他被它吸引住了。1946 年，勒
内·布勒托在他的波拿巴街的院子里组织了第一次展览。青
年画家让·德瓦纳和塞尔日·波里亚科夫请他进入新现实的
沙龙，然后进入德尼斯·勒内的画廊。这位抽象派艺术家于
是跟着正常的道路走。

 他浮现出来了，然而走的并不是德拉克河冲来的树干指
的路。他以愤怒的表现主义浮现出来。他正在把它又抓在手
里。他对我说，艺术家的工作是——

 给一点光明，一点新鲜空气，给一点生气，给一点真
 理。雕塑应该帮助观众，使他们适应世界，不是四周那个
 分裂的世界，而是受苦的世界，尽管和平已返回却还是血
 淋淋的世界。艺术可以给人们的是平静的世界。

 "伯尔的磨坊"街今天已不存在了。过去是一排石膏棚
屋、玻璃棚屋。屋内雕塑家们搭好一张大家称为"衣橱式的
床"，夜里夫妇拉上门，关在里面遮挡风寒。我就在这画室里
受到他的接待：三张椅子，一张桌子，吉利奥里在桌子上给了

我一杯酒，墙上挂着装了框的素描。底座上立着的是大理石和青铜雕塑，表面上看，他过着正常的生活。我没有去猜真相，真正的生存条件。

四十年之后，他的妻子芭比·吉利奥里和我谈到当年他们的困苦，寒冷、没有煤炭的炉子、要到街口去找的水。

> 我们等露天集市收市了才去捡剩下的东西来吃，我们靠埃米尔干的小活计谋生：一些铸模的活计，例如死者的手。靠这个过上两个星期，一个月。有时出现奇迹了，卖了一件作品，我们过上六个月半年的。说到底，我们是以雕塑维持生计。[然后她微笑着说] 我不明白今天有些人怎样做到每月付 3000 法郎的房租，那不是不再可能过穷困的日子了？

有天晚上我们到他们家吃晚饭，卡特琳在蒙帕纳斯的一家卖牡蛎的店前碰见了埃米尔。他挎着一只很大的牡蛎篮子对她说："我遇见芭比的时候，我拿着罐子，那罐子比这篮子还大。"埃米尔去世之后，我们看见芭比总坐在画室里，那是另一间画室，不寒冷，放着雕塑，她看守着它们。她活到了 90 岁高龄。

在磨坊街，吉利奥里说到他的雕塑："它是静止的、生气勃勃的、宇宙的。"在巴黎华雷纳街的罗丹美术馆的花园举办第一次青年雕塑沙龙时，我又见到了他。沙龙由国民教育部部长安德烈·马里揭幕，他是个诚恳的人。在他当市长的小城里安放了好几座布德尔的雕塑。部长在每件作品前停下来，握站在旁边的作者的手。吉利奥里展出他的一件抽象派作

品,部长很少见这类东西,他问:"这是什么?"吉利奥里认真发
好每个音,回答说:"部长先生,这是宇宙。"这话令部长沉思片
刻,他一面走开一面不住地说:"很好,很好,很好……"吉利奥
里后来回忆这第一次沙龙——

　　我的雕塑不大,我从远处看它,感觉它挺大的,我就
满意了。

　　吉利奥里穿着灯芯绒衣服,看去像个工匠。他曾是从事
纪念性建筑的雕塑家,然而他的计划没被纪念不知名政治犯
的建筑物所采纳,在纪念维尔科被枪杀者的雕塑项目上也遭
遇失败。但在瑞典,他的创意在享有盛名的比赛中获胜,那是
纪念瑞典政治家达格·哈马舍尔德的雕塑。
　　吉利奥里为教堂干活,但他的虔诚并没令他上教堂做弥
撒。他说他一面雕塑一面祈祷。令神父们困惑也令忠于宗教
的人困惑。为了杀鸡儆猴,省长命人拆了犯人在那儿被枪毙
的墙,而吉利奥里就是在这墙上完成了纪念在维尔科教堂被
枪决的人的雕塑作品。他那工人的外表、说话的态度、他的雕
塑的形式和材料替他说了话,这些话是一种说明,使他在一般
情况下被人接受,或者不如说被人宽容。
　　最后他终于可以离开磨坊街了,我还挺惋惜的。因为,在
那条街上的旧货店,我一进门就看见了一大堆皮埃尔·塔
尔—科阿的风景素描,日期是战前,我还来不及一张张地细看
呢。吉利奥里一家搬到蒙帕纳斯边上的比原来大得多的画室
里。在这间画室里,我明白了煤炭是宝石,这恰恰是一个雕塑
家所能给予我们的教诲。在画室的地面上我看见黑水晶,闪

闪发光,锅炉里吞没成堆的无烟煤。这儿堆着煤炭,那些光滑的大理石像和青铜像却纤尘不染。毫无疑问这是芭比细心照料的结果。

在他的纪念性建筑中,有些是他放大了画室里的作品,那原本是为展览而做的。但不都是如此。有一段时间,他寻找透明,做了一些只看得见尖脊的作品。他怀着同样的冲动,用青铜浇铸、放大活像旋花的茎的节,也像是太阳圈。于是茎的斜线成了太阳将要滑过的路线。它也是山坡。几何学的抽象于是成了自然真实的反映。吉利奥里有这样的天份,在他的作品里,几何学一直是自然的回声。

有时,他用正在行走的(蒸汽机时代的)火车头的形状或船的艏柱的形状,造出一种精神力的运载工具,天使的运载工具。

我们试图深入他的雕塑,挖掘其内在蕴涵。他不是说他的雕塑是房子吗?在巴黎大宫殿的沙龙里,他确实建了这么一个空间,让人可以进去。我不能说出大家在里面看见的东西,但我记得它的样子:在里面可以自在地呼吸。雕塑家的手能造出工程师造不出的东西,或要经过长久的计算才能发现的东西。他最大的作品《纪念抵抗运动》(长 20 米高 16 米),由格里埃尔的台架托着,就像一个人们可以走进去的大厅,或者就好比人们打开了圣骨盒。安德烈·马尔罗描述这作品,他说它可比喻为两个长方形,一个被截去一段,上面一个圆圈:

> 吉利奥里的大白鸟在这儿停下它的爪子,它的翅膀一只是希望的翅膀,另一只是在战斗中被折断的翅膀,两

只翅膀之间是冉冉升起的太阳，加上沉思的地方，双臂高举的雕像，合起来却是张开的双臂。

就这样，抽象艺术能表现在失利的战斗中的人的牺牲和他们的光荣。这件作品好像没有引起大家的恼怒，这是少见的事，大概他准确地完成了使命。

有一天，吉利奥里给自己买了一间在乡下的房子。只能在伊瑟尔的山里买。他对我谈到他在探索烟囱时的发现。他小心叠放两只烧过的大泥瓶（他说和双耳尖底瓮一样大），为了让烟能出去得顺畅。一切都经准确的计算，就如他雕大白鸟一样。对于吉利奥里来说，艺术家的工作和工人的工作的区别只在于工作的结果不同。在他为我复印的文章里他没说别的，只是说：

第一次雕塑是在七八岁，我为自己捏了一个储钱罐。捏罐的也不仅是我一人，我的伙伴也捏。我的储钱罐形状像梨。后来我塑了所有的几何形状，或者干脆就是我周围能看到的塑料品的形状。我喜欢铁砧形、犁铧形、陀螺的线条。对于我来说，雕塑是我喜爱的游戏，我的整个童年和少年都献给了它。我还不知道什么是艺术家，或者说，我分不出好的铁匠和好的音乐家有什么区别，两个人都做好的工作。什么时候我觉得我是艺术家了？我一点也不知道。我知道的就是，我干铁匠活的时候，我的行为就像好鞋匠，好音乐师。大概就是喜欢把活干好决定了我的一生。然而，在美术学校，我白干了，就像我是铁匠的时候，我老是提出问题。问题在于必须找到我童年时雕塑拿到手里沉甸甸的、漂亮的、活生生的梨时的快乐。那以后，我又找到了这种快乐：当我雕塑时我知道我完全是我自己，也许我有幸能表现真实的我。

他病重时我去看望他，也许疾病会要了他的命。我问他他正在完成什么作品，他回答我："我必须工作。否则我的感觉更不好。"我在他的一本小书里找到他的类似观点。那是《关于雕塑的思考》。他写道：

> 我们如不能工作，我们就死了。雕塑是不让我堕入享乐和毁灭的办法。让我保持清醒，重新找到自己、保留继续干我想干的事的力量。我做我能做的事，也许我将接近我想做的事。

他于 1977 年去世，享年 66 岁。

芭比告诉我他的死因。在他的肺里找到了一小块大理石。他吸入太多的大理石灰屑，他的机体把它们重组成一个团块。正是雕塑致他于死地。

阿尔贝托·贾柯梅蒂
Alberto Giacometti（1901—1966）

汉斯·哈同告诉我：

我在战前见过他，在蒙帕纳斯的咖啡馆。我不知道他是谁，但我忘不了他的脸，那是脸吗？倒像是雕塑的面具，没有什么表情。我没有接近他。当时我还不太会讲法语。战后我才知道他的名字和作品。

战后，在日内瓦的莫拉尔广场"批发商"咖啡馆，当时就《现代绘画》与莫里斯·雷纳尔合作的出版商阿尔贝·斯基拉向我提起阿尔贝托·贾柯梅蒂经常来这间咖啡馆。当时我们在做一本杂志，初样已经做好了，准备巴黎一解放就出版。斯基拉说起贾柯梅蒂："在他那个'大火柴盒'里，有一些他刚做好的微型雕塑。"

后来我在玛格画廊里看见了他的作品。他本人也在，很热情的一个人，好像对别人的想法很好奇，但我感觉到他生活在社交圈子之外，他有他孤僻的一面。他的雕塑、他的绘画表明他远离其他艺术家，独树一帜。他的脸和他的奇特作品都有一种我说不出是什么的力量，我明白必须慢慢地接近他。

1954 年我读了《现代》杂志，里面有让－保尔·萨特的文

章,描写了贾柯梅蒂的画室:

那好比一座孤岛,远看杂乱无章。靠墙有一尊圣母像守护着她的四周。我后退,它就前进;我走得越远,它靠得越近。我脚下的这尊小塑像,就好比在汽车后视镜里看到的路人:正在消失。我徒然地向它走过去,它却始终和我保持着距离。这种与人保持距离的孤僻,使观者不敢移步,穿过大厅、草坪或林间空地的长长的距离。它们表现出某种奇特的停滞,这来源于贾柯梅蒂看见自己同类时的态度。他不是愤世嫉俗者。这种麻木是惊骇、赞赏或敬畏的结果。

萨特怀疑他有点轻微的神经病。当时的风气,喜欢和心理分析挂钩。我呢,我对贾柯梅蒂的面具未作什么推断,我只看出他的长相美,很美。是使人不安的美吗?

这就是那个男人了,他工作的那个空间是逃离俗世之地,因与人世疏远反而引人注目,又不断地以惊人的力量加以重建。我无论如何也要去看看这样的画室。

1958年我终于得偿所愿,按上了他家的门铃。他在电话里约我傍晚时见,我知道他在夜里工作。有一次,凌晨两点钟左右,我经过他家门口,隔着玻璃窗看见晃来晃去的人影,微弱的灯光,吊在电线一端的灯在摇曳。为什么在夜里工作呢?夜里什么都看不清楚,灯泡沾着石膏。但在这被萨特描写为遥远而又接近的地方,在他的工作室里,白天积聚的力量应能在夜里迸发出来,他用双手塑造材料,不去看他所逃离的那个现实。对于他来说,夜是发明创造的空间。

位于伊坡里特·曼德隆街(一位雕塑家的名字,他在卢浮宫的一件名为《维列达》的作品引起了正在平息的浪漫主义运动)的工作室是木板和玻璃构成的棚屋,用石膏刷过,那墙令人想到被犯人涂满了名字、数字、侧面像、正面的睁大眼睛的人脸的牢房的墙。墙讲述了几十年的生活,我忽然想,应该把它们保护起来,就如我们保存史前洞穴里的石窟壁画那样。要避免以后的租客把它们粉刷一新。贾柯梅蒂的画室既下流又奢华,是令人有些恶心的空间。符号、磨损的东西、便条同放于一处,在四周已沉睡的寂静中,等待天亮前在这儿发明的东西,这儿的物件无不与雕塑创造有关,草图、素描、图画。这是一个矩阵的工作室。

我刚到,贾柯梅蒂就告诉我工作室是空的。他把所有的作品都寄到美国去展览了。"我必须干活了。"

但空的工作室使他那些多得数不清的旧东西重新浮出水面。他让我看一件长形作品,它令人想到前臂,光滑得和皮肤一样,他给它起名为《跟斗》,可能要在上面满布钉子。我大概听错了,再也许我没看见上面的钉子。没关系,这是超现实主义时期的雕塑。贾柯梅蒂知道我没在那个时代生活过。他告诉我,在30年代,他的雕塑是完美的,像工具,像骨架。

在墙上,我看见瞪大的眼睛;在工作台上,在搁架上立着四肢长、躯干短的人像,它们好像要制止手指的摸索。在雕塑家的手中,这房间如此柔软,代表着他的过去;而四周的石膏件代表他的现在。他给我讲他的变化。他说起自己的故事:

　　我做漂亮的物体,我喜欢干这样的事。它们光滑、完美、准确。我花很长时间才达到完美。达到后,我感觉到需要展示它们。于是我成了超现实主义的雕塑家。过了一段时间，我害怕了。我去找让·阿尔普，我对他说："我达到了这种完美，我应该把它们制成各种各样的物件吗？"

就我们认识的阿尔普，他的职业生涯就中断过好几次。我们猜得到他对青年雕塑家的回答。

然后，我去超现实主义朋友那儿，我对他们宣称，我要重新研究自然。这下子引起了轰动。我砰地夺门而走。我不再是超现实主义小组的成员了。我以如下方式重新安排我的生活：早上我找个女模特，下午我的兄弟迪埃哥来给我摆姿势。这是可怕的，因为我不但没有像以前那样达到完美，我积累了一个又一个人像，一尊又一尊上半身像，也许我的努力不会白费，但我意识到我只是在做试验。这样离开作品的完成状态，而去与未完成状态达成协调，对我来说是困难的。当我遇到艺术家的时候，有多少次我看出了创造者的不安，这些创造者发现他们的创作使他们朝着自己一直认为正确的相反方向走去了！……把粗糙的材料留给我的雕塑，我是不乐意的，我想要很圆的形状，很光滑的平面。但到手的材料就是这个，我不拒绝它。因为，现在我知道，我不会干完一件雕塑品，并为此高兴。你明白为什么，以前我喜欢展示我的作品，如今我要很勉强才展示它们。它们都没有完工也不会完工。以前我自信，如今我感觉到我的不完美。但你别以为我失望。一切顺利，我很高兴。每一秒钟，我都在意识到我向一种现实前进，最终我会满意，比我已经可以做的一切都要满意。

我对他说的话似懂非懂，当他是超现实主义者的时候，他到了顶了，今天他可以不断地超越自己，幸福可以没尽头地重新开始。贾柯梅蒂幸福吗？我和他谈到让－保尔·萨特的文章，强调他的雕像的孤独、他的人物的离群。他点燃了一根烟。在我们的谈话中，他不停地抽烟，尼古丁熏黄了他的在白色石膏下干活的手指。他答道：

奇怪的是，他们一谈我的雕塑就扯到精神方面的问题。他们认为我的个性孤僻，这是人们的看法。但如果我塑造的人物很细很高，我就不能做别的了。我越是看着我的模特，他在我的手指间就越高雅。我感觉到我准确地留住了他的气息，在他最后那不完美的状态中抓住了他的特点。

大概从他的作品中散发出来的这无药可救的孤独感，使法国当局拒绝在巴黎的一条街展出他的作品。那条街，他是如此热爱，从很久以来就一再出现在他的作品中。城里的孤独。但为什么要拒绝让他展出一件公众雕塑，既然它是城里的人性试金石？这种孤独，人们寻索它，也遭受它带来的失望，偶尔某个预想不到的动作还会摧毁它。贾柯梅蒂的走着的人、在人行道上跑的狗，为什么会被拒绝呢？这就不是城市的所谓真实吗？因为任何政治在开幕式上都不会有那个能够发表演说的诗人？

　　我经过一尊赤裸的大型人像,它立在通向房间的木梯上。在门槛上,他说了这结束的话,让我明白他是多么坚信他是被舆论隔离开的。他坚信而且幸福,因为他在生活的边缘,他有强大的支持,他讲了这句话,表现出他对玩笑的偏好。在先锋派和社会主义现实主义之间的争论没有结束的气候下,他对我说:

　　你不相信他们会做鬼脸吗,如果一两年后我给他们看我的杰作:一个非常夸张的裸体小人?

　　我去了好几趟伊波利特·曼德隆街。有一天,他的神色比平时更甚,一副没睡好觉的倦容,他感觉冷。面具般的脸凹得更深了,但他还是很热情。我来请求他允许在劳萨纳的日报上重印他的十二幅铜版画中的一幅,这些画是他为米歇尔·列里的诗集的配画,在出版商让·于格那儿的发行量是100份。我选了他刻的一张列里的肖像。一个人们通常看到的神情窘迫的诗人,但还不算太严重的那种。诗很短,我抄录其中一首:

　　在我的头颅这熔炉里
　　有好几公斤的回忆,
　　它们发出枯叶的沙沙声。
　　等它们的形状涌出来时,
　　我会是金嗓子的故事员。

　　我到他家时,从他家出来一个年轻人。贾柯梅蒂对我说:

他们是来向我请教的。他们要这个有何用，我不太了解。但我从不拒人于门外。大多数人都不来两次。

他停顿片刻，然后笑了笑，又说道：

我一般都对他们说："如果你是右撇子，那就用左手画，准确地画。你们再拿着画好的画来看我。"不奇怪吗？我的建议似乎没效果，他们再也不来敲我的门了。

弗朗索瓦·斯塔利和帕维·居里

François Stahly（1911—2006）

Parvine Curie（1936— ）

　　弗朗索瓦·斯塔利住在默东，这是一条街，平静的楼阁掩映在老树婆娑的花园里，在小丘的脚下，给人世外桃源的感觉。1949 年斯塔利在此安身。我于 1950 年去看望这位雕塑家。他在他的第一任妻子克洛德和他的孩子们的帮助下自建房子。他的妻子也是艺术家，从事地毯绘图。房子里充满了创造力。例如，我忘不了从画室直通卧室的楼梯，因为爬第一步的时候就不该弄错：梯级只放得下一只脚板，省了不少空间。你问怎么引水？很简单，就用他修好了的塑料管。我单知道斯塔利从他家的工地出来，却不知道工地这个词在他的生活中有那么重要。我知道，他的第一批木刻作品很接近他的邻人让·阿尔普，被安德烈·布勒东认为接近超现实主义风格。我也知道，乔治·马蒂厄和沃尔斯承认他为非具象艺术家。我看得清楚，他那属于纯粹的、艰苦的先锋派的一面，将会与"工地"的工作相悖。例如，为家庭艺术沙龙所实施的金属建筑工程。当时的吸尘器、冰箱、锅等各色展览正在展开深入的研究和计划。斯塔利处于两极之间：单干和团队合作之间。

　　有一次，我到默东看他发明的用以替代管道的雕塑工程。管道沿墙排出沟渠里积聚的雨水，他在家里安置了他称为"水链"的玩艺,由小骨、植物花环、布满芽的竖直线连接着,把雨水引到地里。从窗口看去,只见雨水沿着这古怪的雕塑,闪着光影静静流着,然后在空气中蒸发。

我注意到他把院子整理过了:雕了墙,在这堵墙上安排了叶子组成的网,让阳光从叶缝间筛漏下来,另一堵墙上装饰了像眼泪的东西,把文艺复兴时期的水滴系统都用上了,所有这一切用到家居上。这是雕塑,实用的雕塑。斯塔利喜欢从用途上来判断雕塑的好坏。

有一天,他向我解释他的双重性:

> 我天性喜欢探究孤独世界的隐秘:雕塑的风景、再创造的植物、几种象征着繁茂生长、妖艳花卉的图案。但我没办法整个身心投入这要求与外界完全隔绝的梦想。当我沉迷于这脆弱的世界时,它给我带来心理和物质的损害。某些本来可以丰富个人作品的因素却把我带到令人眩晕的顶峰,每一项新发现都有令我心理不平衡的倾向。

吸引雕塑师进行集体创作的力量来自哪里?来自保留理性。斯塔利本来是搞工地大工程的人,我还没有说那些作品的诱惑的因素之一:他的脸叫人想到丢勒的亚当。

在大工地干活也有心理不平衡的危险,虽然是不同的危险:失去了对作品进展的控制。他熟悉意大利的大理石雕塑。他说:

> 工人有了机器,活儿做得很快。他们就是因为这个才呆着的。要不断地检查,机器使他们简单化了。要检

查艰苦的活是否由他们和机器共同做成。至于我,可以给自己留下困难的活儿。

他喜欢和年青的雕塑家呆在一起。在默东,他留他们住宿。那是在一向安静的巴辛街,集体工作就在里面进行。在这间工作室里完成过伟大的作品:给巴黎尤西奥科学院塑的25米长的迷宫,为樊尚公园的水池塑的巨岩和瀑布,法兰西电台大厅的木门。然后是一个很大的订单,就像美国人一向做的那样。有个叫尼尔森·洛克菲勒的人请斯塔利为纽约建一座阿尔巴尼公园,长100米宽50米,在建筑师哈里森的摩天大厦脚下。阿尔巴尼是新城,需要有足够呼吸的空间。这个迷宫将成为他一生的工地。

一开始,洛克菲勒接受了草图之后,本打算命层架公司建造它。后来事情紧迫。斯塔利和阿尔巴尼城签了合同,项目的最后估价超过第一次估价两倍。没别的解决办法,迷宫只好由雕塑家自己完成,用柚木造。拿到第一笔美国支票,斯塔利买了所需的柚木,就投入了冒险活动。在伏克吕斯山顶,斯塔利和妻子克洛德和两个做建筑师的孩子,在树间建了一个村子,设了车间和露天工作台,他请助手们来。旺都来了六个助手,不久他们的妻儿也来了。于是,克列斯特高处上就这么出现了一队雕塑家。斯塔利再一次展现了他对工地的热爱!

斯塔利说:

必须造八扇大门,安置在6米高的主大门四周。还有一些更简单的部件设在里面。一共是50件雕塑,用于玩耍、坐、增加看点。这既是建筑艺术又是雕塑艺术。我

是在做建筑师和木工都不再做的事：真实的横线，真实的
竖线，也就是说，略为鼓起的带弯曲的直线。应该重新向
帕特农神庙和它的那些柱子学习。这也许是最后一次在
做如今的技术不再允许做的事了。瞧瞧纽约的摩天大
厦，看去顶上比下面宽。我们，我们有职责尊重视觉的弧
形……

1972 年，我又在默东见到斯塔利，他刚在克列斯特过冬，
只有他一个人，他的助手都走了。

　　我一个人重新看了整部作品。我知道我被过快的工
作节奏所牵制了。我有点儿偏离一开始设定的严密主
旨。我一件件地看，重新改正，重新定位，最后，我清楚地
看到整个作品。我忘记了不安。

现在，他操心的是如何把公园的全部元件运走，从克列斯
特山运到纽约港，最后再到阿尔巴尼。啊！非如此不可，即便
要他掏自己的腰包付运费。我担心他会因此而彻底破产。最
终这也确实让他破了产。

他反思自己做过的那些大工程。在巴黎没人知道是谁造
了科学院的迷宫，然而是他造的。有关樊尚公园的瀑布的明
信片卖了几千张，却没有人知道他的名字。在阿尔巴尼，有什
么地方会记录下他和他的助手们在普罗旺斯的山上、在造这
柚木迷宫花园时所冒的险吗？斯塔利说：

　　没人知道我们，我成功了，或者说差不多成功了，这

是我最大的野心：造无名的作品。

　　斯塔利如今有了自由。他画画、写作、雕塑。他在默东的集体画室里给自己安排了一间小画室和一个房间。他越来越多地出门旅行，他的旅行包随时准备着。他没有变。我认为他形象地表现了希腊词源中的那个词"热情"：在他的内心有个神。

　　斯塔利大概是法国、瑞士、美国、德国的建造公共空间的最具创造力的雕塑家。大概他是领军人物。你们知道一位艺术家要在办公室花去多少时间才能达到领军的水平吗？人们之所以信任他的指挥，是因为他把自己内心的创造之火传送给了大家。他让大家丢掉了手中的袖珍计算器。确实斯塔利不随身带着计划表，正如大家看见的，他在阿尔巴尼项目中弄错了费用的估算。然而他没有误事，他总是完成他的工程任务。

　　关于他发动他的部下，我还应说一句话。他和他的部下不是围着以毫米分度的方格计算纸，而是围着一只小型模型。为什么？他说："因为雕塑家不应是创意的执行者，而应当能够对作品即席产生新鲜的创意。"因此，在阿尔巴尼花园的项目中，他关注并接受了雕塑家大谷的建议。这位雕塑家具有日本木匠的传统。日本人在前几个世纪中正是按此传统建造了庞大的木式庙宇。斯塔利坚持在工程进展中把小模型放在工地中央，供大家参考。他签的纪念性建筑的工程都体现出他的狂热。这狂热联系了老板和助手。他说：

　　有时大家的想法一致，这是上天送给我们的礼物。

不管参与方式是怎样的,没有一位助手追讨说作品是属于他个人的。每个人都认为那是一件斯塔利作品。

一旦有可能,斯塔利就动身到罗马尼亚去看康斯坦丁·布朗库西的伟大作品。在特尔古日乌公园,他没寻找别的,只是想亲眼见证,想找到更多的理由,去热爱一位他所尊敬的艺术家,一位所有人都尊敬的艺术家。他从亨利·皮埃尔·罗谢的收藏中已经见到过布郎库西的一些作品。罗谢本人也很赞赏斯塔利的艺术。斯塔利的雕塑有很多次都题献给那个曾经居住在龙桑胡同的艺术家。他旅行回来后说:

为了在无尽的柱子四周设立比它们高的工厂的烟囱,人的敏感变成了什么!这就好比允许在卡尔那克的巨石阵中间建起一个驯大红猪的场所。

斯塔利的艺术不限于他那些公共广场上的工程。他还爱在沙滩、田野、树林里散步,这儿拾一颗卵石,一根芽,那儿捡些青苔或贝壳。他最喜欢的是在创造中寻求风险。我们忘不了有段时间他和艾蒂安·马尔丁出于好奇,到地下深层去寻找植物在阳光下的细微回声,寻找那些看不见的根。他在追寻树木的秘密时,发现它们能颤、能抖、不同于风中枝条的摇摆。植物生活在被掩藏的地方,在没有光的条件下生长。在他从树桩的臆想中得到创意的雕塑里,我们明白了我们的诗的局限性,如果诗仅仅是向着太阳伸展的话。斯塔利的雕塑有利于沟通地下的河潮、矿脉,以及根在土中的神秘滑行。这就是他的作品的另一面。他的神秘天性与他把工地变成集体创造的疯狂愿望有关。

在他身旁工作的另一位雕塑家是他的妻子帕维·居里。她也是他的学生。两位艺术家生活在一个屋檐下,这样的现象越来越多,如安德烈·博丹和苏珊·罗歇、汉斯·哈同和安娜—爱娃·贝格曼、阿尔帕·斯泽内和维埃拉·达·席尔瓦、坦盖里和尼基·德·圣法尔、保尔·卡罗和雷蒙德·戈丹、约翰尼·弗里德拉安德和布里吉特·古德琳、路易·纳拉尔和玛丽亚·芒东。在这儿是弗朗索瓦·斯塔利和帕维·居里。

居里即便是在无意中建造的空间,都能唤醒神圣的意义。她认为原则最重要。她想要光滑纯洁的世界,比例和谐,体现平静安宁。关于克列斯特工作室,她说:"在这个地方,你会丢掉进攻性和古怪的竞争念头。"

我在寻找她的雕塑道路与斯塔利的联系。我找不到。然而,如果说斯塔利的极限接近无理性,其作品结构之紧密、坚固令他可以将冒险进行到底,居里则创造了平静的天地,令人认识到理性也能发展到无限,也能达到奇妙。这样,我觉得他们俩都是狂热的,他有工匠的手,她有几何的心,然而这两个分开的世界没有冲突。斯塔利的纪念性作品使你觉得在盘旋地前进,像大脑自身的盘旋。而居里的作品则使你觉得在登山,你在攀爬、下滑、在转弯处歇脚。

弗朗索瓦·斯塔利、克洛德·斯塔利和帕维·居里都是克列斯特工作室的创建人。这个工作室成了一个艺术中心,由一支队伍所领导。然而,工作室却抹去了他们的名字。刚开始,我很不满他们的被人所遗忘。后来,虽然斯塔利从没对我谈到他对那些在他建的墙上展出作品的年青雕塑家的意见,我明白了我曾生活过的那个时代已一去不返。在那个时代,博纳尔帮助巴赞,杜尚支持坦盖里和阿利娜·萨波克兹尼科。那是超现实主义时代。如今的这一辈人不再沟通了吗？达尼埃尔·比朗对亨利·马蒂斯感兴趣,但他对马蒂斯就像对马奈一样疏远。这是历史的过去。人们公开了彼此之间的代沟。这点可能与现代艺术博物馆的政策有关,那就好比是电影厅的政策,每星期放映新片,好像电影院没有过去似的。博物馆是现代艺术的大橱窗,一点也不让人们认识那些在2000 年以前从事了 50 年雕塑的、我在此书中拜访过的艺术家们。对于他们来说,这是沙漠。他们说得对吗？我不知道。抹去那些接近当下的过去有用吗？我想提出这个问题。

第五章

从乔治·马蒂厄到皮埃尔·苏拉热

乔治·马蒂厄 热拉尔·施奈德 皮埃尔·苏拉热

汉斯·哈同和安娜—爱娃·贝格曼

乔治·马蒂厄
Georges Mathieu (1921—)

　　为了使公众能知道他的作品,乔治·马蒂厄使出浑身解数。他永远在参加比赛,以树立自己的威信,超越自己。然而,他绝不会让步给公众的五花八门的爱好。他采取萨尔瓦多·达利的办法。我还看见他坐在装满菜花的车里,朝巴黎大学方向跑,因为大师达利正在那儿开讲座。他受了四十年良好培养,然后他停止绘画了,他在电话里这么告诉我。怎么理解他的这个决定? 他放弃用他的行动吸引公众了吗? 他不再愿意销售那些在贸易价值之下迷失了的画吗? 我于是想起那些永远处于警戒状态的击剑者,有时他们的目光会闪出软弱的光来,我没问他退缩的原因,那大概是很痛苦的。从此以后,乔治·马蒂厄就要生活在过去了。

　　我在1947年认识他,在爱娃·菲利普的卢森堡小区的一家小画廊里。爱娃·菲利普当时在展出加拿大画家的作品,名为"魁北克自动画派展"。这些加拿大画家包括我们后来在巴黎发现的博尔迪阿、勒迪克、里奥佩尔、巴尔博等人。那时我还没见识过即席作画的场面。接着,乔治·马蒂厄在同一家画廊组织了一次画展。正如他自己后来写的,那次画展最终成了某个新运动的奠基仪式,"抒情抽象派"。第二年他扩大规模,在科莱特·阿朗第画廊推出了新的一批艺术家。后来,抽象派按照两条路线发展,一条是几何学模式,一条是非

形象模式。马蒂厄矮个子、黑胡子、神经质，他对议论界挺有
影响力，因为他是《巴黎杂志》的主编。这本杂志专门发行给
美国大邮轮上的乘客，文化方面的报道水平很高，读得到有关
艺术新动向的文章。马蒂厄让他的读者意识到，在大西洋两
岸之间，在波洛克和汉斯·哈同之间存在着亲合力。

我在他的编辑部办公室见过他。总的来说，在他身上，总
编的气质多于画家的气质。他写了许多文章，他的文章我看
不懂，他在沙龙和其他地方展览他的新现实主义技法。我们
不知道他将来的前途是什么：艺术哲学家，还是艺术家？他的
油画是占了上风的。

我找到一篇他在 1948 年发表的文章。文中写道：

> 艺术家的活动和圣贤类似，都是和宇宙的所有活跃
> 的力量相联，逐渐接近现代科学思想（早在波尔理论之前
> 就有尼古拉·德居提出类似观点）——进入世界的攫握
> 能力的手段不再仅仅由理性和感觉所决定。

乔治·马蒂厄一直希望做个诚实的人。按 17 世纪启蒙
时代的观点，就是能揭示、解释许多事情，并给予综合概括。
有一天，他在我面前抱怨他碰到的困难，比如有一回吃晚饭的
时候，他请在座的人们谈谈爱森伯格的新公式、音乐的演变、
从华列斯到布莱、西藏的祈祷和亨利·米肖的诗歌的类比，或
马克思主义辩证法在爱森斯坦和阿兰·雷奈那里的应用。我
几乎跟不上这众多话题的折腾与连续，他显然很开心。不过，
我放弃参加这类晚会已经有一段时间了。马蒂厄是一个不只
谈论绘画的画家，他的博学有助于他的艺术吗？那是肯定的。

知识同时还保护他不受那些把艺术变作口头粉末的理论家的伤害。他可以和他们辩论。

　　至于他在抒情抽象运动中起的谋士角色，应该说，他做了他该做的事：褒扬一些人、批评另一些人。他介绍了三位大师：阿特朗和沃尔斯，这两位已去世，汉斯·哈同则上了年纪。为了替哈同正名，就要贬低他周围的人。他从热拉尔·施奈德开始，然后是皮埃尔·苏拉热。让·福特里耶一般被认为是前点彩派画家、1928—1930 年代的前驱，当他被他的朋友们揭露时，有人开始怀疑他的一切，直至他的作品创作日期。乔治·马蒂厄的做法没什么特别的，艺术家、诗人、科学家都采取这种办法。他走的是他那个小组的老路。

　　乔治·马蒂厄同时还献身于绘画事业。他画的都是大场景。他同时冲向所有战线。首先是历史，他参加题为"纪念西日·德·布拉邦"的展览，展出作品包括《查里曼大帝加冕礼》或《攻陷卑尔根奥松姆》。然后是现场演示，在几分钟之内当众画一幅 12 米乘 4 米的画，就在戏台上。他重新开始各种层面的冒险活动。有时，他在这些画布上颇有动人之举。他还写了一些很令人思考的书，论及他自己的社交行为。后来他拥有了一辆极为珍稀的、属于收藏品级的车：一辆赛车，出自包豪斯学派的设计师范·罗赫之手。再后来，他搬了家，巴黎帕西区的一所私人公馆，不太大，但够他停一辆车和画画了。他的房子挺豪华，入门处有阿提拉的石像，楼上的房间有十五座哲学家的石膏上半身像，鼻子对着墙壁。在他的办公室，我以为会看到打字机，但看来我太没文化了，他用鹅毛笔写字，是他自己的特别的书法。他坐在自己的画像前。那是一位名叫布凯歇的画家画的，画得很像，却也没使他的油画黯然失色。

他一下子就引起了官方的兴趣：他收到了订单，为法国国家航空公司画招贴画。在那个时代这是相当自然的：美工设计还没完全掌握广告界，艺术家可以插手其中。这对我们的墙头艺术而言是件好事。找马蒂厄一下子成了新风气。别的政府办公室向他订勋章，以纪念法国历史中的一些重大日子，甚至要他设计 10 法郎的新币。他在这方面取得了成功。人人把"马蒂厄"装在口袋里。可如今，有关部门又退回去用从前的"塞谋斯"，以及那些老旧褪色的币式。政府办公室回到麻木迟钝的状态。不准打扰他们。

我们还可以看到马蒂厄在建筑方面的作品：他建了一间工厂。雕塑方面：为巴黎近郊奈里桥上的一个体育中心而做的雕塑作品。他甚至差点成了铁匠，给南锡的斯塔尼斯拉广场设计铁栅栏，但计划搁了浅。他还有一个关于法兰西民族的创意："从叛乱到复兴"是他的一本书的标题。他在书中赞扬路易十四的画家夏尔·勒布伦。不同之处在于，路易十四只器重一个艺术家，而乔治·蓬皮杜却同时器重好几个。总之，马蒂厄挺风光的。

在美术学院时，人们都了解他的战术。他立刻邀请巴黎的伯爵夫人，这使官方了解到他的政治倾向，从而给他定了一个稳当的表面形象。这么一来，他就不必去颂扬他的前任、画家吉斯（我对这个吉斯毫无所知，他也一样），而尽情投入到对我们的时代的抨击之中：

我们面临着阴险奸诈的野蛮形式。到处有人想钻入一个系列、一个机构、一个规章、一个匿名单里。一句话，我们参与了人的解体，在政治恐怖主义中，在经济恐怖主义中。

他坚持认为，保卫以自由为标记的艺术的最大机会已渐次消失，甚至在尚未形成时就已然消失。于是，他回到了他亲爱的抒情抽象派上。这段话发表于1976年。四分之一个世纪之后，艺术史始终没有在学校里得到教授。

乔治·马蒂厄继续游行示威，加强抗议力度。他错在要求摧毁圣拉萨尔火车站前的阿尔芒的雕塑作品，以及让·迪比费在依西－勒－穆里诺的《人像塔》。但至少他参与了这个国家里的文化活动。每个人都自有憎恶。马蒂厄很少有公众作品：法兰西电台大楼的一幅壁画、布罗涅－比郎古市政府的天花板画。

马蒂厄，必然的激情者。作为画家呢？他在国家现代艺术博物馆的展览举办得太多了。他的画里动作重复，产生单调的感觉，即使作品挺美妙的。我看见的他的最后几幅画是在圣日尔曼－德普列教堂附近的画廊里，色彩热烈，新颖，表现了他的活力。但在报刊里，在官方办公室里，有谁会好奇地去看一次冒险的结果，去看抒情抽象派作品，半个世纪以来又有谁曾如此有力地影响着舆论界？为了纽约的行动艺术，他们全都来了，但这本来可是在巴黎兴起的！法国人不关心他们的艺术家了吗？我想起在威尼斯，当美国摄影家罗伯特·劳森伯格获得展览会大奖时，人们爆发出兴奋的欢呼声。而后来，在巴黎，人们却对马蒂厄表示冷淡，在纽约举办的劳森伯格遗作展也似乎失败了。赢得奖励的作品被小组的规定和运动的冷淡所吞没：它们不再是新闻。

　　和大家一样,我喜欢相继而来的事件。今天,我还记得劳森伯格那半被抹去的照片四周所弥漫的雾,他制作的羊的爪子还抓着拖拉机的轮胎。我喜欢马蒂厄某些画中的电压装置,他在画布上的画好像是在无力掉到地上之前从里面跳出来的。同时,我想到莫奈在冬寒中透出的一缕阳光,这使他的雪景画永存不朽。这些都是我的财富,不管它们是否记载在艺术史里,我无所谓。然而,最严重的问题在于,人们会忘记他们所热爱的作品和作者。

热拉尔·施奈德

Gérard Schneider（1896—1986）

对于我来说，一切开始于我经过巴黎阿尔让松街的莉迪娅·孔蒂小画廊前的时候。只见这家小画廊的玻璃橱窗内摆着古里古怪的图画，画廊里面摆得更多，画家的名字都是我闻所未闻的：哈同、施奈德、苏拉热。也许我见过这类画——为了简单起见，就说是随意画罢，是前年在超独立主义者沙龙里？《螺旋钻》杂志趁此机会发表了热拉尔·施奈德的看法：

> 抽象画在形式创造方面，有可能向着内容有表现力、激动人的方向发展，在抽象中绘画找到必须有技巧和爆炸性的后果，并除去无用的、外面的因素。

这是一句很谨慎的话。我不很明白，人们所说的表现主义、点彩派、抒情抽象派的画怎么会和让·德瓦纳的作品在一起展出。当时德瓦纳作为几何抽象派画家的声誉还不突出，他的作品引起了一些相当激烈却属于表层的轰动。然而，他们于1946年在德尼斯·勒内画廊办了联展，似乎既没有吓着那些对哈同和施奈德感兴趣的人，也没有吓着对德瓦纳感兴趣的人。事实上，莉迪娅·孔蒂旗下的这三位画家正在形成一种趋向。一旦它形成气候，人们就不会再把他们的作品和让·德瓦纳的作品放在一起展出了。

　　在某个时期意见一致的东西，在另一个时期却不可调和了。于是，我开始看到，人们不断地理解，同时也不断地犯错。我们应当教育孩子们，艺术不是放在笼子里的。现在，一切都井然有序，大概很久都不会再改变。这种停滞不前令我担忧。抽象画家，不管是表现主义、点彩派、抒情或者其他，都成了给予某种艺术形式以新意义的人，这种艺术形式倾向于推理、冷静、几何学，即蒙德里安的模式。那么，这些画家是否会永远坚持下去呢？这就好像绘画本身不可能有规律地在有序和无序之间交替，而冷静的几何也永不能变得热情。

　　施奈德先住在蒙帕纳斯火车站后面的带有画室的楼里，带有 30 年代的舒适，那是住棚屋的居民，比如住龙桑胡同的布朗库西们、住皮托的维永们、住布尔磨坊的吉利奥里们无福消受的。在这间我觉得阴沉、但带有上了蜡的古老家具的气氛热烈的画室里，他谈到绘画。谈到古代艺术，他滔滔不绝。他不隐瞒他曾经做过修复旧画的工作。我估计他什么都会做。从庄严呆板的圣像到德拉克洛瓦的浪漫主义绘画，他都接触过。他经验丰富，毫不为此而有所惋惜，这些经验甚至有助于他开创与过去决绝的绘画事业。因为，我们的时代不再有皮埃尔—亨利·德·瓦朗西安纳的天空：从 18 世纪起，这位画家的艺术发展得比他头顶上飘过的云还要慢。说起古典大师，他不显示自己的博学，但强调他们的手艺。他就如一个航海家，熟悉、懂得辨认每一道水流、每一股风、每一个长浪。他熟悉鲁本斯的手法和华托的手法。

　　他懂得必须了解过去才能谈自己的工作。他常常说这句话："要摆脱自我。"我认为他这句话的意思是应该走向不熟悉的领域，因为在那儿才能了解自己。他的画因此而很有个性。

比如,他和他的朋友们为了创造某种互补、混合的效果,合作了一组"三重奏"油画,但你可以认出哪些部分出自他的手。他们还商量着一起举办展览。我一直认为,我是通过艺术家们的手法来认出他们的。我错了。施奈德的运笔手法自成一家,但单凭这一点还不足以辨别他。

施奈德谈到他的画时说:

> 这就如音乐。你听见钢琴的音响,你首先被乐器的响声吸引,然后,如果钢琴家解释你熟悉的作品,你会认为他将很慢或很快给作品以改变你的看法的描绘。在抽象绘画里有比较的东西,除非画家既是作曲家又是解说人。

我找到我在1948年记下的一次对话。那是不到三十年前举办的一次展览,我问具象派画家雅克·德皮埃尔和抽象派画家热拉尔·施奈德,他们想对青年画家说什么话。德皮埃尔说道:

> 如果艺术按现在这种情况发展,我们每个人给他的邻人递来的细绳打一个结,共和国的艺术将成为巴别塔。

于是施奈德提醒德皮埃尔:

> 自从出现印象派以来,艺术的演变使我们不关注所画的对象。我们要的是表达,更直接、更自发的表达。我敢肯定,对于真正的爱好者和自然主义者来说,这是同样

明确的。

那么,该教些什么呢? 德皮埃尔建议去观察自然,他说了这样的话:

> 在对自然进行诸多观察之后,人们发现自己拥有了自己的招牌。尤其不要去刻意寻找它,否则我们只能找到不适当的个性。

他还说,按雅克—路易·大卫的观点,复制是有用的。施奈德反驳他,希望年青人避免只受唯一一个大师的影响:

> 必须复制一切,从乔托到一幅立体派画作,必须懂得经历几个世纪的艺术是不变的,抽象艺术继续着永恒的绘画。

施奈德补充说,年青的画家只有在自发的构图中寻找自己才能摆脱困境。在这场对话中,"自发"使德皮埃尔不安,他认为"用铅笔随便划两下,也许就是一次激动人心的研究,但没有独创性。"对此施奈德回应道:"抽象拥有和现实主义一样完全的独创性。"两个人都站在各自的立场上,这是不足为怪的。

1948年,人们还不知道,一幅作品能否完全用抒情抽象法完成。施奈德开始有点生硬,但逐渐变得柔和了。为了得到此中的方法,他从自我中摆脱出来,从古代艺术中得到启发。他孤军奋战,只依靠自己的创造力,并且不知道这创造力是否有一天会枯竭，每每不安又兴奋。那么，艺术就是一种拿不定的行为，一种赋予画布或画纸内在张力的行为吗？这个定义对安格尔和康定斯基同样有用。

逐渐地，人们看到艺术家们在这样一种绘画上坚持着，直到面临高龄的困难。人们学着去深入理解热拉尔·施奈德的画。他用大幅度的笔触，看似逐渐远离人群，让人看了自觉比画更渺小。

这位画家的晚年不为人所知。一方面，他的病体令他遭罪，另一方面，从心情上来说，他感到他和哈同、苏拉热的友谊日疏。他命人叫我去他在布提尼的乡间小房子，问我是否知道他的朋友们对他的诽谤。我再三力辩，说传言都是谎言，他的两个朋友都光顾着画画。但传言太厉害了。他的画的运气却越来越好，他最后一次展览，像过节一样热闹，像透明的颜色和新鲜形式的一次爆发。这是那些不幸的、饱受折磨的艺术家（还有雷诺阿、马蒂斯等人）的反常现象：他们比任何人都更能表达幸福。

为了让遭受官方否认、误解的施奈德能在一些遗作展中被人们发现、了解，为了让米歇尔·拉贡的研究画家的论文能存于图书馆里，施奈德的年青妻子、画家劳依丝·弗雷德里克和他们的女儿洛朗斯费尽心血。她们把他置于等待未来的境地。把一位艺术家送到外面的黑暗之中是多么古怪的行为！博物馆的作用不就是集中所有能表现历史的材料吗？总之，我们大可相信，一个人的整整一生有可能都献给了抒情抽象艺术，尽管它一开始时被人称作是拙劣的。

皮埃尔·苏拉热

Pierre Soulages（1919—　）

　　除了他们，我没听别人说过，夏夜他们看见在坟墓的上头有鬼魂在飞舞。当时他们住在蒙帕纳斯墓园的附近，透过画室的橱窗看见转瞬即逝的蓝莹莹的小火光，在小径间闪烁游荡。我觉得皮埃尔和科莱特·苏拉热不是常去那儿的那类人，只是他们喜欢传说和阅读诗歌。

　　我常去那幢大楼，拜访他们的画室，也拜访过作家西蒙娜·波伏娃，还有那位成为苏拉热的商人之一的吉尔多·卡普托。后来他们全去了拉丁区，真正的拉丁区，当年但丁经过的、位于塞纳河和圣热内维埃芙山之间的小区。

　　自从他开始出现在令许多艺术家得以成名的画廊里、在莉迪娅·孔蒂、科莱特·阿朗第或勒内·布勒托等伯乐们的画廊里，皮埃尔·苏拉热的展览就接二连三地办起来了。伯乐们是怎样慧眼识人的呢？他们在看到的第一批作品里寻找他与别人的相似之处。和平时期重新到来，伴随着快乐、绚丽的色彩。在百废待兴的发展时期，人们往往觉得使用黑色和深色的画家较接近气氛。但哈同、苏拉热、马蒂厄和施奈德之间真的有相似之处吗？因为相似不持久，我们能否就说它不存在呢？有谁的眼睛这么锐利，能不再被这些所蒙蔽？然而，在同一时期，当我们观看阿兰·雷奈的无声电影，看到汉斯·哈同摇摆着从后面走到前面，用两只手同时在一张纸上画东西,我们难道不是看到了为超现实主义者所珍爱的自动化行为吗?既然同一种倾向性可以在小组以外得到分享,哈同利用类似的自动化经验,以进一步接近他自己的真实。

有一天,在他的位于拉丁区的画室里,苏拉热偶然对我说道:

> 画家之所以会走到一起,那是因为他们有某些共同之处。既然那是可以分享的,他们共有的就不是利益……

他当时大概不是想到了人们都以为在哈同、施奈德和他之间存在着某种联系,而是想到每个艺术家都会有团体合作的经验,正如安德烈·马松有一次用别的字眼对我提到过一样。这些联系常常是短暂的,因为他们各自有更重要的东西献给观众,而联系却会错误地引起观众过多的兴趣,促使他们为热切寻找个人特色和真实的创造者排名定座次。这种寻找,是苏拉热生活中的一件急迫的事。

又有一天,苏拉热回忆起童年的一件往事。在对他的绘画的诸种评判里,这件往事就像是一抹微笑:

> 我当时正在做作业,抬起头来,透过窗户看见对面墙上有一大摊墨黑的焦油沥青,它引起了我的兴趣。我想着哪来的力气把它甩到墙上去了,我还想着沥青的粘性,以及它那光滑的一面与粗糙的一面的区别、它的厚度、它被溅在地上的薄的那部分。每天我都看着这滩沥青,并且很高兴能看见它。一天早晨,我看不到它了,我看到的

是一只公鸡，一只笔直挺立的公鸡，羽毛散乱，神气英武
极了。我走出家门想看看到底是怎么回事，为什么它变
了。我刚走近墙，公鸡不见了，我看到的还是我喜爱的那
滩沥青。

　　画家说起这件事，是要说明他喜爱黑色不是因为那是人
人喜好的时尚，而是因为那是深埋在他内心的、天赋的东西。
这件事最能反驳人们对他的怀疑，把他当作轻易地追求时尚
的人。战后有人提出这么个问题：为什么有那么多画家放弃
具象？归根到底就是渴望抓住从空气中一闪而过的思想。
　　金代塔厄尔在报刊里设了专栏："线条的过渡"。被提问
的苏拉热谈到他为什么和怎样放弃了具象画法。我刚认识他
的时候，他用褐色颜料在纸上或用沥青在玻璃上画各种各样
的图形，他的动作丝毫没有其他那些当时所谓的动作画家或
抒情画家的漂亮，他画的是简单的线条，就如不出名的书法，
与速度或无意识无关，线条很硬，毫无哗众取宠之意。那是不
经矫饰雕琢的神秘。我常围着他的画转，心里琢磨着到底是
什么。
　　有天晚上在蒙帕纳斯，他从纸盒里拿出他一批最初的画
稿。一般情况下，画家绝不拿出他们的早期画稿来示众。但
那是童年的回忆。他需要说服他的朋友，他画的古怪玩艺不
是有意而为。他给我看的是一些通常我们会当作风景的画，
但我首先看到的是下滑的线条，有点像他用褐色颜料画的东
西。我换了角度再端详，认出它们是抽象画。再回到形象技
法的角度看，则是许多的风景，许多树干、许多叶子落光的大
树——现在，我知道这些画的下文了，我要写出来：在他的著

名的"线条时期"之后,这些高高的树干将成为他画中的几乎
不弯曲的线条。我们知道这并不容易做到。从开始画画的时
候起,他就注定是要从事这样一种严肃的艺术,他并不准备吸
引观者的兴趣。他的方向是如此奇特,不能偏离。他的树使
我明白了,当他强调一个小组里的艺术家所分享的技法没什
么意义时,他其实是想表达什么意思。

其他抽象画家选择了油画的技巧,细腻、透明、厚涂。他
们强调应继承百年来的传统技法。而用褐色颜料画画的前途
何在? 我被他的叙述迷住了。他讲述自己在艺术上的转变的
小细节,从童年喜爱的沥青痕迹,到里昂火车站的被修复的玻
璃窗(工人们用沥青来遮盖玻璃上的裂纹,以免雨水渗漏)。

事实上,苏拉热和别的画家有同样的文化底子,但人们都
希望他能把目光吸引到博物馆无法触及的地方上去。此外,
我们也看见了,他一直都在研究技法,发明工具,如刮刀、刀、
托泥板、石膏工具,我猜他甚至还处理过皮鞋底等等。人们尊
敬懂得制造工具的人。然而,我没想到,已经创造发明了四十
年的苏拉热还要继续发明下去,发明刮擦技法、条纹技法、在
倒影上弄出透明的技法、在暗处透光的技巧。为此他需要新
的工具。他还研制了一种新的玻璃,想要用来给圣福依教堂
装花窗。他试着用盐酸来浸泡铜版画。他一直在探寻新的形
状,新的工具。这样一来,他比任何时候都显得是在孤军奋
战了。

他说:"艺术在过去和现在都是需要创造的。"有一天在他
的拉丁区的画室里,我们就他的艺术家生活与如今的青年艺
术家作了比较。

　　我开始从事这个职业时,遇到了一些业余爱好者。不多。战后开始有人讨论青年人可能带来什么。类似于超独立主义者的展览,有很多人去看。我不知道今天这情况是否还存在,是否还有类似的展览和类似的好奇者。我很早之前就有德国、丹麦、美国的支持者。他们都是拥有我的许多作品的私人收藏者,再就是美国的博物馆。应该说,五年中,我们是在极度的孤独中变得成熟的,我们对现代艺术的消息极其闭塞,甚至于我们的存在都是困难的。也许,这使我们变得有点谨慎,又有点激烈,使我们和今天的青年人有所不同。他们生活在美学变革的意义被歪曲之后的喧嚷与冲击之中。战后我们的创作并没有受到商业宣扬的支持,而爱好者们往往受其影响,不再会出于简单的好奇去寻找他们可能喜欢的东西。层出不穷的"运动"打消了人们对一个艺术家的关注。然而,不应该相信,这些"运动"连续不断,就能使艺术家不去走个人的道路。

　　苏拉热接着提到如今一些反映艺术环境的博物馆。他认为它们都成了历史博物馆或社会学博物馆,大概这也是必要的。这些博物馆试图把作品和有关从前与当下的资料混在一起。

　　我们必须知道,我们之所以看安格尔的《土耳其浴》,是因为它表现了 19 世纪的土耳其浴场景,还是因为我们从中领略到了画家的天才。有关 19 世纪的土耳其浴,我们大可找到许多图片和资料,但一座艺术博物馆不该只想到去收集 19 世纪土耳其妇女卫生的资料。此外，杰作比劣画做资料好不了多少。艺术家在里面放了太多的自我因素，这就损害了资料的准确性。这个国家的高层领导应该使博物馆不再成为只是表现历史的、资料的、首先用于提供历史和社会信息的地方，而是为了能使每个来参观的人的爱好变得高雅。我知道博物馆由强调书写的人来领导，我们的世界首先是为了语言交流来组织的。然而，艺术不是一种语言。绘画的存在不需要有书面的意义。如果它有一种意义，也该由观众给它……你要我给绘画下个定义？我会这样说：绘画就是人们喜欢看的东西。

我很少和一个画家谈论博物馆。苏拉热以一个作品在世界各地的博物馆展出的艺术家的安祥和从容提到了这个问题。没什么东西是不能平静地表达的。但重新再读他对我说的话，我看到我们从他的话里得到的推论会引起我们的深刻反思。这对心灵健康很有好处。

汉斯·哈同和安娜—爱娃·贝格曼

Hans Hartung（1904—1990）

Anna-Eva Bergman（1909—1987）

也许你还记得阿涅斯·瓦尔达的电影《五到七的克列奥》？我的耳际还回响着珂里娜·马尔尚的鞋跟敲在人行道上的声音，那是在阿列西亚街和闸板街水房之间，在蒙苏里公园大道（今天叫勒内—科蒂街）——柴姆·苏丁就住在这条街上的一所挺古怪的屋子里，一所瑞士风格的木屋，不远处有个盲画家住在混凝土砌的小屋里，我对他不甚了解，他有个绰号叫"会咬人的"。边上的圣伊芙街和艺术家街有高高的阶梯，男孩子们常从栏杆上溜下来玩。那是巴黎十四区的一个角落，没有银行，没有快餐店，真正的住宅区。那儿还有条胡同，画家汉斯·哈同和安娜—爱娃·贝格曼就住在里面。我常去看望他们。

我是汉斯·哈同家的常客。战后他住在阿尔居埃尔区的罗热—西蒙—巴尔布街，在雕塑家朱里奥·冈萨雷斯和他的妻子玛丽—泰蕾兹的家里。哈同当时和冈萨雷斯的女儿罗贝尔塔·冈萨雷斯结婚。不久前，在法兰西画廊的一次展览橱窗里，我读到一封亚历山大·卡尔代写给汉斯和罗贝尔塔的信，他询问他们的近况。他说他托华温街的颜料商勒费布夫尔—富瓦内给他们捎去衬衫。那是 1947 年，捎去的是美国衬衫！真是意外收获！罗贝尔塔在楼下的画室工作，一幅画搁在画架上。哈同在阁楼上。在他家里，我从没看见过一幅没有完成的画，那是私人领域。他们的工作不示众。

我是汉斯·哈同家的常客。1952 年他与第一任妻子安娜－爱娃复合——苏拉热从中撮合的。我去看他，当时他住在十四区的塞尔街一间不大的套房里。哈同接待客人的时候，安娜－爱娃就呆在厨房里。塞尔街的这个家，一切都朝墙搁着，看不到画家的任何技法或画具。我记得，只有两盏巨大的放映灯说明，在这光秃秃的小房间里哈同是在夜里工作的。他说过：

> 我喜欢夜。我是夜间活动的人。画室被照亮，外面是夜色，这个房间就成了把我关在里面的地方。寂静与孤独更有利于深思，在画布上干点活。房间里放着音乐。巴赫、海因里希·许茨、科莱里，这些人的音乐能帮助我与世隔绝。到了天亮，我再检查我所做的事。

自从我认识哈同以来，我从没多考虑他的身体状况，战时他曾截去一条腿。大概他也不喜欢别人提起这事。他来来去去，推着他的轮椅在楼梯上上下下，丁字拐杖随手可拿。我还从没想过一个残疾人在画布上自由挥洒意味着什么，他想要跳着、舞着、想要旋转起来，就如滑冰者在冰上表演。自由！他令艺术做出了他自己不能做的事。没有人会想到把他的作品拿到残疾人画展去展出。他没有比人矮半截。他和身体健全的画家做的事没有两样，除了比别人艰苦以外。我从未见过正在作画的哈同，不过我也没见到过别的正在作画的画家。这类隐私都留给电影制片人去揭示了。从阿兰·雷奈涅讲述哈同的电影里,我看到,他一手拿一只彩色粉笔,屏声敛气,然后两只手同时飞快地在纸上画起来。我在圣—日尔曼教堂附近的一家书店里看过这部电影。书店里只有很简陋的放映设施,但足以让我明白夏尔·艾蒂安是如何使安德烈·布勒东接受某些抽象艺术的。可是,哈同憎恶误解。那部电影却引起了误解。也许这使他更谨慎、更迟疑,不让别人看见他的技法。

我是汉斯·哈同家的常客。这一回,他住在高格街,房子被他加高了一层,为的是让安娜—爱娃也有一间画室。哈同住的房子很复杂。要有两个电开关,一个在平常人够得着的高处,另一个靠近地板以便他能用拐杖或丁字拐操作。进门处有两座冈萨雷斯的大青铜雕像,盯着客人们。我爬上楼。安娜—爱娃在二楼,他在三楼。房子里装了电梯,是苏拉热提议他装的。这电梯有时还出现在他梦里:

> 门开了,我看见电梯里已有一个家伙,一个残缺不全的家伙,只有一个脑袋支在丁字拐杖上。

他笑着说这个梦。我从未听过他抱怨,即使提及那一次他的轮椅不小心被冲到阿尔卑斯山的急流里,连带罗贝尔塔和他一起,他也没有抱怨。只有一次,但谈的是绘画的条件:

> 当我想一次画一大笔画,我不能独脚撑稳自己的身体把它画好,要有人扶着我,弄得我怪痒痒的。

他从不露出伤心的样子。他带着残疾的身体画他的画,顾不上他的残疾。

我上了三楼，因为我看见他最近的那些画很奇特：大家叫它们《云彩》，我请他解释给我听。他可是一个符号之人、线条之人，阿兰·雷奈在电影里称他为描绘彗星的人，但是他展出的画完全不再是自发手势画。当别的画家继续在画布上凭借手的自发动作画画时，他却走上了另一条路。在画上，有暴雨，有劲风；有巨大的力量在转移，无边无际；还有人处于这最初的强力之中。这些画是他所有作品中尺寸最大的：2.5米宽，1.5米高。他画了很多。他是怎样画的？我最后想到了我直到现在都没注意到的问题，画一幅超过他的手臂活动范围的画，他该遇到多少困难呵！他是怎么克服的？这就是我要来问他的问题。

我知道哈同正在疏远他身边的小组。他60岁了，他远离他们，独自呆在一旁。还没有人画过这样的画。从此以后，他画里的那种强力不再是文字能说清楚的了。那种力量扩散了。目光落入里面如同飞机飞过云层。目光被一缕彩色围绕着，被某种无法勾勒的东西所围绕，那是气体状的，很强烈，让人忍不住还要去找别的标记。你的眼睛再也分辨不出什么。也许，从嗅觉，从皮肤上的感觉，从一缕风，你能找到目光所看不到的力量？螺旋桨时代结束了。我们进入高速时代。

可是，我还得对他的新技法提出问题。他以画家的身份回答我：

　　　自从有了印象派以来，我们在绘画中失去了某种东西：透明淡彩技法，也就是用颜色吸收透明的亮光。我想重新找回这个，一种没有笔触限度的颜色，无意识地从暖色转为冷色。你看,却看不到过渡的界限。这是流动的转变。在 15 世纪的绘画中,天使的翅膀就有这样的流动。那不是凝滞的波纹的闪光,而是可变的透明和清彻。我想要重现这种东西,这即便用足力气在画布上也几乎不存在的东西。为此,我必须用大幅画布。我渐渐发现了必须的宽度、尺寸大小。这超过了我的手势的能力,对于我来说,这几乎是难以实现的,可我想拥有它……

我问他是怎么做到的。看得出来,他不大愿意回答。最后他对我说:"我开始用吸尘器。把它倒过来,利用它吹出来的气。""是喷绘吗?""是的。还有我从那时开始用的丙烯流体。"我看出他的回答有所保留,哈同不愿放出他的法宝。最后他又说:"我告诉你,但你不要泄露出去。""为什么?""因为大家都会那么做。他们会去买压缩机和风钻。这事非常简单。在所有的广告商店里有的是喷雾器。"

原来他是为此不安。离开他之后,我在想他错了。法兰西画廊的展览证明了他是先驱者。不过,事实上,他又是对的。他担心自己被淹没在他所创造的技法后面,而这技法却在艺术史上成为一个时代的创造。他知道领先并没有很大的意义,除非艺术史能记录下这一点。但又有谁能预见未来的艺术史是什么样子呢? 他不知道,很久以前,曼·雷在纽约也用喷雾器画画,但没人摹仿他。再说,曼·雷的画一点儿也不像他的画。他知道,每个艺术家都是独一无二的。但他也知道,公众总是倾向于拿一个艺术家的作品去比较别的艺术家,即便这其中只有最细微的相似之处。在一幅画和看画的人之间有着多少陷阱!

　　我向他告辞，他非要我搭电梯不可。他为我开电梯门，极力做出彬彬有礼的样子。到了楼下，走在艺术家街上，我想着哈同并不敢承认他和周围的人保持距离。这是记者们说出来的。他不等他们的辩护。他在艺术生活的日常之外。要知道，他已经 60 岁了，战争不只要了他一条腿，还要了他好几年的生命。他并不知道他还可以活三十年，还能发现不少东西。

　　有一个时期，我一连好几天到他在高格街的画室去。哈同拿出好些大相册，里面有他所有作品的照片。这是他让他的挪威秘书玛丽·安德拉亚做的。人们都叫她"玛丽小姐"，她什么都知道。大概她知道得太多了，哈同去世后她就被哈同新基金会的主持者给解雇了。

　　因为常上哈同和安娜－爱娃家，我了解到他安享的清福：画啦、雕塑啦、素描啦、创造啦，偶尔还和朋友们喝上一口酒（哈同有一个食谱是这样：面包片，黄油，撒上芥末，在全部食物上浇红葡萄酒）。如今在这间成了基金会的房子里已没了这样的幸福。如今有的是钱的纠纷。有人对我说，这很正常。哈同先生当初没有做好预防措施。每个人都知道事实在公证人、诉讼代理人、律师那儿。创造杰作的艺术家没有本事挫败那些有法律手段的人。因此，玛丽小姐被解雇，后来又被召回。这事弄得满城风雨。

　　我有幸属于这样一代记者：没有人要求我们去关注银行账号、绯闻、被采访的人是否患了什么病，我们要关心的是能吸引公众的与他们有关的时代、前途、工作、书籍、音乐、电影、建筑艺术、艺术作品。我们不想知道他们把钱藏在什么地方、他们和谁偷情了、他们临死之前是不是患了癌症。这样，我们也就不用花时间去调查他们的隐私，或与别人的勾心斗角。我们有幸只去看那光明和美好的一面。

1969 年，在高格街，哈同翻着一本大册子。我来聆听这位画家回顾他的艺术历程。他正在重看他所有的作品。如今我的耳畔犹响着纸张翻动的干巴巴的声音、哈同咳嗽清嗓子的声音。一号册的前几页是他在 18 岁时画的水彩画，时间为 1922 年，某个空虚无聊的星期天，地点是德列德。我从未见过这些水彩画，只是通过 1966 年维尔·格曼的一本书的广告才知道它们。哈同嘟哝道："我不愿意公布它们，它们太脆弱了，用苯胺配色，我刚把画笔蘸上去，颜料就发出很大的响声冒出来了。"这是抽象艺术，但还没有人能懂，在艺术史里还没有名称。

那些画不是几何图形，没有表面的构图、颜料的痕迹，给人的感觉是它们是经过一番组织以后的结果。他告诉我，他年青的时候很信任家人，就把新作品拿给他们看，他的家人也很尊敬他，把它们挂在家里的厅上。他父亲哈同大夫偶尔还会整理一下，换换位置。他祖父请来一位在美术学校教书的朋友，这位行家颇具慧眼，说道："年青人，留下这些画吧，以后你会为此而高兴的。"哈同把这事讲给我听。显然，他有理由为他的家庭感到骄傲。

他 18 岁就明白自己找到什么了吗？不，当时他并无此意识，只知道他做了他没见过的事。他甚至不能确定他是否想过这是艺术。后来他的生活被搅乱了，没有去坚持这本该成为艺术史的重大事件，他搞别的去了。自信不是他的优点。他的优点是严于律己。总之，他决定终生从事自己所热爱的绘画事业，至于是否创造了新的抽象艺术，那倒是次要的。重

要的是绘画,他能画画就行了。有关艺术家的传记,他们怎样
发展、如何结束,和事实总会有很大出入,传记者甚至还会以
骗人的决定论加以渲染,而不明白在生活中存在着不定的因
素。有那么几天,我听他分阶段讲述他的绘画经历,我被想象
不到的事实深深吸引住了。尤其是在几天之后,他再次拿出
了一批比以前更令人震惊的作品。哈同就这样教我要珍惜今
天,不要推测明天,由此我对那些传记始终保留着不信任感。

这也许是他的性格特点:听他讲述他的画家成长史,我明
白他把发展和等待看得同样重要。甚至他会说,等待更重要,
等待是接受任务的一种力量。等待本身的神秘,比创造本身
更诱人。例如,谈到他自己的教育,他说在美术学校时他更情
愿能去奥斯卡·柯克西卡的班里听课,但这是不可能的事了。

有一天,他谈到 1925 年在莱比锡旁听康定斯基的讲座:

我吃了一惊。康定斯基谈到抽象艺术,那么说事实
不是我所以为的那样,我并不是唯一搞抽象艺术的人。
抽象艺术已经存在十五年了。我有点不快。他越讲,我
越觉得我是局外人。这抽象艺术居然是理性的、可解释
的。他说长方形是阳性的,椭圆形是阴性的。他举这些
例子,很明显是为了让那些从没听过抽象这个词的听众
能听懂。但我呢,我听不懂他用的词。这么说,画在画布
之前就已在脑子里形成了,我要的可不是这个。我又一
次不明白我要的是什么。我一直都没明白过来。我只知
道我要避免的是刻板。

有关他走了很长时间的背离本性的弯路,另一个例子是

黄金律。他几次坚持要谈这个。如今我比较明白他当时的话了：一条被看成是走错的路，不就是人们要从骨子里小心提防的东西吗？他说：

> 在黄金律中，我寻找着一条法律：现代人所削减了的东西，我却要找出一种办法去深入、实现、丰富。我要超越它们之间的矛盾，达到和谐。

他要我看他在那个时期画的风景画的照片。他当时正准备重新出版这些作品：那是比利牛斯山东部的风景，山峦、层叠的农作物、大海和他工作用的带栅栏的棚屋。我几乎认不出他的风格，也看不出别的画家对他的影响的痕迹。但他并没有屏弃这些作品，虽然类似风格没有保留在他后来的画中。他再一次表现出他不愿在创造中作弊。他绝不隐瞒，也绝不否认。他想要说的是，生活和作品都不能简化为一个日期或一幅画。

那时他 23 岁。有点孤僻。不找任何艺术家。他反而热衷于去找数学家解决绘画中的问题。他的执着是出了名的：他做了决定的事绝不放弃。过分了吗？差不多是的。但不如说是执拗的、坚强的：这样说比较像他。他在这样的研究中过了几年。渐渐地，调色板和画笔使他偏离了这条他等着弄明白的数学法则的道路。有一天，变化悄悄降临，就在西班牙巴利阿里群岛他的小房子的屋顶上。在那儿，天空一碧万顷，他看见他画的线条变活了，比画面本身还要生动，他差点要拿别的来代替它们了。这是启示。画本身比他所要的更符合他的愿望。从黄金律中获得知识，从此他更自由更舒服了。他终于可以在画布上即席作画了。他一下子感觉到他需要在越来越宽大的画布上作画。他说："1933年(他29岁)，我变得和1922年(18岁)一样自由。"他不再在纸上留下痕迹。他画巨幅画，以线条为主。他完全改变了风格。他还说："一切都在很短的时间内，就这么在画布上决定了下来。走出这个就没那么容易了。"因为，在艺术上有进口有出口。出口不是结束，而是走向另一条路的通道。

　　战争临近，作品越来越少，直至中止，整整七年。他说：

　　　　我没钱。只有精打细算才能买到画布。我只有尽可能画素描。后来我失去了属于我的画室，我到蒙帕纳斯的多姆咖啡馆，在那儿订一份奶油咖啡，就有了"用墨水和纸张写的素材"了。

　　他给我看了一大捆他在咖啡馆画的素描。哈同既然是抽象画家，他不画喝咖啡的顾客，不画他的坐在独脚小圆桌后面的邻居，也不画战壕或西班牙战争的废墟，那是在所有的报纸上都可以看到的。但他的素描非常感人，光与影，线与面，很像戈雅在"黑色时期"末期的作品。天和地的对比，则与伦勃朗的素描相似。这些素描都是杰作。刻划的不稳定性、墨的流动，加上画笔的颤抖，使这些画远未达到完美的艺术造诣，但我看不到其他画能如此有力地表现那个年代的悲伤、苦难、伤痕、生命和思考。死亡和罪恶随处可见。是的，从这种意义上说，这些素描完全不逊于杰作。同时，我们还可以在其中看见哈同的绘画的未来。在这捆素描里，没有一幅是他后来没有采用过的。它们表现出他未来的精神。这些素描就好比是他刚才所说的出口。

　　哈同放好那捆素描后，又回到册子上来。他翻了几页，纸页还是发出干巴巴的声音，他嘀咕道："画越来越稀罕了。"他合上册子，说道：

　　　　在西迪·贝尔一阿贝，我参加了外籍军团。《艺术笔记》杂志寄给上校一封信，署名克里斯蒂安·择尔伏，信中说道，新招募的人中有伟大的画家汉斯·哈同。于是，上校当场命令这位伟大的画家在他的西斯廷教堂、他的军团食堂里绘画。我立刻开始工作，画了许多草图。他们派了两名助手给我。

　　在 1940 年，第一幅具有纪念性意义的抽象派画作将要诞生，那时它还不叫点彩画，而且它是在军营里诞生的。后来来了个中尉，要求看看我的计划：

　　　　你打算把食堂的墙抹得一塌糊涂吗？开什么玩笑。别搞了！

　　他轰走了哈同和他的两名助手，那会儿他们正沿着楼梯的栏杆画黄线。最后来的是上尉，派了一队人马抹掉了楼梯上的线条，又命他去食堂画幅壁画，表现 1863 年墨西哥战役中军团在卡麦隆的英雄事迹。哈同说："我们尽了全力去画它，但没留下照片。"

　　对于他所遇到的不理解，他谈论的时候总要带着幽默的口气，但他还是照谈不误。也许他认为不理解反而有助于他画画。了解自己是什么人,可做什么事,想做什么事,以及别人不可能了解自己所做的事,这样一些经验都是不可或缺的,不应该忘记类似的阻碍。他说到,第一次海外军团之旅结束前,他和冈萨雷斯一家躲在拉斯布依格,他给当地神父及其教堂画了一幅抽象派的圣母升天图。在西班牙监狱被囚禁期间,他也为犯人们画肖像画。后来,他参加了自由法国人的军队,靠一袋小麦获得了自由。除此以外,画家还能有什么用途呢? 只有当世界和平,人们才有可能构思、欣赏绘画。从那时起,每回他的作品遭到凌辱,他都不吭一声。比如有一次,他的一幅画被登在一家法国周刊上,周刊加了这样的说明:"这不是我们的印刷机印得一塌糊涂,这是哈同画的画。"愚蠢和冷淡一样能锻炼人的修养,哈同假装没听见。

　　我还去过哈同在法国南部昂蒂布的家。那所房子他构思了很久,建造也花了不少时间,堪称为他在建筑方面的巅峰作品。在一大片倾斜的坡地上,种植着橄榄树(他们后来还出售橄榄油,标签印着夫妇两人的名字缩写:H. H ＋A. E. B),房子建在游泳池旁,花园里有两间独立的画室。一天工作结束后,稍微凉快些了,这一个就到另一个的画室里去问问这一天是怎么过的。有些时候他们还一起看看画,有些时候就没什么可看的。两种绘画艺术就这么肩并肩地实现了。我记得,那是安娜-爱娃的画展举办后不久,一次吃完晚饭后,她站起来,举杯对丈夫说:"我感谢你,你是个挑剔的丈夫。"话说得很有情。大家都明白她的意思。我以为她是感谢他对她的严格要求。后来我才知道,他的严格不是通过言语来表达,而是用他自己的画来影响她。他们在巴黎相识,1929 年结合。她和他在巴利阿里群岛生活。后来战争把他们分开。他们在

1952 年重逢。安娜－爱娃在 1987 年先走一步,1990 年,哈同跟着找她去了。

　　他们住过巴黎的塞尔街、高格街。然后是在昂蒂布。她的画开始是一些起伏的怪岩,然后是耸立的糙石巨柱、虚构的具象的船、帆进入冰的世界。有关形象与抽象的争论分歧始终没有波及她,她不在冲突的范围内。她生活的世界与斜线是否船桅无关,重要的是线条要美。她有点忧郁地说:"在奥斯陆,人们不把我当挪威艺术家。"但在法国公众眼里,她的作品沐浴着北方的光亮,透明得如此特别,好比冬天里,阳光难得出来,所有的物件和岩石都变得发亮,或当风吹开云雾,月亮变得比在任何地方都要大,几乎接近大地。

　　她的画带有矿物和冰的质感,有时表面还飘夹着雪粉,安娜－爱娃一开始迷上了金叶银叶,用它们来修复古代的多折画屏和祭坛装饰屏。我一走进画室她就喊:"关门。"再小的一丝气流也会吹飞那些往往被人们以为没用的、会擦伤人的小块金属片。这种艺术几乎不再像是绘画艺术了,但安娜－爱娃就用这么些不为人所知的材料装饰墙壁,并加上了自己的想象。这是其他抽象派画家不会做的。这样,本属于矿物质的金属走进了画里。对于安娜－爱娃来说,图画是必须得到超越的目的。它必须表现不朽的建筑、金字塔、坟墓、史前巨石建筑,这些山、人创造的宏伟强大的、星球、地球与人之间的巨型物体。

　　然后,她控制了光亮在这些金的、银的、铜的、白金的纸上的抖动,或热或冷的颤摇。她把它们组织成风景,充分表现了她的北欧思想,表现冰块的溃退。整幅画在所有点上颤抖,逐渐地,画面被控制得越来越好,开始显得平静。一缕光芒从峡湾里蜿蜒地流泻出来，帆船船艏前面出现震动。逐渐地，画面完全平静了，构图也变简单了。安娜－爱娃的身体越来越弱，越来越多病，但她去世前的画却表现得格外硬朗与高尚。

她在画室里放了一个有照明设施的玻璃柜，里面放着她最满意的作品的微型复制品。头一件是《房子》，作于1947年，反映了恶劣环境中的光亮的隐居所。另有《泰奥多里克的坟墓》，在拉维纳画的大冰山、星球和平静无边的大海，在月下、在银色和黑色之间呼吸。在高格街，哈同有一本册子，装的是他的作品的照片。在昂蒂布，安娜－爱娃弄了这么个微型圣殿。这样一来，他们各自都留下了过去的作品。

她去世以后，按她的意愿，骨灰被洒在地中海里。哈同伤心得好久不能提笔作画。他病痛缠身，白天特护不够，夜间也要有专人看守。过了很久他才让人把他扶到画室。最后，他醒了，决定重新提起画笔。房子又焕发出生气。安娜－爱娃去世后，我进过她的画室。哈同和我在一起。回忆于是再次涌起：

——有一天，我们给了彼此进入对方画室的权利。

——你们点评对方的作品是不是都有些残酷？

——我们之间从不说伤人的话。我们只是提建议。对安娜－爱娃的画，你以为我能说什么？绘画简直是她的生命。你知道，这是很少见的。这需要不屈不挠的毅力，和毫不松懈的工作。

我们在她的最后几幅画前停下脚步。画中，严密组织的金属叶子在籁籁抖动。哈同说：

> 这种材质是很丰富的，你会感觉到存在于其中的海
> 底世界。她的注意力时时处处都放在黄金律上。我们早
> 在巴利阿里群岛就谈过此事。在昂蒂布这儿，我们又重
> 新谈到过。
> ——是抽象艺术吗？
> ——不太是。言语可以说明一些事，但绘画比言语
> 能说明的事还要多。

昂蒂布的房子就好比是一台绘画创造机器，按哈同和安娜一爱娃的共同需求建成。但不是工厂的流水作业线，而是一个自成节奏的机构，让他们（一个残疾、另一个身体衰竭）互不干扰，方便移动，能自在地创作。这台机器同时也是为了让人在里头生活，而不仅仅是创造。它知道休闲是具有创造能力的。

两条狗在地上跑着，给主人带来温情。人使房子转起来。在这里一切都有了规矩。哈同通过吊车的缆绳进到游泳池里（水温为 33 度），水给了他动作的自由，那是在陆地上做不到的。他也去最凉快的房间，图书馆。他在那儿摆了冈萨雷斯的雕塑作品。有一天，他让我看他刚买的一个头像，拉·蒙特塞拉头像习作——1937 年巴黎世博会上，冈萨雷斯在西班牙共和国的展台上展出过它。头像的模特儿是冈萨雷斯的妻子玛丽一泰雷兹，她曾到处筹钱并最终拿出自己的钱帮助哈同离开法国到西班牙。哈同忘不了帮过他的人。然后，哈同坐上他的车（只有一边脚踏，用于调整速度）到下面的画室去。

百叶窗大开着,向着一片新绿。倾斜的田地里种着一行行橄
榄树。在这儿可以安静地工作。助手们拿出箱子里的画布,
把它们和其他的比较,按哈同的指示放好,哈同要检查什么工
作。他坐在轮椅上,在画室里转得飞快。他来来去去。

　　无论在阿尔居尔、塞尔街还是高格街,我都没看见过他工
作。在昂蒂布也一样。他对我说保密的原因。他不愿让人看
出他在某些情况下没人帮忙就无法干活。总之,他展出他的
作品,在作品里我们才见到完整的他。我们还能苛求什么呢?
哈同永不知道画画的需求什么时候会到来。情况经常如此,
到最后他就习惯了。正如他以前说的:"进得快,出得慢。"后
来他做到了把创作分成几个阶段来完成,修改一部分作品,去
掉质量不高的。创作不由人的意愿,但他懂得伴随它,跟上它
的步子,有时飞奔,有时靠近它小步走着,好像和一匹马打交
道那样。马是纯种马,骑士也是。他觉得有趣,说道:

　　　　有时等了几个星期才等到画画的感觉,否则我们就
　　像冬眠似的。感觉来了又很急,必须马上满足要求。我
　　就在半夜三更叫醒助手们,要他们帮我的忙。我还算走
　　运,他们都能理解情况有多么紧急。

　　哈同认为,一种新的绘画与新的工具很有关系。他的一
个助手对我说:

　　　　有几次,所有的活儿突然全停下来,必须上尼斯一
　　趟。我们把他的轮椅抬到小卡车上,去卖工具的商店,或
　　家庭用品店。有一次,他停在染料用的木扫帚前。我们

买下来，立刻回来做试验。试验可不是随便就做的。我们花了很大的精力，把扫帚浸在颜料里，试验浸泡时间和涂抹效果。要挑选，要做决定。然后，几分钟里，一副大型画就完成了。画家早就选好了尺寸大小。这就意味着我们得准备适合各种尺寸的工具。

当我们了解到他的工作的迅速与完美，在几分钟内完成一幅作品，并且从不返工，从不润饰，我们就会明白助手们的帮助是根本的。我们一直在说那位中国古代的画家，为了几秒钟里的每一划，需要十几年的研究和思考。当这些用软木扫帚画成的作品在巴黎展出后，看惯清漆画的观众得到了极为新鲜的印象。至少它们提供了参考。提到这事，哈同的眼里闪出开心的光亮，他喝了一口酒，然后微笑道："现在你同意我的看法了吧？绘画比文字包含更多的意义。"事实上，他采取新材质的画笔，难道不是为了能在画布上尽可能做更大的动作，获得一般刷子得不到的效果吗？

他在尼斯的五金店里发现了压缩机。他不愿再用画《云彩》时用过的喷雾器。这一回，压缩机的功能更大。压缩机本是用来给葡萄树喷药剂的，哈同决定用颜料代替药剂。我看见了绘画过程中的画室照片，给人的感觉像一场暴风雨扫过房子，一场灾难。喷洒工向各个方向喷洒颜料，像机关枪狂射一般。这正是哈同所要的：只有用没用过的工具才能达到的效果。他的画呈现出断断续续的视觉效果，就如小提琴的弦音，而事实上这更像是连续不断的击叩。就这样，他的画赢得了生活的颤音，更具生气了。

哈同不断追寻。喷射器最终让他在画布上尽情地抡臂挥洒,那是他本人做不到的事。这样的画可以表达狂欢,表面看来一团糟的线条,每条都遵循着各自的路线,像节日的烟花。当时,有人说哈同在墙上乱涂乱画。这位80岁的老人惹来非议,他不分辩也不生气。事实上,这些涂鸦是自由的发挥,像逃跑似的投射,穿透了画面。这绝不是对墙上涂鸦的滑稽摹仿,在表示欢乐的场面中带有严肃的沉默。有时它像四溅的血泊,令人联想到遭屠杀的人们。四周那些难以辨认的画面说明屠杀是秘密。模糊朦胧的画面脱离了教条、宗教的说教,成了令人沉思的作品。到了生命的后期,哈同超越了自我,他完全摆脱了所有的陈规老套。

有一天,他以他惯有的嘲讽神气要我注意,在蓝色海岸一个马丁·路德教派的牧师也没有,那是他童年时候的宗教。在巴黎十四区同样没有。我觉得他已经打定了主意。他去世后,卢浮宫的小教堂举行了祭仪。但我相信,有没有牧师,哈同已接近了世界的思想,他的某些作品证明了这点。

后来,有人问他是否始终是抽象派画家、手势派画家、点彩派画家。他和我提到过这事,玛丽小姐也加以确认。事实上,他并不太考虑自己属于什么流派。玛丽小姐说:"他问大家,是否真的从他的画里看见裸女和钉在十字架上的基督。"是呀,看见了呀。"表面上看他很高兴这些形象终于落入他的画里。"为什么要画这些被禁形象? 他也不想,但这些形象自己出现了。我想到了完美,想到了自我超越,想到了他开始画画的时候,那时人们都对放弃具象技法的古怪艺术家们提出质疑,我感觉到了我们的艺术观念的狭隘性。谁能使我们从中解脱出来呢?

苦难的一生。挫折连绵、失去家国、遭遇战争、被囚禁在西班牙那些涂成红色、令囚犯们发疯的监狱里、残疾、亲人丧亡：罗贝尔塔谜般的结局（她不能行走，被找到时已死于离家很远的收割后的麦地里）和安娜－爱娃的辞世。还有那越来越强烈的孤独体验。但不管命运如何残酷，他一如既往，被命运击倒后马上跳起来继续他的创造。对这样的人生，我能用什么言语来形容？

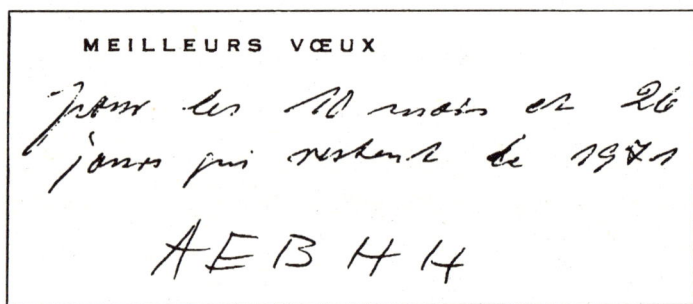

安娜－爱娃·贝格曼和汉斯·哈同的签名永远都是缩写：A. E. B. 和 H. H. 。我们尝过他家橄榄园出产的橄榄油，瓶子上的标签也有同样签名。上图为夫妇俩寄出的 1971 年新年贺辞。

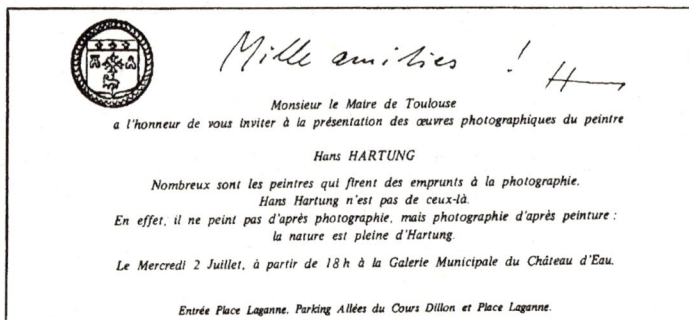

1980 年汉斯·哈同在法国图卢兹举办摄影展。
　　许多画家向摄影借鉴经验，汉斯·哈同却不是。事实上，他不通过借鉴摄影来画画，而是通过借鉴画来摄影。

第六章

从罗歇·比西埃到皮埃尔·塔尔·科阿

博萨尔和奥贝尔约纳　罗歇·比西埃　阿尔弗雷德·马内西耶　让·巴赞
皮埃尔·塔尔·科阿　赵无极　安德烈·博丹和苏珊·罗歇
路易·纳拉尔和马丽亚·芒东　维埃拉·达·席尔瓦和阿尔帕·斯泽内

两位瑞士画家:博萨尔和奥贝尔约纳

Bosshard（1889—1960）

Auberjonois（1872—1957）

　　我应该感谢鲁道夫－泰奥菲勒·博萨尔,是他教我明白不要注意画家的年龄,而应该了解他是谁:他属于所有的世纪、所有的国家。真的,我们怎样能像编年史家那样,按日期的顺序撰写他的事迹而不予删减?按说艺术家是自由的,世界性的,但每个人都断不了与他生长的地域的联系,只不过他的作品竭力摆脱地区的影响。

　　博萨尔画的某些竞技女人在1925年至1930年间的绘画中颇有(它的)位置,在此期间的艺术家如格勒埃尔、夏尔马涅、让·马尔尚、瓦罗基耶都产生了积极良好的影响。例如在巴黎的夏约宫为迎接1937年世博会而创作的大型共和国装饰,那是取材于神话的渊博的艺术,色彩高雅,非常协调。但今天,人们对这些画家和雕塑家已只字不提,他们已经不再知道这些画家中大部分人的名字了。

　　我在1951年认识博萨尔,从他的作品中我知道学院派的外表是骗人的。他晚年的作品使我在他开始创作的作品中找到绘画的诗意,那是参考别的画家也不能做到的。

　　我心想,瑞士画家有什么特色呢?我首先去了洛桑。1947年,让·迪比费给了我他的一个朋友的地址,这位朋友叫勒内·奥贝尔约纳。迪比费对我说:"他住的画室是城里没有的、独一无二的。"在洛桑,我被他画室的橱窗迷住了,对于当时的巴黎人来说,它们是难以置信的。里面有吃的、喝的、抽的。真是乐土!他的画室坐落在洛桑的大橡树街,房子有木梯,和巴黎的一样。我敲门,门没开,只听见有个声音朝我喊:"我在沐足呢,半小时后再来吧。"沐足?我觉得这个卫生习惯是典型的 19 世纪习惯。(我知道克利斯朵夫和他的"学者科西努",他就是不停地沐足。)我所知道的奥贝尔约纳的画作使我把它们定位于 19 世纪。我似乎茅塞顿开,对让·迪比费的爱好有所领悟。这么说来,迪比费也了解精神病院里的病人?我真的把问题简单化了。但我非常清楚地记得:奥贝尔约纳画了《大兵的故事》中的服装和背景,这是拉米和斯特拉文斯基的作品,因为他接近过斯特拉文斯基。我的敬佩可谓五体投地。

我按照约定的时间回来。奥贝尔约纳拿不出一幅画作呈给我。他的画全卖掉了,我想我能理解。他给我看照片,我记得那是马戏团的场面。德加笔下的马戏团女演员,塞尚笔下的意大利小丑在里面成了神秘人物,自闭,严厉,一本正经的外表,我觉得这样的艺术可畏、充满人类尊严。我想瑞士的艺术有促人思考的趋向。我把我的文章拿给他看,他的答复使我对他增进了一些了解:"我早跟你说过了!大家会想,发表这篇反映我们所处时代温度的文章,它的目的何在,不过是画家们及其作品的名利场罢了。"他要我以后"不要带着采访目的"去看他,"我会给你看不是食品橱窗的东西",他一定注意到我对着橱窗里的巧克力的吃惊模样了。

第二年即 1948 年,在另一封信里,他和我谈到诗。

　　我不同意让·波扬对诗的钻牛角尖的分析。我宣告我是外行,正如我宣告99％的人是外行那样,他们对着一颗星星眨眼,轻率地下判断。但对作品读上二十遍,你会觉得与它接近多了,不是连续地念二十遍,而是间断地读,你终于能收藏一堆事实。科罗说过:"我的感觉是很真实的。"大概在诗艺方面,科罗并不比我更精通。

他的信中谈到皮里,那时他在勒曼湖畔。

　　我试图品尝与世隔绝的滋味,享受在郊区角落的平静,我来到这儿但我马上就觉得我想念大街。于是我回到了大橡树街。

这就是这封信的结论:

　　我再没有70岁了,我要加倍工作,那怕事倍功半。孤独有这样的好处,使你只惦着工作。5点钟起床,晚上8点之前上床。我所有的朋友要不是谢世就是心率稍有毛病,我呢,下半身衰退了:双脚、膝盖、脊椎、胃,血压高,但脑子还没出毛病。也许不要紧吧。我希望你身体健康,你这种年龄应当这样。

就这样,因为我20岁,我走进了奥贝尔约纳的家。就如在乔治·布拉克家那样。

他是一位瑞士画家。我开始揣测,瑞士被几个国家包围着,这些国家都是闪闪发光的创造者,瑞士具有类似沦陷省份的某些特征,它不断地受到邻近强国的激励。画家躲到这儿倒挺好的,可以冷静而从容地认识一下自己。同时,国内的公众,如在丹麦,想到对本国艺术家负有职责,就去买他们的作品,然而价钱没达到国际明星级的价码。公众的团结使瑞士的艺术有可能发展。它的艺术参与了国际美学的起伏动荡,但没有丧失这个国家在整个世界的地方特色,这样一来,环境有利于地方艺术的继续生存,即便"地方艺术"这个词使官方非常不乐意,他们都自以为该统领艺术世界呢。我举个例子,在法国,一位搞造型艺术的地方经理竟大胆到印刷他认为是国际级的东西,总之是比地方高级得多的东西:地区的东西肯定不足以表现他的伟大。

　　愚蠢就表现在这里。因为艺术产生于地区,确实地说,产生于个人。但又不宜把地方性和个人性反映在作品中。因为人们首先在里面认出一般的风格,然后才辨别个人的特色和思想特色。这就是我观赏另一位瑞士画家的作品时的感觉,他的名字是鲁道夫-泰奥菲勒·博萨尔。

　　我去探望他时,他住在沃韦上面的夏尔多纳村,一个须由架空索道进入的村庄。从邻近的旅店看得见勒曼湖。他是地区画家吗?我对他毫无了解,除了在塞纳河岸找到的一本书中所了解到的事。这书叫《1906年至今法国绘画精选集》,出版于1927年,由毕加索、朱昂·格里斯和布朗库西的朋友、我所尊敬的记者莫里斯·雷纳尔所著,我曾有幸在阿尔贝·斯基拉出版社遇到他。莫里斯提到博萨尔,说道:"许多现代艺术家都摹仿他",他举了画家博萨尔写给他的信为例,博萨尔写道:

对于我来说,问题是要知道我们从中吸取营养的根有多粗多壮,然后是使之澄明,再澄明。在画架上以最自由的诗的线条和彩色平面,画完与物品相似的物品。从这个开始,然后给予纯化。

雷纳尔以画家这段话作为对这位画家的分析的结束语,雷纳尔认为这就是这位画家的前途。他的分析没错。四分之一世纪之后,我目睹了这个事实:博萨尔澄明了他的画。

在夏尔多纳的斜坡上,坐在佩洛领导的美景寄宿学校的树林浓荫下,我看见层层叠叠的葡萄园,支撑着峭壁道的高架路,尤其是阳光和湖光相辉映的地区:太阳和它在湖水中的倒影使得水与天,上上下下一片光明,空气中弥漫着超自然的氛围。起伏的冈峦像裸体的女人,而裸女像冈峦,云雾如花,花如云雾,这就是博萨尔的水彩画描绘得非常动人的情景。他实现了他在 1927 年许下的心愿:他的画越来越澄明了。他一定远离了女人多少出自神话的时代。博萨尔成为沃州的画家,地区画家,使他的艺术成了有个人特色的艺术,他和奥贝尔约纳一样,成了独一无二的画家。

1951 年,巴黎举办了一场画展。受人关注,但经济上却遭到失败。他写信给我说,他的瑞士观众受到巴黎画展的激发,跑到他的画室来。若非如此,他会因受到光线折射的水晶启发而创作新画,提倡尖平面画法?抽象艺术出现在画展上,大概解放了公众的审美目光。总之,博萨尔由于他的现代性又成了大家能理解的人,同时,他在家乡之光里扎下的根更稳固了。

1914 年起,他在夏尔多纳的家由他的妻子安热波尔看守着,家成了她生活的支柱,她一直守着它直至辞世,否则那家不知道会乱到什么地步。家里也常有客人来造访。有一天,我正好在她家里,有位意想不到的客人按门铃,他就是查理·卓别林。他和家人刚在附近地区安家。他是个生活有条理的人,上门来打听他收到的煤气和电费发票是否正常。大家给了他肯定的答复。餐桌上,卓别林阁下变成了小查理,拿着两把餐叉,给我们表演了他著名的小面包舞蹈。博萨尔给他的妻子画了肖像,我感觉她好像拒绝了它。这样我们就有机会看到它,很严峻的神态,奥娜·卓别林夫人的肖像后来摆到沃韦的耶尼奇美术馆里。

关于奥贝尔约纳和博萨尔,旁人一定认为我写得干巴巴、像拨火棒似的,但如果我把他们写成像卡尔波和瓦朗西安纳那样的人,那就不是他们了,我就用错词句了。我挑这些艺术家来介绍给大家,是因为我喜爱他们,而不是像博物馆大厅和销售大厅里那样,经过了计量局对重量和尺寸的测量。

罗歇·比西埃

Roger Bissière（1886—1964）

  这位从前的城里人，战时学会了在树林和乡野生活。1947 年，他离开凯尔西的"洞穴"，拿出他的画幅给巴黎的德鲁因画廊展出，你看此时他的模样像什么？我觉得他像狐狸。他的画招来了热情的人，比如亚历山大·维亚拉特，但没有招来爱好者。他又回到他的乡野去了。他的杂色布片表现出对野蛮艺术、儿童艺术很深的赞赏，与同一画廊的让·迪比费的作品一起引起同样的争议。通过这次展览，比西埃结束了三十年前就开始的生涯，他写道："再不可能寻找完美了：一幅没有缺点的画失去它的光和热。"他在 60 岁这年，在乡村找到他年轻时在巴黎找不到的自由。

  1951 年，他的作品终于招来了爱好者。让娜·比谢画廊于 1952 年成功展出了他的作品，国家给他颁发国家绘画大奖。然而他没有返回巴黎定居，他动身去洛特省之前，我在他的儿子、画家卢特的画室遇见他，这间画室就座落于圣热纳维耶芙山下的圣维克托街上。多年之后，我又到这间房子拜访画家路易·纳拉尔。有所念，便有所执啊！

  比西埃是亲切的、有教养的狐狸。战前我对他的绘画一无所知。我只是听贝尔托勒、马内西耶和几个别的人说起，那是在朗松学院，他们在比西埃的领导下工作十分愉快。我把他们说的话告诉他，他很干脆地回答：

　　我从未做过教授，大概因为我在朗松学院呆了二十年，今天来到这家画室的人中有很多是熟人，但我从没教他们什么，那是他们自己发现的。今天的绘画不是教出来的。每个人创造自己的表达方式，教授只能带来思想的混乱。再说，你看看你列举的画家的作品：他们的作品和我的作品没有丝毫共同点。我不相信教育。我相信友好的争论。我相信一个人敞开大门当着另一个人的面讲的话。还有我不能确信……，我年轻时，乔治·布拉克给我提过建议，我听是听了，就是没听懂。只是在后来，在完善某些画作时，我才想起了出自他的嘴里的那些话语。

比西埃完全不相信颜色调和定律、按规则和"黄金分割"法构图才能创作恒久作品的说法。他说：

　　你只要看看拿着画笔、画板和画布的男孩就说明问题了。他或是满怀爱意地在画布抹颜料，或是用刷帽子一样的动作在画画。第一种是画家，第二种永远不会是画家。至于绘画的原则和构图，成了抽象的规则，从此每个人依照这些规则，再按自己的方式、个人发现的方法发挥作用，他能做出什么来呢？这些法则能保证作品的不朽吗？大家看得很清楚，按这些法则创作的作品苍白无力，比别的作品要碎裂得更快。那么，该提出什么方法呢？我提不出来。每位画家都应该从自身发现自己的特色。我常想起亨利·卢梭的一句话："不是我在画，是我手指尖的什么东西在画。"我觉得它很好地表达了画画这一行为。诗是教不出来的，每个人给自己讲述不大可能的故事，在上面抹上颜色，这就是绘画……

情况一直是这样的吗？当然不是。以前绘画是要完成一些职责的。它必须给读者补充书里没有的东西，要讲述圣经里的片段，传播哲学思想。今天它没有这些任务了。如同大家都写诗，诗人就不是诗人了，不久，我们也不再是画家了。

如果现代艺术不是用于社会，为什么要把你的画作摆出来呢？于是我这样问他。

五年间我停了笔，没再画画，之后我搞非形象艺术。我突然想要画什么东西，将我从涌现的幻觉形象中解放出来。五年来几乎是无意识的乏味生活，我的观察所得在头脑中突然化成了形象，我产生了把它们表达流露出来的愿望。我不在乎这些流露是否有价值，我只想满足自己忏悔的愿望。而不加掩饰地彻底忏悔是我唯一的兴趣所在。我的画幅是没有题目的，每个人都可以在里面寄托自己的梦。如果有人看到它们后流连不去，对我这个人产生一点同情，我就满足了，我就"赚"了。有人责备现代艺术成了费解的玩艺，这种责备是错误的。因为艺术不该由智力判定，因为绘画依靠的是本能。然而大部分公众不愿在画前一无所获，他们要欣赏画幅或要求理解这幅画，但它没什么可理解的。有些观众出于信任而赞赏，因为画上签的画家名字很是显赫，而批评界却显得冷漠，只有表扬而没有批评。唯有一些人懂得抱着平常心对着平常的画，但大部分人的脑袋里都装着古希腊画家宙克西斯那些逼真的葡萄。

　　沟通是困难的。举文学为例吧。有一次我在街上碰到马塞尔·普鲁斯特，他正要动身去找寻自己的发现，他分析了一种思想和另一种思想的联系，他告诉我们他的推断，通过这些推断我们可以了解他、理解他。绘画就没有那么明白了。作家可以通过文字的描绘，向我们说明他的思想到行动的完整场面，而画家只能提供分析的基础。但文字会有所偏差，从文字上你看不出你描绘的那个人到底是什么模样：如安格尔这位画家是严厉、纯洁、卓越的人，事实上，他有与公证人一样的恶习，但他没发现他真正的个性。请相信我说的话：如果你是正直的人，你创作的你与你本人是不同的。换句话说，我们在开采一泓源泉，但我这样自忖又有何愉悦呢？

　　我不喜欢杰作。我不喜欢那些从未失败过的画家。——上帝知道今天这些把靶心贴在大炮口的瞄准好手们。给我启发的画家绝不是杰作的创造者。确切地说，他们没有作画，而是弄了块镜子，他们自己的形象以惊人的真实反映在其中。你看，在画家的生活中，以不幸为主。到了职业生涯的后期，当他被遗忘而丧事接踵而至，难道伦勃朗没有超越自己？而雷诺阿呢，当他的双手不再听他使唤时，当他带着一身病痛作画，他不是最伟大的吗？生活的考验使人得以精神化。但别以为我在绘画中寻找悲剧。也许，最后的雷诺阿们是最幸福的。使他们更动人的是他们的精神性。这些作品超过了个人诗性的表达。它们达到了世界性。这一点，大家都感觉到了。

　　也许，有一天，他们当中的某些人会接受这个思想：

一幅画不希望被评判。大家要求你的只是信任。我们不是骗子。

我们受到的整个教育引导我们重视物质的形式。因为我们不能无根据地发明。有一天,我发现我不需要画一件东西来表达自己,在那五年不作画的日子里,我看见一些无用的东西。我理解了自由。我独自和牲畜生活,看守着牛群,当我重新提起画笔时,我已深深明白绘画不是职业,而是当你心头有了美感时才提笔的工作。

结束谈话时,我问他,既然艺术在社会中不再起作用,既然大家都是画家,他认为绘画会有怎样的前途。他的回答如同他的为人:

我没说艺术是每个人的特性,我认为总会有人要在纸上、画布上表达自己的感情,也有别的人喜欢这些画、这些墨迹,它们表达的意思肯定比一幅肖像、一个人的脸孔要丰富得多。今天的画家愿意为了自己而被别人所爱,而不是为了他描绘的故事而被人爱。

还没有一个画家向我如此清楚地表达他对沟通之路的认识,以及现代艺术跳跃到不可知的意义。滑动的光以及混在一起的色彩,然后找到它们的统一,如果这只有文学的、传说的、神话的意义,就没有必要长眼睛去看了。但谁敢按此要求对着一幅作品消磨时间?谁能处于绝对易感的状态并对艺术家给予必要的信任?怎样才能不担心受骗?我把使人信任的功劳归于艺术家们。

阿尔弗雷德·马内西耶
Alfred Manessier（1911—1993）

　　和艺术家们接近后，我了解到时间可以不以钟表上的时针的行进速度计算。我也看到空间有时是测量不了的。在阿尔弗雷德·马内西耶身边，我发现不管是年轻还是年老的艺术家都没有年龄。有一天，在那间座落于靠近蒙帕纳斯的沃吉拉尔街的工作室里，他看着几幅最初画的带点超现实主义色彩的画幅，对我说：

　　　　我感觉到我最初的几幅画老了，比我现在画的年纪还要大。开始我有点不安，今天没那么担心了，虽然我知道还有许多东西需要我们去发现。很简单，因为我在绘画方面深入了一些，我年轻时，绘画不让我走向超现实主义，而现在，它越来越把我维系在活的世界里。

　　作品就是这样创作的，它在两条道路上前进。例如，当我看着马内西耶某几幅题为《加拿大》的画幅时，我情不自禁地想，我是否看见了由人组成的土地或是上帝的面孔。马内西耶为许多教堂画过玻璃画，他的绘画却远离宗教主题。他参与集体展览，推动艺术家们挖掘政治主题，如向马丁·路德·金致敬、越南战争、布尔戈斯诉讼。他带来的作品既不代表黑人巴斯德，也不代表胡志明和佛朗哥分子法庭上被捆绑的人。

他带来的画作,画中的色彩和律动意味着情感。这位画家把光描画得有如女神,说它是慷慨的。我询问过他,他在绘画中怎样感受快乐,他很乐意地回答我,一边在他画的《布尔戈斯诉讼》中抹上血泊一样的红斑点。他说:

> 我的快乐来自绘画,就是这样。我画悲剧场面,却怀着快乐的心情。这本是很反常的心理,是不大能容忍的,但如没有快乐,绘画就不存在了。

他又说:

> 别以为我的工作没有怀疑、没有懊悔、没有焦虑,有些时候,我获得快乐的同时又陷入痛苦中。

我认识马内西耶时,他正和古斯塔夫·桑吉耶和让·勒莫阿尔(你只要见到此人的一幅画就会入迷)一起办三人展览,那是在勒内·德鲁安的画廊。不用说这德鲁安有着怎样的嗅觉!然后他尝到了孤独的滋味。他说:

> 是战争造成的孤独,60 年代我还在搞那些我勉强能接受影响的画,也许这些影响帮助了我。但必须使工作室不受伦勃朗和毕加索的哪怕是有益然而又有监护性的影响,另辟蹊径不容易,但必须这样做,即使有时很孤独,而且经济陷入困境。

我把马内西耶带到荷兰。我本应领他到伦勃朗的画前,因为伦勃朗的画一直处于他创作的中心,他们的画作非常相似。但我已陪赵无极去过阿姆斯特丹,赵无极使我发现伦勃朗的作品具有超过荷兰、欧洲和关涉中国的意义。赵无极让我看到了伦勃朗在他出身的小城和世界之间的关系。于是我要求马内西耶做我的向导,领我观赏维梅尔的作品。这一回,我了解到了我一直没了解到的这位画家的目光——它将成为现实的揭露者。

马内西耶在联合省呆得很舒坦。他是皮卡德人,在条件许可时他到了荷兰。1981年我和他又一次去那儿。在代夫特的普兰塞诺夫酒吧的晚餐间,他放下刀叉,对我们说:"你们明白吗,我们现处于海平面线以下5米,本地人一直生活在水患之中。"夜里,为了了解更多情况,我们步行到斯海弗宁恩海滩的波浪旁。第二天早上,我们到维梅尔所在的城市代夫特,马内西耶指着一个广场路面说:"瞧,这是他的画《小街》中街石的旧玫瑰色。"然后我们走进陶瓷博物馆,他说:"荷兰人学到了中国人的陶瓷术,而维梅尔在瓷器里找到了他的白色和蓝色。"后来我们到了维梅尔的风景画《代夫特全景》中的水渠旁,马内西耶什么也没认出来,只认出长长一列黑驳船和一旁像鱼鳍的防倾板,这是可能的吗,难道它们在那儿呆了三个世纪? 他惊呼道:"这里是墓地。"他突然急急地走了。我们爬上代夫特钟楼的高处,他努力地辨认方向,但大海笼罩在浓雾中,白茫茫一片,从该城的最高点俯瞰,画家的整个生活呈现在眼前。他行洗礼的教堂、他办婚礼的市政厅、他下葬的老教堂。真的如此吗? 这儿的居民大多是新教徒,他是天主教徒吗? 总之我们认出了大广场,也许还认出了他卖布料比卖他自己罕有的画还要多的市场。马内西耶突然一字一顿地说话了,声音中带点庄重:"我来这儿看到了一个活人和一个复活的人。"我还没来得及问他的话意,他已经走下钟楼的楼梯了。

当天,我们去了海牙,到莫瑞泰斯皇家美术馆看维梅尔的《代夫特全景》,即早上马内西耶只看见墓地的地方。美术馆正在施工,但还可以看到维梅尔的画,它被安放在由霓虹灯照亮的小厅里。就是这张画,在升起的太阳的光中,因为钟楼的钟指着 7 点 10 分。但霓虹灯的灯光破坏了画的效果。马内西耶什么也认不出来了。他说不出他看见什么了。于是我目睹了很奇特的现象:他越来越清晰地回忆起那幅被霓虹灯扼杀和消失的作品,它逐渐复活了。

我感觉到这两位画家的相知相熟:画家马内西耶找到了画,也许应该说画找到了它的知音。当然,我们看得到被朝阳染黄的一小堵墙,马塞尔·普鲁斯特也没遗忘它。马内西耶却说:"我们不能注重这儿的细节,那会像在看《蒙娜丽莎》时只注意微笑一样愚蠢。"大家沉默,然后他又说:"不错,普鲁斯特把这细节安排到将死的人的思想里。"

《代夫特全景》在他面前复活了,他在画前走过来走过去,说道:

> 颜料多么节省! 多美的蓝色! 这幅画只有蓝色! 渔船上的网、码头上等人的女子的裙子、艒楼的栏杆,都是蓝色的。只有蓝色! 维梅尔画了一幅画,表现了属于他的调和性,这蓝色,这代表维梅尔特色的风景。

第二天,我们去了阿姆斯特丹,在荷兰国立博物馆,听他讲解两幅维梅尔的收藏品:《包头巾的少女》和《穿蓝衣的女人》。少女把头转向画家，嘴巴半张，好像他刚才呼唤她，她在回应他。马内西耶解释说："他们之间的关系密切、默契，他们分享着激动的心情。这是少女身上的情感之光，他在内心找到了它。"这就是对画作的观赏，只有画家才能体会到的感觉。穿蓝衣的女人靠近窗户看一封信，她怀孕了，站在贴在墙上的一幅地图前。马内西耶找到了属于维梅尔的蓝色，他说："肚子放出的蓝光射到墙上，窗户上的光变蓝了，像光晕一样扩散！"大家不作声。然后他又缓缓地说了一句："这光里包含着极大的善心。"

然后，我询问他有关维梅尔唯一的一幅很明显表现宗教主题的画，《信仰的寓意画》，这主题的使命感似乎有点困惑维梅尔。马内西耶说："维梅尔画的光使我非常感动，我觉得它已不是这世界的光了。"他接着说：

> 荷兰的新教徒不要宗教题材的白布幕，他们的艺术家当中的某些人拒绝接受金钱世界，这从维梅尔身上可以看得到，他向他的祖国提供了不受污染的光明。

我们返回巴黎，但我没忘马内西耶在钟楼顶上对我说的话："我来看见了一个活人和一个复活的人"，因为我要了解他确切的思想。不久我到他的靠近埃芒塞的夏尔特尔农场和谷仓探望他。他在那儿找到了孤独和守着妻子泰蕾丝的安宁。维梅尔活着，他复活了。编年史家告诉我们，画家维梅尔去世二百年后，他的作品被托列－布尔热发现，因此他真的复活了。但马内西耶说的"维梅尔的复活"有着更深的意义。他说：

　　和伦勃朗、哈尔斯、塞尚一样，维梅尔没有改变他们前进的基本方向，无论是失败还是成功。也许就因为这样，他们的画意义重大，影响了我们。维梅尔最终因为他的光线，被公认、被排在同时代荷兰画家之上，还需要多少时间人们才真正了解他与他们之间的区别！

　　马内西耶坐着，面前的铺了方砖的地面上放着他刚画的画纸。我看见画的是蓝色。这是涨潮吗？是爆炸吗？纸上的蓝色既浓烈又温和。这是不燃烧的能源。有点像维梅尔的光？画家们不失方向的成与败的经验和教训，我想马内西耶一定偷偷地吸取了，而他是个谦虚的人，当鼓乐齐鸣宣告天才到来时，他总是躲在一边，保持着距离。

　　我离开埃芒塞的谷仓时，他从口袋里掏出一张纸，给我读了一句成语："如果你要说的话比沉默漂亮不了多少，那就住嘴吧。"然后他又说："我把它献给《穿蓝衣的女人》的沉默"。这么说来，艺术家们有时会后悔对别人谈了艺术。然而，没有画家们有时向我们吹来的光明之语，对绘画我们能写什么？而这光从哪里来？我们称之为遗产、影响的东西也许只是简单的分析。在伦勃朗那儿体会到的光可能被简化为"明暗对比"这个词？把伦勃朗的光与维梅尔的光作对比，也许就没有了任何意义？或者把它们合二为一……，会不会把它看作是与阳光不同的光？如果这样的话，这是"光"在选择揭示它的艺术家？那么这光是上帝选择的，就是这选择才使马内西耶不断地提起它？否则怎么说女仆从大碗里倒出的少量牛奶会辐射？大概有信仰的画家才能体会到这个，并向我们提起。

让·巴赞

Jean Bazaine（1904—2001）

是在马拉科夫还是在查蒂尔昂？总之是在郊区。我只记得路名，那是令人难忘的名字：阿道夫－皮纳尔大道。在那儿有间工作室，从窗口看得见花园一角，未经园丁整理的花园都在郊区。当时大家称为地区，也就是城市规划者还没有插下路边牌的一大片土地、当局不大关注的地盘。我就在那儿碰见了让·巴赞。他长得有点像斯坦利·威廉·艾泰，原因是：他们是表兄弟。后来巴赞去了克拉马尔，也是郊区。工作室的环境一点也没变。墙上几张家庭照，几幅朋友画的小画挂在小桌子上方，花园也许大了一点，但一直那么自由，画家在这里看着四季嬗替。

就是在这皮纳尔大道上，我问巴赞，他是怎样走上绘画道路的。答话很简单：为了画好一小幅画砸了的画。后来我记得他放慢了语速，给我谈这次失败。我明白他喜欢在失败中打发时间：这就是绘画为生的日子。在绘画中生活，在失望与幸福交错中生活，他从 1925 年起就过这样的生活。

巴赞很快发现，在我们生活的现实世界里，做个画家就意味着生活在边缘。但也许他是个才子，除了绘画还写得一手好文章，他可以写解释绘画的文章，去反驳哲学家或诗人对绘画作的评论。这样，他有时就成了不大会写文章的画家的代言人。他也出版了几本书，在有关绘画方向的争论中，他谈到的不光是色调的问题。

因此,巴赞在法国艺术生活中占着特殊的地位。他拥有国际名望,又是抵制学院派力量和时尚操纵的中心,他处于新老两代交替之间——我不知道这种所谓的交替在当今艺术圈(表面上看是光彩夺目的)是否还有意义。他是他那个时代的艺术家的聚集者,他和我谈到皮埃尔·博纳尔来看他的第一次特别展览,他常拜访雅克·维永、普托,常和莱热、布拉克和米罗来往。跟他们当中的几个,如塔尔·科阿,他都说在他画画的时候,他看着这世界而世界也看着他。巴赞的招牌既光荣又可怕。1941年,他是被纳粹占领的巴黎的一次展览会的组织者之一,展览叫"二十位继承法国传统的青年画家"。当时的"传统"二字用于安抚官方,但这"传统"不是当时极强的学院"传统"。这些青年画家在毕加索、马蒂斯、博纳尔那儿吸取源泉,即在战前的自由绘画里。"法国传统"这称谓没有抛弃让·巴赞,当展览委员们接到来自美国西岸的订单时,就联络了他。法国传统当时成了一种陈旧过时的土气的东西。艺术历史在现代和古代艺术中想成为国际潮流的跟踪者,这是必需的,即使这会减少艺术家的个性。今天这国际主义风气似乎正在减弱。

有一天,巴赞和我谈到民族传统:

> 祖国在我们忘了它的时候才侵犯我们。法国艺术的质量不是大家寻找的东西,而是你不想要它也会来的东西。什么是法国艺术?大家说明某些特点:平衡、审慎、分寸,但这永远不够,事实上大家都体会到这个了,我记得在美国的一个评判团,我参与了评判美国画家巴兹奥

特的工作。我们被邀请去选择作品,我们事先不知道画作者的名字、国籍。我们看着画幅,猜测这是德国人的作品,那是意大利人的,另一幅是荷兰人的,画作的作者的名字公布后,我们发现我们一点也没猜错。

法国艺术? 巴赞对着他的一幅画说:

我不画边线,轮廓。你问我怎么画一张脸? 通过光的层次。这种画法使我注重物体表面的动感,我努力寻找内部的结构,我努力钻进内部,于是物体啦、脸啦,不是自我封闭的,它们是敞开的。

这就是法国式的吗? 巴赞反问我:"你这不是很奇怪的问题吗?"我回想起俄国人扎德金,在马蒂斯去世时,是少见的谈到他的艺术中法国特色的人,而很崇敬马蒂斯的雅克·维永也没有提到此事;费尔南·莱热也没有。什么是法国传统? 最后大家都把这问题束之高阁。要不太明显了,要不就是太难以捉摸了。

让·巴赞和他的油画、素描、玻璃画、镶嵌画、版画,对于寻找边线轮廓、结构组织的公众来说,并不常常是清楚明晰的。对于艺术杂志的读者、熟悉情况的公众,他避开争论,战后,大家以为他阐明了一切:因此巴赞不是真正的抽象派,也不是真正的具象派。然而,大家觉得他的画"呼吸顺畅",他本人也常提到"呼吸的绘画",但"呼吸"在造型艺术中如同法国艺术的性质和优点。这可以感觉出来,在美学上却无法解释。

我听他讲述了他经历的风风雨雨。如他的父亲约瑟夫·

赫辛斯基在郊区安家,没有栖身的房子。他们选的地方是大诺西高原的烂泥里,全家就在陷进泥里的巨大金属半圆管里避雨,里面弄条管通出烧火煮饭的烟,排成行的这些半圆管中间弄了取水装置,需弯着腰才能进去。野兽栖身的洞穴也比他们的住所暖和。那是 1957 年,巴赞为临时居留地的教堂制作玻璃画,教堂给赤贫的画家提供了灯光和颜料。我非常高兴缺衣少吃的郊区比圣塞弗兰教区的教民早十年接触奢华的玻璃画窗,巴赞为他们创制了最精巧的窗户——可惜我没见过他为圣迪耶教堂制的玻璃画。

让·巴赞是法国画家,在他的祖国他是大师吗? 我听他说他参加的好几次战斗。例如他和阿尔弗雷德·马内西耶一起反对夏尔特尔教堂蓝色玻璃窗的消失。最近,他独自一人反对博物馆的修理工和保存工的整个职业,因为这个职业使得艺术家不能参与博物馆委员会的审议工作。他对我说:

> 一个修理工怎能不懂什么是"涂在已干的颜料上的透明淡色",也不知道它的作用? 他竟把它剥掉了!

他谈到卢浮宫的一幅委罗内塞的巨画《卡娜的婚礼》的修复工程:它遭受了许多不幸,画布爆裂,最糟的还是有人改变了参加宴会的一位人物、作家拉莱汀的衣服的颜色。委罗内塞给他穿的是红袍,修理师换成了绿袍,结果呢:整幅画面不平衡了。当巴赞谈论技术时,我不能完全听懂。但一位修理师抹去那淡色,在我是不可想象的,可见巴赞的话不无根据。我不需要他解释,我就能理解画会失去平衡。我在寻思这个问题,怎能不让画家参与有关原作保存的决定,当局怎能拒绝倾听一位天天从事绘画、有着丰富直觉知识的艺术家的声音，他们怎能肯定科学知识固然非常必需，但可以没有敏感，没有直觉的知识？我觉得我们的社会太刻板了。给了画家自由，让他有游戏的空间，却又给他划定禁区，不容他来提超出禁区的问题。

我记得巴赞住在区域边沿，少有监控的地方。要是在19世纪，凭着他的成就，他本可以住在蒙苏里公园旁边的特别公馆里。他一直住在郊区。这里面有它的意义。继承法国传统的最著名的画家，拒绝在当今社会里谋个位置吗？我们猜测他处于边缘所感受到的秘密的幸福。如果一个人不是拿了文凭的科学家，他就没发言的权利，这样的世界是什么世界？

2001年3月8日，在克拉马尔的让·巴赞的房子里，人头攒动。其盛况有点像艺术展览会开幕日那天的晚会，但这些人默默无言，他们是来向他诀别的。他躺卧在一个房间里，神色安详，尸体似乎变年轻了。房间原封不动，还是老样子，透过彩画大玻璃窗，可以看见带有斜坡的花园。雨刚停，刚才它们劈劈啪啪地洒下发亮的雨滴，种子的萌发爆裂之前，花园在微微颤抖。墙上，我又看见我经常看见的铜版画。那是罗贝尔·德洛奈、乔治·布拉克画的；还有维埃拉·达·席尔瓦的水粉画；费尔南·莱热的一幅美国素描；在架子上有拉乌尔·尤巴克的石版画。一切都和从前一样。

和从前不再一样的，是画室里让·巴赞作的最后的立体派粘贴画，他的妻子卡特琳娜·德·塞伊娜一直保留着这些粘贴画，现在拿出来展出，让大家看到在倒下的身躯旁有一幅生气勃勃的作品。人死了，但精神永存。那是一些很大的紫红色、黑色、白色的纸，每张纸上是一对对张开的尖尖的翅膀，

那是拍打着、飞翔着的翅膀。这是巴赞在辞世前焕发他最后
的珍贵精力画出来的。作品摆在他的尸体旁,就是对死亡的
否定。很明显,祭礼将在巴黎的圣塞弗兰教堂举行,他曾给它
增添最精神化的彩色玻璃画。我希望有一列地铁的车厢载着
他的遗体在克吕尼—索邦大学站的穹顶下停一些时候,他曾
给它装饰以彩色熔岩般的墙壁,这已为千千万万人所瞻见。
但何必动用地铁呢? 只要在圣米歇尔站下车,徒步走向克吕
尼—索邦大学站,在两百米高处,抬起眼睛就行了,每个人都
可以做到。

皮埃尔·塔尔·科阿
Pierre Tal Coat (1905—1985)

　　又有一幅作品被划上了取消的符号。我羡慕那些目光敏锐的人,在他战前画的白光横贯绿色、灰色、黑色和红色斑块的画面中认出塔尔·科阿。我羡慕这同样的眼光能认出他的静静的悲剧事件,还有他的热特吕德·斯坦或贾柯梅蒂的肖像,它们属于同一造型世界,战争结束时他画的欢乐的彩色火焰验明了它,比如他画的公鸡,比家禽更有象征性。画家的生活是不断更新的,我们可否说是不断否定的呢?为什么不能呢?当你懂得拒绝并不比接受少些刺激的时候?观众喜欢画家这个时期的作品甚于另一个时期的,但他们对同一画家画的不同画面不安吗?我在五月沙龙画展看到的战后一些即时画里,塔尔·科阿好像远离了鲜艳的色彩,而去研究无法预见的原动力,突然的起动、方向的突变,就如昆虫、飞鸟、鱼类的那些动作,它们懒洋洋的静态,以及预想不到的掉头。

　　这些作品开始显示了什么东西?这就是我去画家居住并修复的僻静村舍拜访他时所希望了解的事情。村舍在多尔蒙,处于塞纳河上游尼古拉·普桑的故乡安德利镇的北面。我到达时,从窗口看见他正对着电视,全神贯注地观看着一场足球赛。他想在里面寻找另一种无法预见的原动力?我把这问题暂时搁在心里。他首先让我欣赏风景。一望无际的山冈!对面是山冈,旁边是山冈,还有猜得到的塞纳河谷的山凹。这位在山冈跋涉的人走到那边去，是为了看看水洼的形状、两道车辙的交错、用来给牧场做栅栏的树枝的形态，也为了看看鸟爪在新雪上的印痕。他深深地呼吸。微风吹动着轻盈通透的云彩，有时它们像淡蓝色的海滩。阳光透过薄云，洒在对面山冈上的农庄红瓦房上，然后又消失了。这就是塔尔·科阿。

　　就为了这个，我来到这里。以前我住在靠近普罗旺斯—埃克斯省的黑堡庄园，那儿的风景如塞尚的画。光线过于均匀、单调。而这儿，光线是不断变化的，我需要这样的惊喜。在这些山冈上，我走啊走啊，走好些日子，我在这儿或那儿扒开土地，找到史前的痕迹，那是燧石制的石器，它们那么实用、那么美，还有雕刻的骨器。我喜欢这种感觉，我在这儿是上古人民的延续，这有点证明我的存在。我自以为也是塞纳河岸上久已存在的一员了。在村子里，我同样参加当地居民的婚礼和葬礼。我不是以有名有姓的客人参加的，也不想被人认出我是离群索居者。我不相信人，我相信没有姓的个体。我喜欢无名的呈现者。

他逐渐作出解释。了解他作为史前史爱好者得到的收获之后，有一天，我请了一位史前史学家和他聊天。这两个男人有着共同的爱好，他们都喜欢石器和骨器，它们同样都是天生实用的。历史学家用的都是科学词汇，他提起同位素碳 14 的分析，当时是受到大家尊敬的课题。而塔尔·科阿的话吓了他一跳，他不假思索地冲历史学家说，他在山里散步时，只要斜眼瞟一下就能分析它们。历史学家不作声,幸好他知道塔尔的画也尊敬塔尔,他反驳说:"光凭一瞥是学不到东西的……"他的声音里带着一丝忧伤。

我们进入画室。我从没看见这么大的画室,不高,但很长。这是大仓库,彩画大玻璃窗是它的门,玻璃窗向着母牛吃草的牧场。地上摆着画,都竖着,互相支撑着,框和画之间一般交叉放置。共有多少幅? 一百,二百,就像风筝,等着再次放飞? 透过玻璃窗,塔尔·科阿指着牛群对我说:

> 我正在研究给它们脱毛这事儿,我也在研究挖水坑,就如我刚才说过的。所有这些事,我想在这里不断变化的光线下观看着,因为我是形象艺术家。

这话带点挑衅性,但说得非常真诚。

靠近画室,屋舍前的院子里长着一棵很大的古栗树,一群紫翅椋鸟从天上冲过来,速度有如驱逐战机,它们飞到我们伸手可及的旁边。塔尔好像很高兴我看见了它们,他把我领到住所里面,从书架上拿出四大本册子,把它们放在大桌子上。一本是乔尔乔涅的画册,一本是法尤姆的肖像画,第三本是委拉斯开兹的画册,最后一本是早期艺术家朴素原始的绘画集。他打开画册,对里面的画作进行比较。他说:

> 朴素原始的画家讲述一段历史故事;这是美妙的缩影。乔尔乔涅又是另一回事了:在他的作品里,有绘画和自然。就如法尤姆的肖像画。

然后，他翻过关于委拉斯开兹的评论。

开始，他干着画家这活儿。成熟后，每一幅画都成了另一回事：他是不可言喻的。

我又想到画室里靠着的一幅接一幅的塔尔·科阿的画，我知道他没有把自己和乔尔乔涅作比较，也没和委拉斯开兹比较。比较是不可能的。在他的画里看不到什么东西，有时好像从黄色表面辨认出一棵种脐，有时又像棕色的熔流上读出了一些未知符号。我们感觉到是呈现物。可那是谁？是什么？他给我看另一本书，他是此书作者又是插图者：塔尔·科阿既是诗人，又是版画家。他的文本让我明白了：

我在世界的目光中前行

目光中庞大的天体

人好像他的影子

他走到田野的尽头

就如被带到水上和天空里

活动的梯子竖靠在弯曲的尖脊上

文本很清晰：画家也许是世界的中心，但他们被世界盯着。人们从风、雨、溪流、雪，从把他的影子照射在交错车辙上的太阳那儿认识了他，换句话说，塔尔·科阿的艺术希望自己是自然力的艺术，是地球这行星的力指引画家的手。正是这种对自然的关注，让他刚才指引我了解乔尔乔涅的画，这是画家以全力操持的一种关注、一种开放。因为画和诗，如果它们不抵抗把自然当作财富装进罐头里的工业力量,这画和诗会是什么东西呢?

有一天对着汉斯·哈同的画,我感觉到一种类似的证明自然的愿望。我在画里看到一块黄色的田野(很明显是抽象的田野),这黄色的田野,我认识它:在树林里,我不再知道是什么树在每个季节往地面洒下它黄色的色素,而行人穿过哈同的林中空地。无论是哈同还是塔尔·科阿,都无需作为风景画家就可以表达他们和自然的融洽。他们比铅版艺术更能直接与自然沟通。

塔尔·科阿问我想几点钟动身去巴黎。"很好,太阳快落山了,那会很有意思的。"他宁可不自己开车,因为别人开车,他坐在车上能画画。果然,开往安德利镇途中,他不停地挥毫作画。路上,他指给我看一个十字路口:

> 以前大家叫这十字路口"老胡桃木",没有写出来,但大家都知道。如今这儿插了路牌,以后它就叫朱尔·马尚。到处都看得见这个名字了,但这没有任何意义。上釉的路牌以为把老胡桃木的名子抹掉了,说到底,不错,老胡桃树的树龄太大了,死了,但朱尔·马尚的名字无论怎么尊贵,留在大家的记忆里还不如老胡桃树来得长久。书面的东西试图摧毁自然。我们缺乏视觉,绘画应该和它作斗争。

他给我看他不停地在上面做笔记的本子。他快速翻着纸页,每一页上都划了些线条,我无法分辨。很明显,这对他而言是很有意义的。我又陪他回村舍去。他喜欢他烂熟于心的风景，夜幕降临了，白昼将尽，它揭示了阳光下没有呈现的美妙景色。他谈着他的绘画。他说：

> 我的绘画是在脑海中保存的回忆和画布上的工作之间进行的。我尽可能使我的画作能持久存在。我研究了画布、颜料溶解液、颜料的化学性能，为了使我的画在画完时能处于最后状态。我不画物体，我也不试图去画自己。我在寻找一鳞半爪的真理，而绘画有时抓得住它。

离开他的时候，我明白他为什么希望他的技艺能禁止画幅改变模样。塔尔·科阿觉得他对自然负有责任。他想把自然画在他的画布上，画在他的素描里，活生生的。永远。

当他消灭了他的色彩，为了更好抓住活物无法预见的原动力时，他的冒险生涯也就开始了。他费了多大的力气让我苦苦思索并理解他对我说的话："我是形象画家。"

赵无极

Zao Wou-ki（1921—   ）

我们和赵无极一道去阿姆斯特丹观赏伦勃朗的画。那是1978年，大港口很肮脏，街上遍地是注射器，人行道坑坑洼洼，城市正处于危机中。赵无极轻轻松松地在运河边上行走，我们在寻找饭馆。在一间破旧的亭阁里找到一个卖报的中国人，从他那儿知道该街区的饭馆的地址。我们就在一家越南饭馆吃晚饭，他很快就发现，包着头巾的马来服务员不是马来人而是中国人，和他一样。很明显，荷兰的钥匙是中国的，这由来已久。为了配他的印尼招牌菜，赵无极没要茶而要了酒。他要的是波尔多红酒——我听得懂他用中文说的"波尔多"。

一边吃，我一边想到二十年来我读到的有关他的展览的文章。有时你觉得赵无极是真正的中国人，有时又不怎么是，有时一点儿也不像中国人。对画家的出身的各种评价是什么意思呢？1978年，他57岁。他是在1948年到巴黎的。他在法国生活的时间比在中国还长。他刚到巴黎，巴勃罗·毕加索就向皮埃尔·勒布打听他的"中国小伙"的消息。赵无极没有回避他的中国。但他的国籍是绘画。他的祖国是绘画。他说，他虽来自水墨的艺术，但他要油画，要他的透明、他的厚度、他的重重叠叠的层次，以及这种色彩共鸣的方法，像活的皮肤一样，布满神经和血管。

当天下午，他在我的麦克风前谈论伦勃朗，他的声音还响在我的耳际。在画幅《呢绒商人的工会》前，正在召开检查员会议，出现了既不悲惨也不滑稽的场面："大家看得很清楚，那些肖像令伦勃朗不胜厌烦。桌子上的毯子是他最喜欢画的"；在《台尔曼医生的一堂解剖课》前——这是一幅阴森的画，上部不见了："伦勃朗不喜欢反映科学的画，但这一幅表现了希望和死亡。"也许他想到了他的第二任妻子梅的去世，那是他永生难忘的伤心事。我请他谈谈伦勃朗的命运，他在叙述中插入他个人的生活经验，态度很谦虚。对着伦勃朗的自画像——雕塑或绘画，有些在做鬼脸，化装成土耳其人或战士，赵无极说了这话："这都是为了掩盖他内心的不安。"看着伦勃朗画的素描，画的是他的第一任妻子萨丝基亚快乐的画面，然后是她疾病缠身埋在枕头下那不安痛苦的画面，我猜测赵无极一定回想起了他与妻子梅一起度过的年头和她不幸患病时他的恐慌。所有这一切都历历如在眼前。对着这些素描，赵无极谈萨丝基亚的脸和服装。他说：

> 伦勃朗画他身边发生的一切事件，他的艺术就是他的私人日记。所有的画家都是如此。我不画自己的肖像，但我的画反映我的生活。

看着伦勃朗的作品，赵无极在自省其身。伦勃朗的《犹太人未婚妻》令他最为感动，画中长着粗壮金色手臂的男人把手搭在妻子的胸部，赵无极说：

> 伦勃朗使用的光的效果胜于使用色彩，这光是他自己内心的光，投射到戴着金手镯的袖子上：那沉甸甸的感

觉、那宽度、那重量都是透明的，是爱的动作的光。欣赏这幅画，要体会整幅画的统一与和谐。有时画得很精，有时画得草草。这里达到了自然的平衡，伦勃朗轮番使用精画和粗画的手法，获得了整幅画面的宁静，画得很棒，人们对它说不出挑剔的话来。

聆听他谈伦勃朗、以画家的体会谈画家的工作，我明白他也在谈他自己。不，他没有拿自己与伦勃朗作对比，但他的艺术使他靠近了伦勃朗。不仅仅他与妻子梅的命运与伦勃朗夫妇的相似，都曾有过幸福和悲哀的经历和体验，在绘画方面，他们都抱着同样的希望，要达到宁静的平衡。我领了不少当代画家到从前画家的画作前，请他们解释那些画作，奇怪的是，一位从前的大师给中国画家赵无极提出了最多的问题。在阿姆斯特丹，运河和不断改变颜色的天空：灰色的、白色的、蓝色的，以及风风雨雨都令人感到伦勃朗的存在，尽管他的坟墓和他妻子萨丝基亚的坟也都挺诱人的。

我常到巴黎去看望他，他住在十四区。比如，他展出他的10米长的画，那是他的建筑师朋友贝聿铭请赵无极为他在新加坡建的酒店画的，我就去拜访他。是抽象画吗？随你怎么说吧。形象画吗？随你怎么看吧。长长的画幅下面是动感，沉甸甸的动感。是波涛汹涌的大海？也许是连绵起伏的山峦？是山峦吧，因为那线条更蜿蜒曲折起伏？是一棵折断了的树？要不就是龙卷风：发亮的地方直冲向青白惨淡的云层。是暴风雨吗？那画的上部是天空啰？总之，靠近地平线那儿的天空发亮；在画幅的右边，我看见杏色的光亮，它向着什么耸了起来？那蓝黑色的陡峭的东西是什么？是岩石吗？

有一天,赵无极和我谈到他的生活。和平时一样,我按他的那座混凝土小堡垒的门铃,我溜进他的车库,在汽车的上方,是米罗的一幅很大的铜版画。而后,走过朴素的正房,我到了秘密小院,经过那些种在白色大理石砂砾上的树,赵无极就在上面的灰色画室里,里面什么都没有,没东西会影响他的绘画工作。他对我说:

> 我在中国时,开始学的是中国传统画和西方绘画。在巴黎,我去了卢浮宫,逐渐确认了我在中国思考过的问题,我觉得有关西方远景画和亚洲构图的争论没有用处。不错,绘画就是空间、光线、构图。但还不止这些。我在卢浮宫时,对《萨宾女人》一无所知,但我看到了尼古拉·普桑画的抢女人的男人们,我对此画的主题有了更多的认识。我们必须了解一切,空间、构图、光线,然后绘画才有意思,才变得要冒险:这时才去绘画。

因为赵无极到巴黎后就去卢浮宫;因为毕加索让他整整一个下午单独留在自己的画室里;因为他是哈同、里奥佩尔、苏拉热、维埃拉·达·席尔瓦的朋友。我看见他摆脱了抽象和形象的争论,也许中国绘画的遗产帮助他无须遵循平常的方法,不用实物、不用几何学。他向着中国古代画家米芾说的"不合理"交换。米芾说,我画山的时候,山就变成了我自己;我成了山。赵无极的画表现的是画家的私人生活。于是我明白,这位摆脱了规则和故法的中国人,确实可以像在别处看到的抽象表现主义者,但他必须成为介于亚洲和欧洲的画家,才能在他那间一无所有的灰色画室里从事无法解释的创作:创

造活动的画幅,通过神秘的转换,把画里的水、泥、腐殖土、空
气、岩石、风和雨变成他自己。是否有一天他会变得更像中国
人?第二天又变得没那么像了?不。他只是为绘画服务而
已。正如在伦勃朗的画作《犹太人未婚妻》中,必须在人物上
采取时精时粗的笔法才能达到宁静的境界,因为只有不再准
确地辨认才更好看。有一天赵无极对我说:"所有的画家对自
己来说都是现实主义者,对于别人来说都是抽象的。"我引用
了我刚读到的老子的一句话回答他:"大音希声;大象无形。"

　　但我无意把自己假扮成了解中国、中国艺术、中国诗歌的
内行,我只能在西方的艺术世界中观察赵无极——他在里面
演变,我在里面能找到一点头绪。

　　他的朋友是谁呢?亨利·米肖、克洛德·鲁瓦、汉斯·哈
同、胡安·米罗、皮埃尔·苏拉热、希伊达、塔玛约、巴尔蒂斯、
华列兹、让·莱马里、贝尔纳·诺埃尔、巴尔涅特·纽曼、勒
内·夏尔、伊夫·博纳富瓦……大部分是诗人。

　　他是法国公民,因为有一天他说,在办理国籍的办公室
里,有人通知他,法国的画家已经够多的了,幸好办手续的那
个负责人不是别人,而是安德烈·马尔罗,于是他很快就成了
法国公民。然而,尽管艺术家们和诗人们热情接待他,他加入
法国画家的队伍并不容易。他告诉我:

　　　　在一次素描的竞赛活动中,我送出几幅作品,有人叫
　　我的名字,要把一个价目交给我,我不知道主席在念我的
　　名字,一个伙伴用手肘碰碰我,我才站了起来。我逐渐学
　　会像个法国人一样行事,像法国人那样说话、写东西。

　　赵无极是宋代王孙的后代。文化大革命期间,他的家庭没少遭罪。直等到 1983 年他的家乡才办了一次展览会。1993 年在台湾岛展出了他的全部作品,大家才知道他是怎样成了欧洲画家的。确实,开始时他画坐着的女人,和他从没见过的《塞尚夫人的肖像》有点相似,他的风景画当时好像发出《黑堡风景》的香气。然而在 40 年代,在中国,赵无极对塞尚的了解,只是通过发表在布朗出版社出版的数量不多的小册子或某些英国杂志,里面刊登了一些黑白复制品。画家们总是能找到他们需要的东西。在年轻的中国人的画笔下,塞尚的画带有亚洲的风味。从中看到一点古怪的差距。也许新手的原创性已在这细微差别中泄露出来?

　　后来,在巴黎,他的油画逐渐在梦的中国中摇摆,这中国本来可以由一位西方画家创造的,例如一位艺术家可以在保罗·克利的水彩画中找到他自己的中国,这种半中国半欧洲的油画会获得很大的成功。皮埃尔·勒布以很高的价钱卖出了它。到 1955 年,当中国的书法在赵无极的画中成了象征,爱好者们都消失了。但画家赵无极找到了自己。

　　赵无极回忆着,追溯影响创造的演变过程,道路曲折而神秘:

　　　　你明白了吧! 是通过塞尚,我才投奔法国艺术,通过克利,我又回到了抽象艺术,是伦勃朗的水墨画使我产生了重操中国毛笔、纸墨的愿望。大家又在问我是不是中国画家了!

　　赵无极赠给我一小幅画,他用中国墨、毛笔和画笔在荷兰的旧纸上为热爱伦勃朗的梅重作了伦勃朗的画。画中两个老人，合着双手向一个天使跪拜，天使巨大，正从他们点燃的炉火上飞升。赵无极没有签名，但当我留心细看时，发现他把名字签在伦勃朗的名字下面。他把它当作赠给伦勃朗的礼物了。有一回从亚洲回来，他把漂亮华贵的毛笔赠给朋友们，画家们向他表示衷心的感谢。他们马上试着用毛笔作画，但他们并不能完全操纵这些毛笔，不管他们画什么，纸上老是出现竹叶。赵无极后来向他们解释，他们不必惊奇，这些笔在中国正是用于画这个，只画这个：画竹叶。我明白了，他送给我的画也是告诉我这个情况：让我用眼睛又一次感觉到，面对艺术作品，要从中看出其内涵时，应该慢慢地看，细细地欣赏。

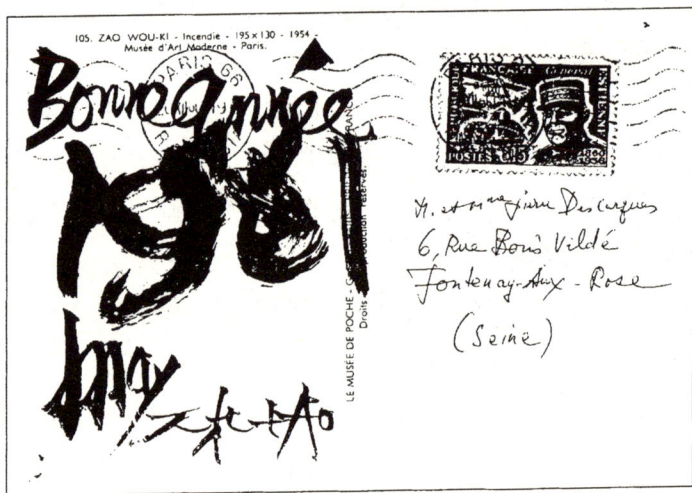

　　这是艺术家的传统，每年创作一幅石版画作为新年贺卡，他们也可以不做此事。1961 年，赵无极和他的雕刻家妻子梅一起在明信片的背后签名，明信片是无极的画。梅曾是中国的电影明星，她在法国只生活了很短暂的时间。

安德烈·博丹和苏珊·罗歇

André Beaudin（1895—1979）

Suzanne Roger（1898—1986）

安德烈·博丹是这样一代人：背负着两次战争的重负。1914 年和 1940 年他都被动员入伍。大概因为经历了太多的残酷，他希望他的艺术能拯救他周围的最脆弱最普遍的东西：鸟群的急促飞翔，植物慢悠悠地向着光生长。博丹老是画最小的玩艺，但这足以理解沐浴着一排排白杨的阳光、塞纳河上一座桥的桥拱的节奏、谷仓里可爬上干草房的梯子、沿着茎往上长的叶子，这儿或那儿，向上指着或俯向低处，坚定不移地寻找它们的方向，它们柔弱、低贱但坚韧不拔。博丹的画就这样表现它们，歌唱它们。

我是在二战后认识他的。他的生活问题已经解决。他住在蒙马特尔的克里南古广场，是一间光亮的公寓房的最后一层。画室是公用的，早上是他的画室，下午是他的妻子、画家苏珊·罗歇用，他谈到她时叫她苏泽特，她叫他"老好人"。

博丹在巴黎度过战争时期，他与毕加索、艾吕雅交好。他喜欢艾吕雅的诗集《重影》，喜欢到拿出 50 幅画，献给写于 1913—1943 年间的这 35 首诗。1946 年，在路易丝·列里的画廊举办博丹的画展，保尔·艾吕雅为展览写了序言。博丹被布拉克和马松的买主坎魏勒发现，这位买主首先感兴趣的是苏珊的画，她也是这个严格小圈子里的人。

　　1952 年,保尔·艾吕雅逝世。我请安德烈·博丹(有人给他起了"哑巴"的绰号)给我谈谈有关他们相遇的事。他给我写了一封信,里面说道:

　　　　我和他是同一年出生的,我们怎么会如此的不同呢?我们看到的不是同样的树、同样的人、同样的天空、同样的战争、同样的难懂的事物吗? 保尔·艾吕雅如此自问过。《重影》创作于 1913 年至 1943 年,集两次世界大战的诗和画。从那时起,生活的波涛没能把我们分开。

　　我曾采访过不少人,了解有关诗人保尔·艾吕雅的可敬事迹,没一个人比安德烈·博丹说得更谨慎。

　　不了解的人看不出这两位(一个是诗人,一个是画家)为什么会成为知音。超现实主义、军旅诗,博丹都是外行,然而他们的友谊牢不可破。博丹是少有的雕塑家,他创作的艾吕雅的头像,成功地创造了这样的奇迹:它既是一道冲刷成沟的岩崖,又是一幅真正的肖像,只要你从某个角度看,就会发现它非常像诗人。

　　博丹是个非凡人物,因为他一面和同代人一起办展览,一面紧跟时尚(他的第一批彩色画册中有一本出版于战争结束之时,成就接近博雷斯、埃斯泰夫、吉夏和皮尼翁),他画出奇特的现象,他的作品既是时代的艺术,又与时代艺术有所不同。我询问过他,有关他的作品与时代艺术不同的策略。我们在巴黎大宫殿的国家美术馆会面,1970 年在这儿曾举办他的作品回顾展。在展览大厅,从毕加索到夏加尔等知名人士都在场,吸引了一大群观众。

在他 75 岁高龄的时候，这位无名之辈第一次看到自己的
作品继续存在。他的作品始于蜿蜒曲折的暗影中微弱的光，
而后选择了在最尖利的角、最鲜艳的彩色中发展，一面坚持着
他不变的艺术手法：透明。

作家、音乐家绝不能与这种考验相提并论：用几个小时的
时间跑完几十年的创造历程。而画家呢，只需几步，从这间大
厅到另一间，他们生命中的二十年、三十年、五十年的创造就
排列在墙上，急速抹去他所走过的历程、他有过的犹豫以及中
断过的创作方法。

我们首先停在一幅作于 1928 年的画前。它好像包含他
在 1970 年的油画。博丹说道："对那个时期我记忆犹新。马
克斯・雅各布曾对我说：'你现在所做的事，你一生将会尽力
做好。'"我问他："他的话使你灰心了吗？"他说："他的话令我
惊愕。尤其使我困惑。"我们来到一幅献给莫里斯・雷纳尔的
画前，雷纳尔是毕加索的净友，给这画的注释是立体主义。在
艺术史中，博丹被定为立体主义的继承者。他本人怎么看这
个问题？

　　我通过莫里斯・雷纳尔认识了尤昂・格里斯，在坎
魏勒那里。雷纳尔在我画的画里看到了一种"延续性"。
说得确切一点，是摆脱了他一直喜欢的东西。然后，尤
昂・格里斯对他自己画的画作了很多解释，因为他是个
很好的理论家。

我说："可是在你的画里立体主义并不明显呀！"他回
答说：

啊,这是我的小把戏。我一点不喜欢依附于什么主义。我以我的方式研究问题,尽我的能力。立体主义,应该去掉它。这就是我的生活,我摆脱它们,是为了不去摹仿。

停了一会,他又加了一句:

不能忽略了环境。每逢星期三,我们就和尤昂·格里斯一起到雷纳尔家共进晚餐:这真是很好的学习机会。我很好学,我爱学别人的长处,我留心听他们的话,我不说话,当然听完之后,我会认真地领会。

我问道:"这就是说,你听了雷纳尔和格里斯的话后,你从中得到了相反的结论?"

是的,的确如此。格里斯的精确严密是我绝对达不到的。他却劝我看尼古拉·普桑的画,他们的精确严密可以相提并论。

博丹的话挺费解的。他继续说道:

精确严密常常要冒风险,除此之外要看各人的情况了。我的第一批画和我的新画相像。这就是真正的标记。顺带着一点不安,搞点研究,但老好人还是回到老路上来,他没别的路可走。

老好人？这是苏珊对丈夫的爱称。他又说："不，我对你说的老好人已经死了，不是我，不，我是……我是……"很明显，他不能说也不想说也不知道他是谁。尤其就绘画而言，说出来是危险的。我问他："那么，你是生活在未来的了？"

是的，一直如此。"老好人"一批又一批地死了，未来却每一次都是开始，我只要活着都在等待这开始。

我对他说，在大厅里，我们四周的人看去都挺快乐的。他解释说：

我认为必须工作。人快乐的时候才工作，人健康的时候才工作。没有秘密。只有日常工作。长的或不长的工作，看各人的精力。三四个钟头已经不少了。别忘了德拉克洛瓦的劝告：常休息。最后我相信困扰，但要呼吸，带着活着的快乐，微笑着，亲切地呼吸。

要破译博丹的话，只有在亲自经历他的许多遭遇后，在再三回味他的话之后才有可能。博丹的历险只与诗人有关联，在小集团之外。诗人有弗勒诺、吉耶维克，保尔·艾吕雅。他写信给艾吕雅说：

我往宽、往高、往深去画，大海般宽的痛苦和快乐。我站在激情的感觉上。我在视觉的深度里进行，在我所见面前，我将保持平静。

　　我们可以理解他说的有关绘画的话吗，当表面是这样的明净、光亮、透明？如果他的话神秘——大概是与诗人接触得多吧——他的绘画给人神秘的感觉，不易辨识，但带给人快乐，因为博丹看的是世界和人。他喜欢法兰西岛的温馨，他给奈瓦尔的《西尔维娅》配石版插画。他工作只为了给这选择的世界一幅画面，他在里面变得更纯洁。

　　怎么分享一间画室？把他的画布靠在墙上，不影响轮到工作的人。苏珊·罗歇说话喋喋不休，巴黎口音，她的脸庞从侧面看挺尖的，深色。而博丹呢，乔治·林布尔把他比作衣着随便的菩萨。这就是夫妇俩。苏珊·罗歇把早上的光线留给丈夫，她的成功比他来得快，但她在大宫殿没有举办回顾展。只是在他去世后很久，即1986年，路易丝·列里的画廊才办了她的画展。她的画很活泼，就如她丈夫的画很平静那样。她讲述故事。他的画则集中力的线条。他们在一起表现出截然的相反。他们看对方的作品吗？他们为绘画而生，他们同样的自制、谨慎。很少的色彩，几乎没有光亮。他们在1919年结婚，他们的画不是大家透过窗子看见的东西，而是一种思想的视觉建筑。

　　1935年左右，他们的作品有了共同点：在抖动的色彩中展现日常的剪影。但他的画的主题是半圆形的游戏者，还有像是从维吉尔作品中走出来的牧羊人。而她的画呢，是带着刀的骚动者，以及被砍伐的树林。他们的主题不同，但在颜色和节奏上取得一致。不久他们离开了那个团体。博丹朝"少些呈现多些暗示"的方向走，带有线条的紧张，把几何图形画活了。她继续讲她的故事，但她变得越来越社会性和政治性。她画解放时的壁垒，画她参加过的游行。如果有一天有人要

举办表现那个时代的群众事件的画展,我希望能在里面看到
苏珊·罗歇的作品,从现代性来说,她的作品比社会主义现实
主义画家的大"面包片"更真实。她不用美学思想指导,她画
车站里的火车头,街区舞会,露天市场,她用绘画写了巴黎生
活的编年史。在她的作品中有几十种巴黎人的生活方式,它
们在一家博物馆展出,离布瓦伊画的革命中的巴黎场景不远。

　　我相信在他们夫妇的画室里,他们一定观看着对方的画
幅。他们交谈过它们吗?他们敢干预对方的私人领域吗?我
假定他们喜欢对方从事精确的艺术,无可指责的、清楚表现出
来的艺术。因为虽说亲密关系被隐藏了,亲密却也时而有所
流露。比如,当莫里斯·雷纳尔去世时,我请求苏珊·罗歇写
几行悼念的文字,她给我寄来她的几句话:

　　　　他带走了爱和对绘画的认识。这独一无二的纯爱,
　　这完美的认识是那么特别和清晰,还有造型的研究。在
　　最突如其来的一隅,他带着幽默和诗意探索我们的作品,
　　以他的信念坚定地支持我们,看上去他还兴致盎然呢。

　　在这几行话里,谈到博丹和她的时候,她用的是"我们"。
　　奇怪的是,在我遇到的所有艺术家夫妇当中,这位外刚内
柔的苏珊·罗歇是唯一谈到丈夫和自己时像谈一个整体一
样的。

路易·纳拉尔和马丽亚·芒东

Louis Nallard（1918—　）
Maria Manton（1917—　）

　　路易·纳拉尔和马丽亚·芒东这两位画家住在巴黎圣热内维埃芙山下的很古老的房子里。每个人占一层楼，各有一间画室，很狭窄，我觉得他们的工作环境很窘迫，而且不安全。

　　这两位画家很独立，从不参加一个群体的活动。他们只愿在尊重其独立性的沙龙里举办展览。这对夫妇从不创作明显相似的画幅。他们的绘画没有名称，也无法命名，有时是抽象的，有时是具象的。这要看是什么日子，这也要看赏画者的心情。也就是说，观众在美妙的幽晦海面上航行。他们的画作不被录入任何地方，肯定不在某个有特别倾向的视觉艺术保护公司里。因此，它们把我们领入朦胧之中。这是使绘画和公众之间没有屏障的理想条件。

　　他们独立到了这个地步，然而他们却很容易交往。马丽亚是"新现实沙龙"的总秘书，虽然大家不很肯定她的画是真正的抽象派。但她的绘画带有一种过度感作为保证：1947年，她在莉迪娅·孔蒂的画廊里举办了画展，离哈同、苏拉热、施奈德不远。有了这样的起步，她可以凭着高兴去偏离。评判者对她闭着眼。总之，"新现实"忘记了他们原先的严格。当热拉尔·施奈德邀请纳拉尔的时候，他被介绍到了五月沙龙。在这两人的一生中，是友人们决定他们出现在今天所谓"文化事件"中去的。

他们的作品风格相距甚远。纳拉尔画画时状态疯狂，而芒东作画时则极其安详。使他们热情地接近的，是他们充满传奇色彩的生活体验和历险。他们过的生活是两个人都牛马般地工作，竭力找到时间来画画。首先在阿尔及利亚。她是名门之秀，而他是良家子弟，家族的名望稍逊一些。二战耗费了他八年时间，他在突尼斯做了气象兵，在"崩角"地区。她从阿尔及尔的军事办公室逃了出来，与他会合。在那儿，他们过着野人般的生活。吃的是沙岸上的蟹和海浪抛来的军用食品包里的东西。野人生活使他很相像。1947年，他们到了巴黎，没有钱，只有一马口铁桶的橄榄油。有人借给他们房子，但在郊区，没有取暖设备。有一天他们到巴黎去，正碰上旺多姆广场的勒内·德鲁安画廊举办比西埃的画展。真是巧！这可不是制造出来的机会。对于纳拉尔来说，这成了绘画自由的信号。

他们终于到了巴黎。她给杜瓦诺的拉福图片社做秘书。他呢，给沃尔斯的一本书画版画，但生活依靠更多的还是给公寓楼刷墙。后来他们当上了旅店的老板，那旅店叫老鸽舍，在老鸽舍街上的老鸽舍剧院旁。两个画家管理一家旅店！马丽亚对我说："在巴黎我们学到很多生活知识，所有人都在讲自己的故事。"路易补充说：

　　我们整理床铺相当快。我们学会了向房客要房租。顾客是各式各样的人。画家塞尔日·波里亚科夫的全家都住在旅店，在旅店里画画。这里住着身无分文的人，也住着本来可以住豪华大饭店的人。

当时大家都在地窖里取乐寻开心。

他们把我们的地窖挖大了一点，以免下梯子的时候碰到了脑袋，很快大家就在那儿听唱片跳舞。有时我们决定：今晚九点开化装晚会。马丽亚说她穿芭蕾舞裙，像个舞女。于是招来了少年寄宿生，他们的老师看到我在接待室，怀疑这儿不是旅店。有些晚上诗人罗贝尔·奥申来念诗，夏尔·艾蒂安带来牛排，叫我们给他烤一烤。

这样的生活过了三年。然后他们开了一间联合画廊，即在那儿展出艺术家的作品而不求赢利。画廊就在地窖旁边，克洛德·吕泰在地窖里每晚带着他的"洛里昂人"表演，那地窖在前学院街和圣安德烈·德亚尔街的街角。马丽亚开了一间画室，招收7岁以下的孩子。她回忆道："我们发给他们一大张纸，他们从未见过的质量很好的颜料，他们在我这儿学到了不少东西。"不去听路易和马丽亚的故事，就等于不知道圣日尔曼·德普列街的故事。至于路易，他成了国立高等美术学校的绘画老师。

这点就是大仲马很可能喜欢讲述的两个人的命运。他们的绘画不刻意寻求不同，他们只是希望发展各自的特性，就如人们关注一棵植物的生长。你看看他们半个世纪走过的足迹，就会发现他们一幅又一幅的画讲述了他们的整个人生。在阿尔及利亚的逗留，太阳烤焦了马丽亚的画册。在卡帕多斯的旅行，路易发现了地下城市。他留在布热田野里的记忆，

那是童年时的假期,还有那个埋藏在记忆里的谋杀案。这些
都是路易的回忆,马丽亚全知道,但不把它们用到自己的绘画
里。他们各有各的领域,有时同样的发现(一处风景、一本书、
一首乐曲……)影响了他们,但效果完全不同。路易见过无数
的地震,他通过它们看世界,而马丽亚保持理智,组织、获得清
醒的视觉效果。

　　他们在生活中前进,从没表现出软弱。他们可以说年月
累人。在他们的画幅中没有表现出年龄对他们的困扰。纳拉
尔最近的作品充满了血和火。他的画并没表明我们四周的屠
杀是这些画作的肇因,因为了解战争的人全都可以想象它们。
但每个人可以把冲突的名称写在这些作品上,这就是他们的
"抽象"——从绘画取自于大自然这个意义上说,结合了历史。
同样每个人可以从画布上认出画家回忆的风景是哪一处。绘
画离开了它从前的任务:历史上的日期,地理的十字路口。绘
画直指本质,它可不希望被当作事件的插图而被质疑,也不为
了在地图上辨认方向。

　　我不知道艺术史如何评价他们如此独立的作品,他们的
创作是没有安全网、没有打了官方小组的证明的。我相信总
有一天它们会成为珍品,因为在这个世界里——手写体已消
失,被机器、电脑的拼写法代替,艺术成了干扰工业品的惊人
设置,图画、草图的出现,每当它们是独一无二的,摇摆于决定
与未决之间,即是活生生的、变化的、不确定的,那它们就要必
需的东西。就如那些失去了生活、只能借设置了信标的路线
图的城里人,有必要到树林里晃荡那样。我们不要失去彷徨,
不要失去在十字路口的怀疑,这是独一无二的时机,我们从中
得以创造自己的道路。

这就是这对夫妇的作品给我们上的课。他们拒绝将艺术理论化。他们生活在艺术中，他们的画是一种鼓舞，鼓励我们去保卫留给我们的自由。

维埃拉·达·席尔瓦和阿尔帕·斯泽内

Maria Elena Vieira da Silva（1908—1992）

Arpad Szenès（1897—1985）

　　圣雅克地铁站是现代化的车站，颜色却是砖头的颜色，车厢深埋在地里，在它四周的小区，住着艺术家们：布拉萨依、弗朗西斯科·博雷斯、阿佩列·费诺沙、德戈特、维埃拉·达·席尔瓦、阿尔帕·斯泽内。不远处住着塞萨尔·多梅拉，在阿拉戈大道的艺术家住宅区。他们也许相互认识但不常来往。我想着他们的样子：布拉萨依穿着睡衣，手拿香烟，在他的板片当中寻找着什么，那些板片排列在相纸盒里，沿着他的公寓走廊摆放着。博雷斯站在家具当中，这些家具和地板一样光溜溜的，居尔巴朗把他的静物材料放在那儿。而在维埃拉和斯泽内的住所里，画的吸引力如此之大，我都不知是他们住的那条街边停放着卡车、围着脚手架，抑或是在维埃拉的画中认出来了脚手架。

　　他们家的画室是古典式的，中间一只大炉子，黑烟囱直通天上。玻璃门窗，靠着它们可以面对画架。我进了他们的家门，斯泽内开了门，然后就溜走了。我从未去过他的画室。我既然是来拜访维埃拉，他就消失了。我不知道我为什么老是找不到时间采访他。人总是忙的，而维埃拉却生活在另一个时期似的，她总是掌握着时间，只是她的姓和名太长，像一句亚历山大体诗行，这使得她不懂得加快讲话的速度。她像河流一般慢悠悠的,穿着长长的黑裙,看上去高大,但她的眼睛看上去更大。

我认识她的时候,她从巴西回国。她和丈夫斯泽内在战争期间住在巴西。夫妇俩找到画室,在战乱前他们住在那儿,并找回了往日的友情。她在马赛看到绘画的起源。谈到马赛,她和费尔南·莱热一样热情洋溢,那时他也是为了躲避纳粹,在那儿发现后来出现在他绘画中的潜水者。而她呢,她在马赛看见活动吊车桥,巨大的金属结构在港口移动,“我喜欢这些钢网,在里面看见云飘过去,看见对岸的房子”。维埃拉的世界于是开始像一组组镜头般地显现,它们组成了四方块,耐心地开始计算无限的历程,在迷宫里辨认方向吗? 对我提出的问题,她回答说“是的”,然后马上又扯到气窗。是地窖的气窗吗? 是监狱的? 她解释说,在封闭的世界里,我们从气窗的孔看到活的东西,有生命的东西,比矿石更具动物性的,带着突来和空缺的曲线。这些不可能的场景是梦的场景,外在的活物带来证明。迷宫里有出口,而我们在迷宫里往往怀疑自己被幽禁了。无限是存在的。必须开始采取措施。她的声音纤细而柔和。她把头转向我。我是在和一位宇航员谈话吗? 和哲学家,还是和一个谜? 画家维埃拉·达·席尔瓦在马赛的活动吊车桥找到了自己的根源,她刚刚画了《战争》,这作品有于塞罗的《战役》的味道,它滑进一个空间组织,而后成了几何曲线。物理知道这个已有些时候了,绘画也是……但不是通过计算得出的,而是通过直觉。这事发生在 1948 年。

她搬到巴黎十四区以后,我又找到了她,那儿离画家赵无极的画室不远,离雕塑家鲁瓦·阿德扎克也不远。用她自己的话来说,她的住所成了“英国艺术家在巴黎建的唯一的博物

乔治·马蒂厄(1921—)

热拉尔·施奈德

(1896—1986)

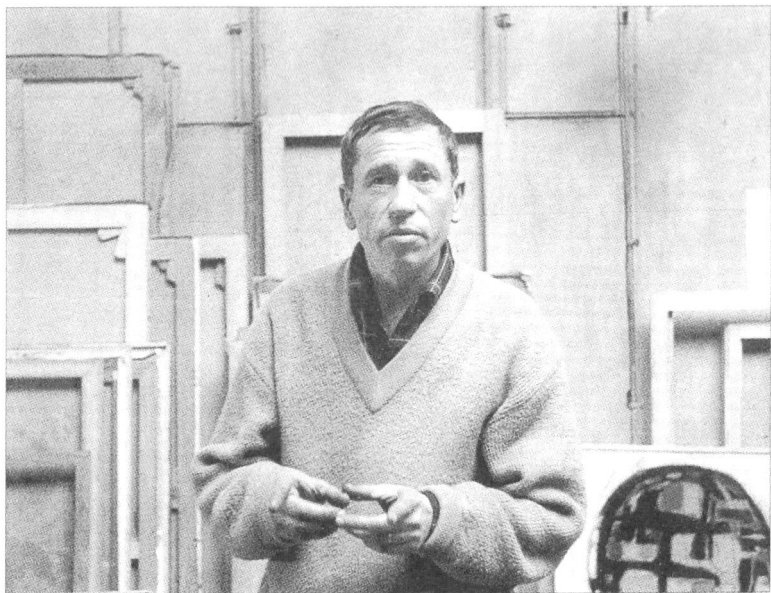

阿尔弗雷德·马内西耶(1911—1993)

让·巴赞(1904—2001)

皮埃尔·塔尔·科阿(1905—1985)

赵无极(1921—)

安德烈·博丹(1895—1979)

维埃拉·达·席尔瓦(1908—1992)

让·福特里耶的住宅

让·埃利翁(1904—1987)

贝尔纳·比费(1928—1999)

保尔·勒贝罗勒(1926—2005)

阿利娜·萨波克兹尼科(1926—1973)

伊夫·克莱因(1928—1962)

伊夫·克莱因的婚礼

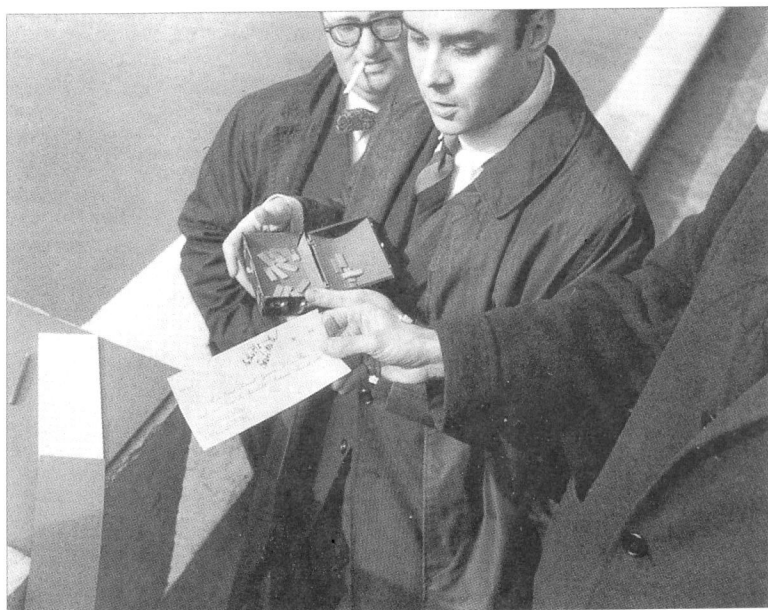

伊夫·克莱因在塞纳河边的"放弃非物质绘画敏感区"行为艺术（图1）

（图 2—3）

波尔·比里(1922—)

在波尔·比里家

让·坦盖里(1925—1991)和尼基·德·圣法尔(1930—2002)

让·坦盖里和尼基·德·圣法尔的作品《她》,成为斯德哥尔摩现代博物馆的入口。

约翰·塔卡维拉的作品

达尼埃尔·比朗(1938—)

让·迪比费(1901—1985)

馆"。人们还是那样，相互认识但不常来往。编年史家要说服我们，艺术作品诞生在咖啡馆圈子里。而他们的孤独远比他们的圈子大。新的住所座落于寂静之中，离安静小街的杂音尽可能地远。寂静，是为了能很好地听音乐。维埃拉成了名人。她结交了诗人勒内·夏尔，音乐家皮埃尔·布莱。想象中的图书馆里的书架，数不尽的乐谱给她带来她一直寻找的宽敞空间，从马赛的活动吊车桥和气窗那时起就寻找的东西。

　　我带来的问题和十年前的一样：关于她的根源。这一回，她追溯到遥远的过去。

　　在我的印象中，我在 8 岁那年就想做画家。我参观了伦敦的国立美术馆。这件事促进了我的决心。当然是难以觉察的决心。15 岁时，我从窗口看风景，心想，我要一面看着它一面在里面加点它没有的东西。园丁如果看着同样的风景，他也会在里面加点别的东西。人们在那儿看的，在里面加的，是为了给别人，与别人分享。但怎么做呢？我开始素描，但我无法加上我看到的东西，添上我想在这风景里加入的东西。应该说我看了丢勒的石版画，他的《圣于贝》，画里的风景与我梦想画的东西有关系，当然我不能像他那样看。时代也不同。但我相信，经过很笨拙而漫长的学习后，我能画出"我的风景"。这就是我要做的事。

　　当时我在葡萄牙，我想我该去巴黎。我相信在那儿能遇到和我一样要寻找同样东西的人。那东西正在形成，它比其他地方都要生动。我读了许多艺术杂志，我知道在柏林、罗马发生的事，但我懂法语，我更有理由来法国,总比去德国合适。

在巴黎,我在布德尔、德斯皮奥、费里耶斯和莱热、艾泰那儿学习,我很勤奋,我喜欢解剖学。尤其是我很清楚世界在变化,新生活的风格在形成。这发生在 20 年代。我经常找阿尔杜、皮尼翁、康皮格里、普里内、阿尔普、马克斯·恩斯特、埃斯泰夫、特列维里扬。他们不是紧密结合的小组。但要达到成熟,绘画不需要其他东西的紧密结合,只需艺术家的紧密结合。因此我到处如饥似渴地学习,我呈现了世界呈现给我的东西。我明白了我不是抽象派也不是非形象派。

维埃拉专门为我写了她绘画的理由。她递给我一张纸,对了解她的内心有帮助。纸上写着:

> 我看着街道。人们有步行的,有坐着各种交通工具的。他们以不同的速度前行。我想到牵扯着他们的看不见的线,他们没有理由停下来。我不再看他们了,我试着看使他们行动的齿轮。我觉得这也许是我努力要画的一点东西。

战争爆发不久,在她重新找到让娜·布歇画廊之前,她是在那儿开始的。她的画商皮埃尔·勒布笑着对她说:"小方格变成大生涯。"谁相信这些小方格能表达命运?

斯泽内去世后,我问维埃拉他们夫妇的画代表什么,她回答我说:

　　我们从没有想过要互相影响。买了新的颜料,我们马上去试它,两个人都去试,各试各的。住所的空间?我们需要很大的空间,因为我们不在同一空间工作。还要有地方摆放我们不卖的画。夫妇都是画家有许多麻烦,如果我们不是夫妇就更方便了。

　　我提了一个问题:"阿尔帕的画如何?"答复是:"我喜欢。"阿尔帕死了,她在运用当下。有了心性,画是不死的。现在人们一直都谈论着它。

　　艺术家们虽住在同一地区,却没必要常来往。我们看到了这个现象。但我们也看到有几个艺术家相处特别融洽。他们往往不是美学观点相同的小组成员。因此,当热尔梅娜·里希耶去世时,阿尔贝托·贾柯梅蒂给我寄来了悼词。我也收到了维埃拉的悼词。为了说得明白些,我们还得提一下,有个时期,热尔梅娜·里希耶感觉到需要在雕刻时与画家发生联系,不是为了组成小组,而是为了有益于她在雕塑中添上颜色。她的计划是,她能到画家那儿看看,把为立体而设计的颜色使用在绘画上效果如何。她也想知道绘画有什么东西能使雕塑生色,绘画与雕塑之间有什么因素会损害对方,等等。这样她和画家朋友组织了几次会面,她见的是汉斯·哈同,也和维埃拉见了面。维埃拉对我说:

　　热尔梅娜让我坐在她的雕塑前,而她走开了。我一个人呆在她的工作室里。一个星期内,我一件一件地看她的作品,我想象着把眼前所见变成绘画,我不摹仿它们,我跟着她就是了。你知道批评别人、对我们的同类人

苛求是多么容易的事,在这些日子里,我对她的敬佩与日
俱增。没有一个死点,没有一处败笔,没有一条无用的线
条……一切都是真实的、有机的。在寂静中,她的世界在
我四周蠢动。看到我工作,它们在窃窃私语,整个工作室
充满了奇特的音乐。热尔梅娜是今天也是所有时代的最
伟大的雕塑家之一,她具有最高的水平,能把材料变活。
我说这话不是因为我是她的朋友,也不是以被她的作品
迷住了的人的身份,我是以搞过四年雕塑又与她很不相
同的画家身份说这话的。我不知道大家是否明白我要说
出来的体会:我认为,她的基督是今天唯一的基督;我说
"唯一",因为她创造的基督不是受基督教艺术伟大时代
的基督形象的启发。对我而言,这是近乎奇迹的伟大的
化身。

GALERIE JEANNE BUCHER

9 ter, boulevard du Montparnasse, PARIS-6e · SEGur 64-32

VOIR

DU 7 AU 29 NOVEMBRE 1952

ARPAD SZENES

Toute notre amitié Vieira

Le Vernissage aura lieu le Vendredi 7 Novembre
de 20 à 23 heures

LA GALERIE RESTERA OUVERTE TOUS LES VENDREDIS JUSQU'A 23 HEURES

这是阿尔帕·斯泽内的画展请柬。维埃拉·达·席尔瓦特
意在上面写字,为自己的极为低调的丈夫造势。

第七章

从弗朗西斯·培根到佐朗·穆齐克

让·福特里耶　弗朗西斯·培根　让·埃利翁　贝尔纳·比费
保尔·勒贝罗勒　佐朗·穆齐克和依达·巴尔巴里戈
阿利娜·萨波克兹尼科和罗曼·切希勒维兹

让·福特里耶

Jean Fautrier（1898—1964）

　　1956 年 10 月 23 日至 24 日的夜间，苏联和南斯拉夫的坦克入侵匈牙利。从政治上说，这是东方板块的裂缝。法国的进步知识分子被撕裂了。让－保尔·萨特宣布，他反对侵略，但坚持莫斯科执行的社会主义原则。每个人都在听电台播放的消息。夜里，在郊区的住所里，有一位名叫让·福特里耶的画家画了多幅画，题目是《布达佩斯的双连画》或《拥护者的脑袋》。1957 年，这些画在巴黎的右岸画廊展出。展览会的题目是"拥护者"。

　　画上画的是什么？是模糊不清的一片：用厚材料做的和砖石砌的画，那些面目在镘刀的拍击下好像就会消失。这幅双连画好像是以好几千的笔划抹成的，要划去画面上的东西。这就是在大家称为"非形象"时代里的现代绘画，它们可以表现暴动谋反的覆灭溃败。在它们面前，没别的东西，只有材料，成为锤打后留下的证据。目光能够感觉到"拥护者"这个题目所包含的隐而不露的悲剧。对于法国公众来说，这些作品让他们联想起福特里耶那些反映德占时期枪杀场景的画作。还是勒内·德鲁安，曾在 1945 年办了展览。其他时期表现流血的战士，残酷的战斗和英雄主义。在《格尔尼卡》和《朝鲜屠杀》中，毕加索也许是最后一位保留了古老想象的画家。"非形象"艺术希望能够表现人的境况，它能做到吗？

1945 年展出的《人质》引起了轰动。这些画很厚，像浮雕，里面的一些基本符号，如孩子画的图画，用很少的笔划画人，如两点表示眼睛，一竖表示鼻子，一划表示嘴巴，画家用白色材料表现成了浆的人肉，用红泥巴表现人血。人的脑袋和肢体被扯碎，被压扁，成了地上的一层泥，连家人都认不出来了。那场面今天还刻写在人们的记忆里。他们就是 1943 年被德国人枪杀在狼谷的小树林里的人质，他们的尸体被弃在枯叶中。

解放以来，让·福特里耶在狼谷的另一面山坡租了一所大房子，蓝色的百叶窗，大路上是看不见它的。开门时，门就吱呀作响。我在老树间走着，沿着美丽的草坪，看见一条小溪，一泓池塘，真是浪漫所在。福特里耶告诉我，查理·古诺的剧本作者、作家儒尔·巴尔比耶在这儿住过。他好像就是在这儿写歌剧《罗密欧与朱丽叶》的。而我想到，就在对面的小树林里，在夏多布里昂的房子上面，德国人枪杀了人质。狼谷位于巴黎的郊区，不到夏特内－马拉布里。战争时期，福特里耶躲藏在房子的阁楼里，那儿成了精神病人的私人诊所。

这年春天的午后，我在花园里漫步。从窗口看见房间里亮着分枝吊灯。住宅里像在过节。我不知道我穿过了几个房间，地板在我的脚下嘎吱嘎吱地响。我跨过门槛，沿着狭长的走廊前行，在面对草坪的大房间里，我看见很像自动装置博物馆的东西，另一个房间放满了羽管键琴和老式钢琴，管弦乐器：我是在画家家里吗？还是福特里耶把房东的家当全都保留下来了？墙上的旧画纸上画的是罗马的宗教仪式队列，还有那个侍从官，或是革命象征的游行队伍。到处是镶着工艺品的古色古香的家具，边上挂满流苏的沉甸甸的帘子，几件黑人雕塑品，1900年的分枝吊灯。我都不知置身何处了。尤其是从半掩的门里，我看见有人躺在长沙发上，静静的，不是雷卡米耶夫人，而是一位年轻的女郎。她是蜡做的？不，她在翻她的书页呢。我的动静没打扰她阅书的雅兴。我一直往前走，上了楼梯，还是门大开着的房间，房间里有别的年轻姑娘。我感觉到我在奈瓦尔的梦里。走廊走完了，我看见福特里耶，他躺着，不停地抽烟，一根抽完又一根。他就像个老爷住在他的宫殿里，守着他的财宝和他的女人们。他躺在法式白缎子床上。

他每擦一根火柴，火焰就从他瘦长的手指尖上冒出来，一下子照亮了他猛禽喙般的四周的脸，没有笑容，他病了。有时他的话被沙哑的尖利声音打断，他解释说：

　　我不再画了。我要躺一年。这样的中断有好处，摆脱养成的小习惯，等我痊愈了，我的头脑会很清醒。

他多大岁数了？66岁。

他从10岁起画画。他的艺术家生活常被打断，常常重新开始。对他的形象画的开始，我一无所知。当时我只知道他首先是非形象画家，他和哈同和沃尔斯一起，他甚至是这个潮流倾向的创造者之一。那么，他在战争时期发明了一切？他打断我的话：

　　完全不是。我在1928年开始画些小东西，如手，对我来说那是很新的东西。因为我不喜欢油画的技术，我喜欢颜色,我在墨里、菘蓝里、水粉画里寻找它们。我于是去掉画布及其传统配制办法,我努力搞涂料,它能在纸上增加厚度。我早就在寻找这个了。最后我会配制涂料了,我会弄湿了,我也会弄干它了,我就这样画出了有时形象派有时非形象派的画。同时我会画相当恐怖的画,我在技术方面有所得,在别的方面也有所失。技术使我失去了我在视觉上想做的事。

奇怪的进展方式。我感觉到他一直从一种厌恶和拒绝走向另一种厌恶和拒绝。1920 年,他是形象派画家,因为他不愿继续做立体派画家。1928 年,他拒绝油画,向非形象派进军。他在反感中前进,这样生活是不容易的。1943 年,他用新技术画了《人质》,"就是这样,我本来也可以进入裸体时期或静物时期。"

他沉着地点燃了一根又一根烟,他的动作有条不紊。他掐灭了烟头在烟灰缸里,把烟灰倒进袋里,又点燃了一根烟。因为他是非形象倾向的先行者,我问他对战后非形象的流行的看法。他没有抬高嗓子,而是以克制的冲动答道:

有成千上万的非形象画家,他们往画布上随便扔东西。他们做的事和绘画没有关系。你看见吗,我建议拓宽素描,扩大表现力,人们可以用不只是个人的素描表现某种东西,它适合用这个技术。今天非形象画家取消了素描,因为它最难,而他们搞的是装饰。

他身体不舒服。我看到他病了,也听到他的声音(时不时)嘶哑。他又说：

要经过两代画家，人们才敢重新发现素描。

就这样我知道，所谓非形象画家事实上是形象画家，就这样我知道，过早把标签贴在一位艺术家身上，这标签是不可能用得长久的。

我让他躺在他的法式白缎子床上。我沿着走廊离去。我又看见躺在沙发上的姑娘们。其中一个在织东西，另一个已看完书，最后一个睡着了。她们在等那位又入睡了的病主人，她们等他干什么呢？我走过摆乐器的房间，走过放自动装置的房间，找到了通往花园的小径。我又想到了那小树林，山谷的另一边，二十年前德军小分队枪杀了人质。福特里耶告诉我，当他掌握了他的技术后，他就画了《人质》，但他也可以用它画裸体呀，画静物呀。然而就有这样的"巧合"，把技术用在关键的地方。卡车的嘎吱声、枪毙人的机枪声、被杀者的喊叫声。"巧合"使整个画面取得了一种普世价值，它控诉罪行和恐怖，给人难以忘怀的印象。

福特里耶对我说："我会更清醒的。"他以为他一年后又能工作了。他没有活到现代艺术博物馆为他举办展览的开幕日，我拜访他的四个月之后他就去世了。在娶了雅克琳娜·库赞不久。她就是那些年轻女人中的一个吗？在等着什么呢？每个人都在房间里，门开着，在大白天做着梦，大房间里挂着吊灯，所有的灯都亮着。

还是在这最后一面之前很久，我问过福特里耶他在1949年的一次历险。他当时来到巴黎，我们在靠近当费尔一罗什罗地铁站的咖啡馆碰头。因为他住得离斯索线不远,这里见面对他方便些。他从大纸板里拿出一些纸,在上面画了画,用的还是同样的技术,材料很厚,他在上面画了细线,抹上有色的痕迹,在一定数量的纸上很精确地反复好多次同样的动作。非形象艺术于是可以成为他称作的"独创的倍数"。这些作品的完成全靠他当时的妻子雅尼娜·阿厄普里的细心和耐心,大家都认为他的构思很好,但欣赏非形象艺术的公众很有限。这些"独创的倍数"不是艺术爱好者们喜欢拥有的东西,以致印制的数量很有限:只有一册。而福特里耶希望能发行得多些。我问他是否肯定他的"倍数"里的每一张都相似,他回答我说:"我们相信已达到了目标,但我们不能避免有不同的。即使它们的不同是感觉不出来的。"1950 年,这些"独创的倍数"在拉博埃西街的比耶一卡普托画廊展出。该是弄错了,有第一幅独创吗? 他认得出它吗? 反复的场面引起幻觉。大家都在问自己到底看到了什么。"重影"很难被人接受。买卖方面的失败是肯定的了。

我不认为画家希望获得金钱上的成功。吸引他的是经验。从他发明的技术出发,他想了解非形象有还是没有运气推广,他的历险没有达到目的地。我没有机会问他对别人的冷淡有什么看法,当有人想到他的作品时,总找得到理由相信他不是在装模作样。

弗朗西斯·培根

Francis Bacon（1909—1992）

　　1992 年他离世时，法国的报纸上刊登了许多文章，说弗朗西斯·培根是同性恋者、吸毒者、酒鬼、世界上要价最高的画家。报纸已经把自己的读者当成了蠢蛋。后来又有些专家写文章，说他们认识这位画家：他属于英国流派，表现主义类的。今天我看见出了一本相册，表现他不拘小节、杂乱无章的生活：他收集桌子、椅子、画架、鸭绒压脚被，铺地毯的地板上到处是报纸、照片和书。一个"马朗比的大铺子"，正如被关禁的普瓦捷想起的，安德烈·纪德曾和他打过官司。弗朗西斯·培根给周围的人造成不拘小节的印象，事实上是以此为保护自己的盾牌。而每个人看见戴护胸甲的人都会止步，不再攻击他。

　　他的早期绘画杂乱无章，后来朝着简单明了的方向发展，色彩光洁，形式明确。它的神秘只是加强了这些方面。

　　1976 年，我在马赛遇见他，当时康提尼美术馆正在举办他的画展。拜访他之前，我想起他的几幅画，那是 1957 年我在巴黎的右岸画廊见到的。我看见画中一个女人在吼叫，这是根据爱森斯坦电影中的护士形象画的，她在《战舰波将金号》中奥德萨港的石阶上呼天抢地；也有一幅让人追想起凡高，他正在烈日下行走在塔拉斯孔镇的路上，这幅自画像曾在德国被烧毁。在目录单的序言中，我读到一篇由诗人罗兰·

蓬罗斯撰写的文章——是他把超现实主义引进英国的——文章提到这幅画的未来前景：

> 我从自身的监狱里看到了一切。我被关禁在孤独的玻璃小间里，有人监视我。唯有我的脚可伸到不可知者的气窗上，像被废黜的国王的丧家狗。我唱歌，我吼叫，我咒骂，我哭嚎。于是一声爆炸。肉片纷纷而下，堆积如山，化成了风景，司芬克斯般的谜。从地里，从我的身体，我仔细琢磨，我探究它们的秘密痕迹。鬼魂没有年龄，化了装，他们就是人。

在马赛见面的时候，弗朗西斯·培根谦恭有礼地说着法语。他是殷勤客气的化身。他尽他的可能回答我的每一个问题。我听惯了闪烁其辞的回答，艺术家们养成了这样的习惯：他们老是说自己也不知道为什么要做这样的事——大概因为他们是这样的纯真，别人容易谅解他们。可是弗朗西斯·培根，这位许多形象主义作品的作者，我们从他的形象画中看到他的神圣一如那纯真的教皇，目录单上的名字标出了肖像画中的人物，牛肉挂在钩子上就如在我们的街区肉店里，肉块般赤裸的人像商场陈列架上摆放的一样，我期待着能听到他谈谈这些作品的背景……可是没有。我很快发现我的问题很有道理，并希望得到对方理性的回答。而他怀疑自己的智力。这位有着很高文学和文化水平的人，一直读着埃斯库罗斯的悲剧，他确实知道自己在绘画方面要保留隐晦的一面：要接近他最好是凭直觉而不是凭理性。

我们的交谈一开始，他就把话说得很明白："我不能解释绘画,我不解释我的画,也不解释别人的。"会见中,他说得最多的话就是"我不知道",以至于弄得这次谈话都有点可笑了。许多几何抽象画家都能谈很久关于他们的菱形,他呢,他画的画已极其有分量了,却保持缄默。但是,虽然他说了很多"我不知道",我们却在一起呆了很久。我们涉及的话题与绘画无关,他的回答又快又明晰。比如,我们谈到了政治,他说:"我不参与政治,我的朋友几乎全是共产主义者,但我不喜欢。"谈到宗教,他说:"我一出生就是新教徒,但这并不重要。""我没有社会理想。现在,我们还有那么点自由,但我担心这种状态不会维持很久。"

那么谈谈他的生活吧?

我 17 岁离开伦敦,我到过柏林,它是很开放的城市,然后我来到巴黎,我去看了毕加索的画展,于是我想:我要丢下我所有的室内装饰活计了,我也要试着做一名画家。我认真看展览上的画,他开始走的是立体主义路子,他走了所有曲折的路,我相信毕加索吸收了一切。虽然我的一位朋友肯定地说他没有吸收超现实主义,我的看法却相反。1936 年,在伦敦曾举办过超现实主义的画展。组织者们来看我的画,说这些画够不上超现实主义。总之,他们一定是有理的。无论如何,我不相信自己是超现实主义者。

然后他给了我一份艺术家们的名单,弗朗西斯·培根说他的那些充满暴力的作品当归功于:委拉斯开兹、伦勃朗、莫奈、德加,然后是凡高。他说:

凡高发明了一项新技术，用于摄录事物。凡高说，为了更好地找到真实，他要他的绘画越来越人为。我相信……

那伦勃朗呢？

你看伦勃朗的那幅《夜巡》，不过，我看那是他的自画像，尤其像他的生命里最后那些日子。

那莫奈呢？

他是最伟大的印象派，在巴黎，我找到一本关于口腔疾病的书，用彩色的板画出，那一大片皮疹又红又肿，栩栩如生。这就是我喜欢画的画，画这样的画能创造出与莫奈画的落日一样的奇迹。我还没有他那样的功力。

他说这些话时，我惊讶得直瞪着他。看他的表情，他不像是在戏弄我。对于他，口腔病和落日就是绘画。他说的是实情，那他就不在意他的话是否让人惊讶了。

我们的话题扯到他画的肖像，大家都见过的。他说：

绘画中最难的就是肖像。没有人画得像。因为每张脸有着几百种不同的表情，然而一个人看似不合理的画像比看似合理的更有效。要用不合理的点来画，画出来的肖像会更像得多，因为它不是用智力能解决的东西，而是能马上引起直觉的东西。因此，画像能表现得比眼前那个人更真实、更生动，那是因为更神秘。很明显，你并不是以你想要的这种本能去画。然而一旦发生，肖像画就不会像一幅插图那样呆板了。

于是我记起一篇报道里的图片，图片里是他工作的房间。那是一个坐着的男人，他紧盯着目标。他若站起来，就会走到那叠厚厚的照片前，那都是从杂志上剪下来的。人们称这些照片为快镜照，不叫它们为肖像。至于所谓身份照片，是在自动机器里拍的，这会让警察局满意。它们用于鉴别一个生灵，但不是使人尊敬他或喜爱他。它们丝毫不能表现他的神秘之处。

培根又说：

大家谈到本能，想到的是牲畜之间的自卫能力。人们提到动物的本能，言下之意就是不能演变的能力。我呢，我以为它一代一代地适应、演变。当然它没有显示出来，专门研究这个问题的科学工作者也茫无头绪。我不能解释它，但我肯定伦勃朗对着他的镜子的本能，与戈雅或席里柯对着一个模特的本能不是同一种。这种视觉的本能，从一出生、从胚胎开始人就有了。我有这样的直觉。

弗朗西斯·培根是"我不知道"者中最好的一个，他继续说：

我喜欢绘画中的次序，但我在次序之外工作。我提防着事故,提防着预料不到的力量,它们会使最初的计划发生偏离。为什么呢?我不知道。

而后是关于康提尼美术馆画展的话题,他刚刚看过:

画假得像幻灯片。我想把它们全部重做。这是我的本能告诉我的。我不能解释。我所有的绘画,我四十年的绘画告诉我的。这和我的生活有关吗?我不知道。如果我一辈子一个人单独呆在房间里,我可能会画同样的东西吗?我认为这些画来自内在的经验,它们表现了这种经验。我不能谈这个问题。它们揭示了一些秘密,这些秘密是人的智力不能表达的。一切都发生在绘画里。昨天,走在康提尼展览大厅的时候,我听见一对夫妇说:"这一幅的画面太残酷了。"他们会受到这幅画的刺激,这实在让人好奇。他们就看不见生活本身是残酷的?他们没看报纸,报纸上报道的不都是血吗,他们不都是恐怖电影的观众吗?而我不过是努力地做个现实主义者而已。

我和他谈到教堂里的画,沿着一个又一个祭坛,人们可以看到那些圣徒。他马上就扯到马蒂亚斯·格鲁涅华尔。

在科尔马,一切都那么美好,大家都从痛苦中走出来了。这就如在埃斯库罗斯的悲剧里,暴力恢复了生命。在我的画里,我没有放置什么宗教希望。我没有。我不相信基督教的希望。我们只能希望再活些时候,如此而已。

过了一会儿,他对我说:

你明白我不是为了别人而绘画的。我是为了我自己。没有人需要我去诱惑、欺骗、指点。也许因为有这样的感觉,所以人们买我的画。我画脸庞,但这是为了我自己才去画的。事实上,卖墙上的画,我觉得很怪,它们是一种不安的呈现。

谈话间突然提到了戈雅,我期待他给我谈谈《无常》中的女巫和食人肉者,谈谈这幅作品中可怕的行动与吵闹。这幅画里不是有他熟悉的一种残忍吗?然而,他跟我谈到这位画家最安静的画《菲律宾政务会》,集中了不动的东西,一幅冰冻了的画。他曾专程去卡斯特拉城观察过它。他在画里看见了在人物之间流动的空气。寂静?

瞧!人们听着演说家!在死之前,我希望画一幅画,像《菲律宾政务会》那样有许多人物的。我不知道我能不能做到,因为绘画越来越难了。如果我想到我的生活,我想我不会去绘画,我可以拍电影,即使它不触及神经系统的同一方面。电影中有幻想的可能性。让一吕克·戈达尔、阿兰·雷奈尚未开化,应该再往前走。也许绘画会消失。年轻人对概念艺术感兴趣,而照片占了优势。照片很接近电影,比绘画接近。在绘画中,什么东西能超越电影呢?

我很想看看弗朗西斯·培根的电影。他熟悉安迪·沃霍尔的电影。他对它们感觉不是太喜欢。他更喜欢沃霍尔的画。他认为它们是最好的"波普"画,而"波普"比抽象表现主义更引起他的兴趣。

这次会面中,我感觉到弗朗西斯·培根把他本人的许多事情告诉了我。我离开他的时候,我的一位朋友问我,是否向他提起有关他的不安和绝望的问题。我没有问。他的画已充分表明了。他的绘画有非常特别的表现悲苦的能力。画笔的活力,色彩的热烈,越来越清晰的构图,表现了他很有感染力的能量。这绝望的艺术繁殖了幸福。说到底,我认为有理由和培根谈他那阳光明媚的一面。

让·埃利翁

Jean Hélion（1904—1987）

    我在 1946 年遇到让·埃利翁。他正从事绘画,这是他的第二生命。在二战前的巴黎,大家通过特奥·冯·多厄斯布知道他的,然后是乔治·旺东热尔罗,那是在"抽象创造"小组。他经常与"具体派"艺术家来往,尤其是让·阿尔普。后来他在欧洲旅行,在德国,他拜访了纳乌姆·加波;在伦敦拜访了亨利·摩尔、本·尼科尔松,在苏联拜访了弗拉基米尔·塔特里那。在美国的时候,他认识了阿什尔·戈尔基。他找到了他的目标圈子。

    他被德国人关在集中营,这集中营在波梅拉尼亚的监狱船里。他是怎样逃出来的,怎样穿过整个德国,然后到法国,直到马赛,又从马赛上船去了纽约? 他在一本书里提到这件事,那本书的书名是《他们抓不到我!》,1943 年在纽约出版。他在书中描写了在集中营被拘禁的生活以及被占领法国的生活环境。

    巴黎把他看作抽象派画家,然而他回来时带了一幅形象派画作,从而开始了漫长的历险。在纽约,他首先从事回忆的工作,他需要找回失去的巴黎。作为抽象派画家,他不应当画街、房子、行人,然而这一切却牢牢地印在他的脑海里。早上,住在楼下的女人推开房间的百叶窗;"按 7 月 18 日的法律,禁止张贴……"以保护墙壁不被广告入侵;建筑物正面的粗涂灰泥层的裂缝；拿着棍子长面包的人——他都没有忘记。

他由简单的形象开始，画背影，画的是抽象几何图形。然后他被彩色的飞翔吸引住了，就是那种围绕人物飞翔着天使的那些翅膀。了解他曾经历程的人，知道他重新画物件、人物、树和房子的时间是漫长的，看到一位艺术家走了极端，然后否定自己，为了找到他自己的真理，都会被感动。让·埃利翁经历过抽象画家满意于裸体的简单几何线条的时期，然后他又否定了他取得的经验，转而致力于在这同样的人体上颤动那细腻的光线。

我寻思，他曾经历的抽象画家的历程、他对鲜艳色彩的感觉，对他那我认为是学院派的绘画有何影响？那时是 50 年代，我觉得那时就没有新东西，而其他更敏锐的观众却在他的画中看到了普世价值的东西。在漫长的研究中，他走进了多少死胡同？那真的是死胡同吗？

1965 年至 1970 年，他又获得了自由。他画了他在美国梦想的巴黎：露天市场、咖啡馆露台、地铁口，疏通阴沟的工人抬起目光，从地下巴黎扫向人行道，玻璃橱窗上摆着没有脑袋没有手臂、穿着整套西装的模特……这是巴黎，正在消失的巴黎。大家可以想象我们这些巴黎人多么幸福，城市又可以进入我们时代的绘画了。这些绘画在 1967 年摆在德拉贡街的尼娜·杜塞画廊展出，它们反映了这条街发生的真事，而且它就摆在事情发生的人行道上，就更有吸引力了。1968 年 5 月的街垒、大学生的游行队伍也应该被画在画里。

然后，埃利翁凭他对巴黎的想象，画出了有点疯狂的画作。他成了道路事故的幻觉者，最后他的画表现了力量的均衡，色彩的热烈，那是以前他达不到的成功。我一直认为，让·埃利翁是这样的一位艺术家：最紧张地活在当下，能不停地为其绘画的未来做准备，他如饥似渴地追求创新，并将之当作自己的事业。

1949年，我第一次去他家，他给我放映了有关他在纽约绘画的影片。我看见了他回忆中的巴黎。我好像又看到了1919年费尔南·莱热画作中的某些东西，《城市》——而莱热的城市也是纽约。影片中，我看见楼梯尽头有个女人走过，她披着长长的金发，那金色看似不大真实，是技术处理的结果（影片真的是彩色的，在当时还是比较特别的），这女人是他的妻子佩金，我们应给她一个外号：奥菲丽娅（《哈姆雷特》中的女主角）。她是艺术界奇人佩吉·古根海姆的女儿，在伦敦开了一家画廊，在纽约也开了一家，而且每次搬迁都带着小行李箱，里面有马塞尔·杜尚收集的所有"现成品"微缩版，正是杜尚创造了"现成品"艺术。我在威尼斯遇见她，她很小心地拿给我看，就在格里蒂旅馆的大厅里。她也是画家，为了留住她的童年。

我有时到埃利翁的乡下去，那儿靠近夏尔特尔，他住的房子很像铁路的火车站（比若奈特站，停站两分钟）。在巴黎，我喜欢去他的公寓，因为要爬楼梯，越过人行天桥，翻过屋顶。屋顶很美，是巴黎特有的锌灰色屋顶。有一次，我看见他独自在空房间里的一张椅子上，纹丝不动，比平日更甚，屋内极寂静。我向他打招呼，但他没看见我。突然我明白了：他失明了！我打开门，听到声音，他转过头来，像以前那样激动地讲话。他说什么？说蔬菜、笋瓜、韭葱。他再也见不到它们了。但他用文字描述它们。

1949年1月，我第一次拜访他的时候，他戴着眼镜，可谓眼明心亮。当时我发现了屋顶上的房间，它们由人行天桥相连，画室就像在壁炉上，而后他给我看他的画。

离开他之后，我穿过卢森堡花园，我看见站着的人群，停下来看摊在面前的报纸。我们每天都碰得见这样阅读的人。让·埃利翁发现了这一建筑造型：摊开报纸、正在阅读的脸庞。读者们一动不动地阅读，有如塑像，有如什么也没穿的女像柱。

应该明白什么是"重获"。战前，当他还是抽象派画家的时候，有一天，有根树枝和他说话，它对他说，他的眼皮底下有画里没有的更为复杂的东西。这是个故事。让·埃利翁给我讲这树枝，它向忙于画圆柱体和菱形的抽象画家挑战。这挑战有了效果；竖的、横的结构开始倒塌了。蓝色和黄色的几何形状溶化在蓝色场景里。这是一次失败。同时，他敢于画的第一批形象画是灰色的单色画。形象熄灭了色彩。美国又给了他色彩，色彩与形象重新取得了协调。他真的重获了街道，他的巴黎街道。那些看报纸的阅读者成了象征，成了往日画中的寓意人物。他让他们面对面地站立着，日常新闻标题难以辨认，他们的注意力集中在读报上，全神贯注在报纸上，他们站在门边，那儿有一个赤脚的瞎子，坐在花园的椅子上。形式与色彩表明了主题及其前驱性。他的画里有多少瞎子和白手杖啊，他对现实艰难的"重获"由此可见一斑！

画室是会面的家，一个共鸣箱。有一天，埃利翁对我说："不久前我听到有位年轻钢琴家演奏他的作品，很出色，他叫皮埃尔·布莱。"另一次，在他家里我碰见雷蒙·格诺。画室是几代人交替的十字路口。还有一个金发青年是那儿的常客，他第一个提出"世界公民"，并自称是世界公民。他叫加里·戴维斯。有一阵子听人谈到他：他在帕雷耶尔大厅演讲，有两万人去冬季赛车场，围绕着他的思想，支持这个美国年轻人。在台上，我认出了韦科尔、阿尔贝·加缪、让·波扬、埃马纽艾尔·穆尼耶，克洛德·阿夫利纳、安德烈·布勒东、雷蒙·格诺和其他几个人，这是诞生在埃利翁画室的委员会。

很明显，加里·戴维斯被他所惊动的警察跟踪着，他那一头金发和佩金的一样，他们立即就认出了他。为了隐藏身份，埃利翁借给他一顶给报纸读者戴的帽子。加里·戴维斯戴着埃利翁的帽子，读着报纸，有一天遇见了共和国总统樊尚·奥里奥尔，总统接见了他：让·埃利翁和他的两个朋友陪伴他到了爱丽舍宫。这个小人物被官方认可了，以后可以无忧无虑地在巴黎游逛了。那个时候，作家和画家都被邀请参与公共生活。毕加索、莱热、艾吕雅、阿拉贡及其他共产主义者；布勒东、萨特、加缪及其他非共产主义左派。加里·戴维斯使布勒东和加缪产生梦想。他来到让·埃利翁的画室，在那儿重复他的演说。

我问让·埃利翁，他对加里·戴维斯这位世界公民与绘画的关系有何了解。他给我写了一篇文章，我把它发表在我的报纸里：

没有一个人和加里·戴维斯在一起是为了赢得声誉，而是为了消耗他。如果有，也是为了服务于此事业。这不是知识分子运动，这东西不是"主义"，这是意识的觉醒，去登上世界之阶梯，是人民对和平、自由、丰富、文化的憧憬。今天，将艺术分割为一个个国家的流派，那只能是武断。艺术的根源一方面在个人生活里,另一方面在世界艺术的文化里。不同国家产生的艺术财富不能只属于国家,这不是原子秘密,不是石油,不是小麦、大海、空气和光。任何国家都不能垄断绘画和人类。只有世界,这个各阶段、各领域的人类所在地,才是人类最幸福的足够大的发展空间。艺术非常需要完全的自由、持久的和平、无限制的空间。

在画室里我看见借给加里·戴维斯的帽子,它回到墙上的钩子上了。我也看见一大幅画着裸体女人躺在白被单上的画。从突出的窗户看出去,右边是读报纸的人,左边是一个男人用双手护着火焰在点烟,这吸烟者的动作是重获巴黎的组成部分,如同棍子长面包、大型公共汽车、地铁口、从地下出来的通阴沟的人、露天市场的货摊。然后,是1968年5月。

于是,让·埃利翁重新找到了他以为被废除的巴黎,德拉克洛瓦和杜米埃的那个巴黎:他看到拿着横幅标语的人群鱼贯而行,骑在男人肩上的姑娘们,挖出街头当武器的人们,街上点燃的火堆。节日中的巴黎,浓彩的巴黎,喊着"完全自由"口号的巴黎,他给我的文章里说,这些都是艺术非常需要的。1968年,让·埃利翁成功办成了共产主义者画家在1950年没办成的事。但共产主义者画家是受到检查的,他没有。

这些共同的理想麻痹他们了吗?为了确信创造了艺术的所有元素,一位艺术家的创造力应该摆脱整个政治决定论吗?在法国,"社会绘画"的失败是否应归咎于它的指令和发指令的小组?然而小组的动力一般是有效的。是否主要的缔造者越不明确,这动力就越大? 我们每个营的战略组织没有意义。我们在上面建设艺术史的军事结构一定不是安全可靠的。比如,我问自己:为什么形象表现在法国吸引特殊的艺术家? 年轻时的贝尔纳·比费,还有保尔·勒贝罗勒、马塞尔·格罗迈尔、让·埃利翁、巴尔蒂斯没组成小组,也就没召唤巴塞里兹、培根、阿里卡、斯庞塞等艺术家到自己这儿来。大概由于缺少直接的类似性,由于其他的肤浅以及不同的过程和不同的世代。

于是,圈子和方阵、抽象—创造、新现实与超现实在集中他们的成员时找到了力量,而形象派艺术家却是分离着的,他们的孤立并没妨碍他们的创作。未来不可能不关注他们的劳作。我隐约看到了一部鲜有日期的历史,它只好来总结我们这个时代遗留给它的东西。今天帮助我们在艺术倾向的丰富性中为我们定位的浮华组织会变成毫无价值,因为必须同时使让·埃利翁和罗贝尔托·马塔在一起,让他们对立是可笑的。要诚实,就不能舍弃一方。也许到了最后,就像大和平到来一样,才会有我们认为完全正常的东西,在研究人名地名时,我们再不知道哪些是被争夺的城市,发生了战争,战争成了神话,也许因为每次冲突不会都在我们的地图册上爆发。名字以—ville结尾的城市表示它们是拉丁出身;以—tot结尾的(例如 Yvetot)有维京人的根。现实性的冲突气候中记载着历史的不公,但时间并不会为之修复。至少它不用我们做选择,而这选择,随着年复一年,越来越失去其意义。

最终,如果人类的历史不再脱离潮涨潮落、月圆月缺的节律,也不脱离气候变化和地理变化,它就会更靠近地球的历史。

Odéon 49-41　(vers 1 heure,
　　　　　　　　　ou avant 9 h)

Lundi,

mon cher Pierre, il y a déjà
longtemps que je suis de retour,
et puisque vous ne venez pas,
il faut bien que je songe à
vous en prier.

Voulez vous passer la soirée
avec nous, tous les deux
Vendredi prochain — là haut
après 9 heures?

Max Ernst et Dorothea,
eux aussi de retour du sud,
seront là.

Cordialement vôtre

Hélion

让·埃利翁给本书作者的一封亲笔信。

贝尔纳·比费

Bernard Buffet（1928—1999）

　　战争已经结束，人们还不敢相信进入了和平时期。冲突的最后几个月，到处是穿德军制服的小伙子的尸体。在街上，我看见一个工人被一个士兵杀害，为的是抢他的自行车。和平伊始，集中营的犯人和死人的照片堆得像柴垛一样高。我们是年轻的活人，从尸堆上浮出。国家在努力重建，我们的青春也是。我们的青春要创造历史，要去发现战前被禁止的一切，我们有这样一种感觉：在被麻醉的情况下，我们被截肢了，但不知道截去的是哪一条肢体，然而，我们还活着。

　　当时我遇见了一位画家，他的画表现了我们所处的幽闭、孤绝的状况，画家的名字是贝尔纳·比费，我们几乎同龄。我到巴黎十七区的巴蒂尼奥勒街 29 号找他，战事刚结束，街区冷冷清清。整个巴黎没有煤，很寒冷，而这条街尤甚。是不是因为阳光一点照射不进来？它是真正的巴黎，建筑物的正面是石膏墙，磨得溜光，如同郁特里罗在白色石膏时期画的蒙马特尔建筑风景画。巴蒂尼奥勒街上，当地职员的住宅区应该说是精致的：阳台上几根铁条，教堂、市政府、没多少东西出售的市场。那时，贝尔纳·比费 19 岁。

　　画家让·奥雅姆命他参与美术学校的会考。作为善于运用色彩的画家，他慧眼识人，看出这位小伙子用羰基之类的棕色作画，为保护结构，用灰色、白色、黑色表现没有太阳、没有影子、冰天雪地的风景,那是人们从窗口看到而不愿在上面行走的地面。奥雅姆鼓励他,敦促他举办画展。前一年,也就是他18岁的时候,他把自画像寄给了"30岁以下"沙龙,他站着面对画布,在一张矮凳前,穿着羊皮黑上衣,僵硬木然,黑着脸,直瞪瞪的目光,闭着嘴巴,衣领扣着钮扣,双臂贴着身体,双手藏在身后,脸色阴沉。

谁把他弄到这步田地?12岁的时候,他被剥夺了一切。他忍饥受冻。博物馆关了门。巴黎城只点小支光的电灯,玻璃窗都抹上了蓝色。街上武装的巡逻兵命令市民遵守熄灯令。街道成了空荡荡的走廊,除了几家店铺的门口,天一亮女人们就在那儿排队。报纸都只有一版,它们报道德意志帝国的胜利。大家不是为这个去看报的。这是战争。每个人都感觉被关在没有火的房间里。贝尔纳·比费就画画。他在床单上画。我忘不了他的绘画所讲述的,那是敌占巴黎时期的青春。我也没见过这样的艺术,它如此强烈地表现出对被迫忍受的环境的厌恶。

战争结束时他16岁。他还是不打开他的百叶窗。他住的大楼的院子只是通风的井,他在房间里开着两个电灯画画,电灯用电线吊在天花板上。是白天还是黑夜?没有阳光也没有影子。他在和平时期与在战争时期一样都是隐居者。

我们还记得战争刚一结束,巴黎的绘画是怎样的吗?那是彩色的节日。一下子,人们在马蒂斯、博纳尔、毕加索、莱热的画里感受到了温暖。当时40岁的巴赞、埃斯泰夫、马内西耶、塔尔·科阿,他们同意重新找回来的前辈们的看法,这也是大家感觉到的。色彩是欢乐的,绘画重新使我们产生了热爱生活的感觉。而他呢,他躲在他的百叶窗后面。我记得:一张铁床,被单上沾满了亚麻油和铅白,报纸掉在地上,草图摊开,一叠压着一叠,几张明信片钉在门上,一只柳条编的篮子,四方凳被用作调色板,纸箱里塞满了素描和压平的画布。有一些用图钉固定在最宽的墙上,其中有一幅画着一个小伙子,手肘支在桌上,桌上摆着一个瓶、一盏煤油灯、一只熨斗。这就是他,没有一年前的自画像那么消沉了,动作还有几分文雅。这小伙子比他的兄弟还要像他。他还是在这人的周围画了瓶架、煤气炉、刀叉。他会以为自己陷入乔治·西默农侦探小说的调查中,当时他读了西默农的许多书:他正面对着一桩罪行的物证(中)? 不,很简单,他是在堆积物品,贫乏时它们显得尤为珍贵。他的绘画又采用了苏丁的主题——母鸡的一只爪子被吊起,被剥皮的兔子——这些不是美学上的引用,而是乡下的表兄有时送来的食物。

　　要到什么时候,他的绘画才会知道战争已结束? 这位隐士在巴黎闲逛。他像一具行走着的小小尸体。他咳嗽。摄影师觉得他完全是个年轻的存在主义者。他怀着绝望闲逛,带着青春的冰冷和愤怒。他和沾着斑斑颜料的"加拿大女人"一起到展览会去,他把它放着,它就独自站着,这是他的外壳,他的护胸甲。他说他喜欢莫里斯·郁特里罗的白色风景,还有基泽的,他和他们的画有点像。然而,他使用的配方不是他们的。在他的作品里我读到了感动,就这样他感动了我。他表达了我模糊感觉到的某种时代空气。

　　他爱好什么? 凡高? 他爱凡高,他说:

　　　　他以感人的笨拙方法试图接近修拉和高更的印象主

义，但徒劳了，这不是他。

喜欢其他画家吗？喜欢弗朗西·格吕贝？"他了不起。"康斯坦·佩默克呢？"他了不起。"詹姆斯·昂索尔呢？"他了不起。"他认为所有新一代艺术家还摆脱不了 20 年代成功的艺术家的影响：如毕加索、莱热、布拉克、马蒂斯。自从出了这些伟大的汉子之后，艺术家们就生活在他们的阴影里了。他认为他这一代最终会挑战他们。他这一代？然而他不相信小组。他没把话说出来，但他认为是他将带来挑战。我问他的个人经历，他说："我从 10 岁起就画画了。我一直单枪匹马地闯荡。"

他的第一次个人展在学院街的书店举行，开幕日是 1947 年 12 月 1 日。我写的序言。贝尔纳·比费刚发现了色彩的幸福。他的画布上有红、黄、蓝。那天下着雪，地铁在闹罢工。没人来，好像战争的日子又来临了。总之，不管他做什么，他总是孤独的。

他写信给我说：

> 关于我的绘画观念，我一定会答复你，我会重提笛卡尔的名言：我努力不去想，只为了存在。

我在寻思这句话的意思，是不是表示对绘画理论的深刻的不信任。他在忙着呢，他在画耶稣受难像。他 20 岁。这是他的杰作。三副十字架竖着，一把梯子，一个男人坐在矮凳上。他扶着脑袋。靠近他的地上有一把钳子，两个行人停下来，一个女人拿着空瓶架，一个男人牵着一个小男孩，地上卧着一具巨大的尸体,赤身露体的,一个女人试图扶起他。还有一水罐,一盆子。这就好像是刚在外面发生的事,在人行道上,在巴蒂尼奥勒街上。这些都是小物件,色彩不是大家称之为颜色的东西,而是黑的,灰色,白色,棕色,就如震耳欲聋的嗓门。我认为这幅画是疯狂,冲着摆得位置不对的尸体。大家都碰撞着这具横倒的尸体,他们不知道这尸体会复活,会成为神。大家正处于精神的悲惨状态中,巴蒂尼奥勒街人行道上的这具尸体,就摆在我们的门口。

贝尔纳·比费的怒火还冲着物质的贫穷:这些个子瘦小、穿着玫瑰色连衣裙的妓女,这些坐在退了潮的水边的小伙子,小伙子和干枯的水一样干瘦贫瘠。到了 20 岁,贝尔纳·比费是狂热的青年现代画家,人们看着他的画,会这样想:一样的瘦、劳累过度,吞"马克西东"药(是为了通过口试吃的兴奋剂),画家将成为年轻出色的死天才。应该购买,应该等待。爱好者们爬上巴蒂尼奥勒街 29 号的三楼。我认识这些爱好者。有人对画家说,收藏他的画是一种幸福。另一个人认识国家美术馆的秘书,答应以国家名义购买。有一位爱好者将在法国给他办画展。大家都满载而归。画家们是很慷慨的。然后一个商人来了。我还听到贝尔纳说:

这就是他提的建议:不用合同向我买画,一手交货一手交钱。在 11 月给我办画展。他来到我家,把全部画都翻过了,他运走了我一堆画,最近的、最旧的,还有素描。他向我保证,明年我就能得到他的画廊付给我的画价。

然后,贝尔纳兑现了他要向 20 年代画家挑战的想法。但社会重视他的希望吗? 1954 年,他写了一篇有关格罗男爵的文章:

> 他具有德拉克洛瓦和雅克—路易·大卫的优点,没有缺点。格罗令我感兴趣的是他完成伟大画作的特点,他把一切都安排得恰到好处,一切都正确,一切都完成得很好。我们应该以两种方式听他的教导,首先,他帮助我们反对无所作为的表现主义,然后因为他是历史绘画的大师,现在的绘画可以通过宏大构图走出它所处的死胡同了。

这就是他的计划,他的雄心。

他决定在一个画商那儿展出他的作品,画商的名字叫埃马纽埃尔—达维德,在圣奥诺雷郊区经营着一间叫德鲁安—达维德的画廊。我不明白他是怎样让贝尔纳·比费同意画系列画,并以每天一幅的速度进行。有时还不止一天一幅,因为要作为礼物送给妻子和儿子……对于这种流水作业的工作,创造性没能顶得住。虽然贝尔纳·比费曾长久地抵制过。如果不是信任了达维德,他会按另一位商人的建议去画,那情况会怎样呢? 这位商人也是米罗、超现实主义者、后来又是里奥佩尔、卡罗、马蒂厄、维埃拉·达·席尔瓦的画商,画廊在圣日耳曼·德普列大街上,叫皮埃尔画廊,画商名叫皮埃尔·勒布。除了选择了鼓动他创作越来越多作品的画商,贝尔纳·比费和他要与 20 年代大师挑战的计划的失败,归咎于更广泛的原因。

　　比费希望能做一个社会证人并对社会错误起到纠正作用，他以为绘画可以是颂扬当下的处所，就像绘画在几千年直至 19 世纪那样。他很清楚地看到，艺术的国家结构正处于瓦解状态，他认为在活的艺术开放的场域里，他可以进行冒险。但无论是文化部机构还是舆论报刊都不关心画家的努力。他指望的社会已不复存在。这个社会不再相信艺术对它的发展是必需的。它把时代造型发明的一切交给现代艺术博物馆，交给负责设计的工业。它只根据美学因素和时尚来看待艺术的存在，这是遗弃，是放弃？在我们毫不知情的情况下，常发生这样基本的变化。但只要稍为后退一点，就能发现这个现象了。

　　举个例子：墙画，装饰墙的雕塑，巴黎夏悠宫的广场放在今天似乎是不可能存在的。这不仅仅是由于它们的风格，也由于与这些作品有关的机构不再协商一致。我相信比费在画廊里就陷入这样的思想状态。总之，对其创作的冷酷否决，本就不值得他来做这样的工程。他的整整一生，虽然有使他开心的社交活动，但在他心里却有着愤怒男孩的某些感觉。

　　贝尔纳·比费自杀了。有人说他想逃避突发绝症的折磨。很早以前，他就想在莫里斯·加尼耶的画廊举办一次主题画展：风景、人物、物品。2001 年，他去世后第一次展览的题目是"为一家博物馆创作的画"，里面有他初期的作品。博物馆也许会选在科尔马尔。在法国，这可是头一回有博物馆为被排斥于官方艺术之外的作品开放。我们的文化部长们实行除名制度了，大家知道这事吗？

贝尔纳·比费的铅笔自画像

保尔 · 勒贝罗勒

Paul Rebeyrolle (1926—2005)

"蜂窝"这地方属于巴黎沃吉拉尔区,离屠宰场不远。1950 年,关于这"蜂窝"的传闻已经沸沸扬扬。对于那些知道莱热、夏加尔、苏丁的名字的人,这里几乎成了朝圣地。这个由玻璃、石头构成的像蜂巢一样的地方曾是 1900 年世博会的酒厅。并不漂亮的街区被拆了又建,安顿艺术家们:楼下住雕塑家,楼上住画家。圆亭的中心是巨大雄伟的高档木梯。每一层平台都有一系列的门。每扇门都向着蜂巢的侧面,长方形的板块伸展到向着花园的窗户。花园围绕着大楼的空地。就在这儿,1914 年前,阿波里奈尔来拜访莱热,而桑德拉尔来拜访夏加尔。这令我浮想连翩,但我想认识的,是与我同龄的艺术家们。

街区在三十年间没有什么大变化,除了路灯代替了煤气灯。地铁也没变,直接通往蒙帕纳斯。在挂着"酒、木材、煤炭"招牌的店铺前,仍然一行行地排着被拆掉的车辕、带臂的犁车,煤炭商在上面堆放倒空了煤球的口袋,构成了当地的生活场景。从关税员卢梭(即亨利·卢梭)时代起——他住在不远的普莱桑斯——画家们常向煤炭商借犁车运他们的画到展览馆去,因为展览馆大多在右岸。而煤炭商呢,由于常见画家,近朱者赤的原故,他们也画起画来了。星期天,在店铺的柜台旁都在讨论有关艺术的问题。

屠宰场里系着染血围裙的屠夫们、阿莱西亚街的肉店主们、街角的旧货商——提供瓶子、挂钟、锅、有风格的物品,常比新产品便宜,他们都来参与了。面包商和他们喝上一盅,他说起他的父亲回忆起曾赊账给"蜂窝"的俄国艺术家。他没有因此而穷死,而艺术家们却填饱了肚子,有力气创作他们的作品了。沃吉拉尔区赤贫如洗,却不悲观忧伤。画家们快快乐乐地相聚,因为他们不疏远邻里,和睦与共。确实,每幢楼里都有人绘画,而作为爱好者,有时还敢班门弄斧,向画家们提建议。这是他们谈话的话题,他们还相互交换,用画幅换羊后腿,用肖像画换煤炭。

我见到的年轻画家们都尽力地谋生。米歇尔·汤普森创造了奇迹,他用美国罐头上剪下来的白铁装饰"蜂窝"的一面,他的装饰很讨人喜欢。他在附近旺弗门那儿的跳蚤市场买了些东西,跳蚤市场的旧货商一点不知道自己在人行道上卖什么东西。米歇尔·德·嘉拉尔、西蒙娜·达以漆公寓楼为生。有人告诉我,保尔·勒贝罗勒写侦探小说,我从没读过。他该像黑人女作家那样干这个。他不像知识分子的样子,他强壮、粗野,他从上维埃纳的镇上直奔这儿。他告诉我,他回去的时候要剃光脑壳,吓吓姑娘们。然而,他虽长得粗,一头乱蓬蓬的头发,却是有教养的。和所有在巴黎的外省人一样,他要靠家人寄来的食品包裹过日子。

我对同龄画家们的希望是,他们和当时的大师断绝关系,如毕加索、莱热、马蒂斯、蒙德里安,这些大师年轻时也反对印象派。我碰到勒贝罗勒,在他的画室,家具是些箱子或桌子,在附近的旧货商那儿买的矮凳,角落里是红色的容器,简陋的床,地板上沾着颜料的痕迹。他像个画家兼工人,令人想到古斯塔夫·库尔贝。我们也正好刚刚见到库尔贝,在卢浮宫我们看到《画室》、《在奥尔南的葬礼》和《鳟鱼》。库尔贝与夏加尔、贾柯梅蒂和米罗意见一致。对于年轻人,他可就是"老大"了。

勒贝罗勒对我说:"我的画家生涯中,最大的事件就是卢浮宫重新开放。"以前,在1947年的秋季沙龙中,他很高兴地见过毕加索的作品,但库尔贝比毕加索更接近他的天性。勒贝罗勒回来后画了鳟鱼、青蛙、兔子和狗。绘画重新表现田野和树林的现实,那是城里人在五年战争期间所失去了的,五年在年轻人生活中是漫长的日子,那是五年水上没有太阳、草上没有露珠、桌上没有面包的日子。而今这一切都重新获得了。

贝尔纳·比费想重操历史画家格罗男爵的画笔,而勒贝罗勒在席里柯那儿找到了他可以继承的作品。那是一幅5米长的大画,题目是《雨与晴》,画面是一对夫妇,头上一片暴风雨的天空。他对我说出他的困难:

> 我的画中间那片没画东西的空白部分显得很弱,因此我需要重画整幅画。那一年,五月沙龙向参展画家提了个建议:或向德拉克洛瓦(他的作品是《自由引导人民》)或向席里柯(他的作品是《美杜莎木筏》)表示致敬。席里柯的画适合我。"美杜莎"解决了我的问题吗?我本来可以用画作的照片代替不是粘贴画的画中空白部分,但这显得它很弱,于是我就重新画。

他给我看他重新画的画。我看见在暴风雨的云层下画了被撕裂了帆的木筏,几具尸体,呼救的动作。如果不是他告诉我，我看不出他参考并借鉴了席里柯的《美杜莎木筏》，这就是绘画的特性：它既显示又隐蔽。

拒绝粘贴画，勒贝罗勒远离了现代派的画法。他走他这一代画家的路子。确实，年轻画家的方向是清楚的：他们努力重走绘画的主要道路，威尼斯画派、伦勃朗、鲁本斯、库尔贝的道路。同时，我们这些年轻的观众也喜欢在画里看到自己的生活。就如 17 世纪的佛拉芒人、荷兰人、法国人，或印象派时代的人，从他们大大小小的画中看到他们的生活。当时已经有人说，而且很早就有人说：绘画死了。证据是，小便器改变了本来的用途：它被摆在现代艺术博物馆展出，并将成为马塞尔·杜尚式的美学家的圣水缸。回到现实的表面来，或至少回到可视为最低限度的共同性中来，好像是维系艺术家与观众之间沟通的解决办法。但却搞砸了。大家觉得勒贝罗勒的画很美，富丽、细腻，画布上画的是美丽的草坪，野兽的毛，岩石，甲壳，沙，战斗的残忍，抚摸的温柔。不错，他的画反映生活，是所有生命的合成，但这样的画，没有人喜欢看。

争论很剧烈。大家讨论可能的参考系。我看到勒贝罗勒给我寄来的文章，谈到保尔·塞尚的作用问题：

我认为一个年轻的现实派画家不能以塞尚为榜样，不能把他当作一位大师来热爱。因为他对人物的描画缺乏一致性。他砸毁他的模特，解成片片块块，不给模特留下自己的结构。而我们认为，活生生的模特不是造型研究或理论研究的借口，模特有其基本生活，有其自身存在的理由，我们应当了解模特在我们面前呈现的形状，而不是通过这个或那个美学理论或什么理想的视觉。我认为抽象画家不能把塞尚归为己有,因为塞尚热爱自然(风景,静物),比他们热爱得多。但也许不像委拉斯开兹或伦勃朗爱得那么多,塞尚热爱自然的理由跟我们也不相同,但他确实爱它。从塞尚过渡到抽象派,这是跨了一步,是他本人也没想到的,因为他是伟大的画家,依靠的是外部世界,而不是他的梦想、他的小感觉或他的想象。

勒贝罗勒的外形像一位校长那样魁伟。在他称为现实主义的年轻画家近旁,有着好几个小组表现出这一倾向。他和贝尔纳·洛尔茹作为见证人,成立一个小组,处理起现实性主题。年轻的绘画和那些 30 岁以下画家组成的沙龙一样能组织同类型的画展。混杂的小组也被动员,例如被动员去反对越南战争或创作集体作品,如巴伊、埃罗和勒贝尔的《反法西斯的巨幅画卷》。还有社会主义现实主义的倾向,他们当中的安德烈·富热龙得到了法国共产党的支持。到处都是形象表现。当代艺术史没有提及它们,这是什么原因呢?

有一天,勒贝罗勒打电话给我,请我到蒙帕纳斯的咖啡馆会他。他在那儿,还有米歇尔·汤普森,他们看上去既快活又严肃。他们对我说:"我们刚加入了共产党。"1953 年,斯大林去世,毕加索绘的斯大林肖像造成社会主义现实主义的终结。1956 年,勒贝罗勒脱离法国共产党。他画了自己带着挥手姿势的自画像,题为《再见与感谢》。他没住在"蜂窝",而是住在"红山"或巴士底区。然后在乡下住下来。他过得越来越像一匹野猪:真正的离群索居。他与其他画家疏远了。当时他结交了政治上的朋友:让-保尔·萨特、米歇尔·福柯、卡尔罗·弗朗基、萨米尔·阿曼。他为支持越南,切·格瓦拉参加展览与示威。他参与那个时代的政治历史,同时被开除出艺术史。后者是因为前者的关系吗?

一切始于献给游击队员的画展。他从古巴回来,那是1967年,正举办五月沙龙,他受卡斯特罗之邀,把他的艺术家们和古巴画家们混在一起。所谓的左派知识分子(玛格丽特·杜拉斯、米歇尔·列里……)到哈瓦那旅行,我们大家一致提出把关塔那摩从美国军事基地中拯救出来,直到我们的古巴向导劝我们,说我们表示一下气愤就够了。我们看见了一切:蒙卡达营房、圣地亚哥狂欢节、载着砍蔗工人的卡车、岛上的美丽风光以及卡斯特罗式的狂热——卡斯特罗组织了超现实主义者的聚会,运来一大卡车的巧克力冰淇淋,还动员了原始森林的部族。勒贝罗勒、维费列多·拉姆和塞萨尔都参加了这次历险。他在这次聚会中确信绘画可以涉及历史,改变人的精神状态。

在法国的战争结束之后二十年,思想界又回到这样的状态:社会主义现实主义失了面子,艺术摆脱了一个政党的限制与束缚,获得自由的绘画可以证明它的时代了。因此,回到法国,他在位于"红山"的画室里画了一套大幅画,题材是古巴人反对美国统治。在这些画里,可看到他用的是摆脱了控制的自己的艺术。1957年,他在他的巨幅画作《雨与晴》里拒绝贴上席里柯的画的照片,这一次,粘贴画做了他的补充部分。在惊跳撕裂空间的素描里,他在彩色的画板上添上巨大的蘑菇和黑色的鸟尸。那是1969年的事。如今,他的画里常见鸡笼。我想到曼·雷也常画鸡笼。而曼·雷的鸡笼是其构图艺术真正的组成部分,没有什么含义,而勒贝罗勒的鸡笼意味着遁世隐居。作为一个解放者,他要砸毁它。同样,在《游击队员》中，他砸毁了黑色的羽毛，它们是敌人，是游击队员在岛屿上战胜的伞兵。

奇怪的是 1969 年的展览在艾梅·玛格的画廊举办，它是巴黎最豪华的画廊之一，画廊里的人都知道古巴是苏联在北美的桥头堡，顾客基本上是美国人。应该理解。1968 年 5 月事件动摇了博物馆和画廊的世界，它们感觉到争议的风吹到他们的耳边了。他们提倡举办宣传革命精神的画展——这是他们的光荣，然而革命艺术与非革命艺术的区分绝对不是明显的。它的特性具有不同的意义。勒贝罗勒的作品可以看作非形象艺术，它们和让·梅萨吉耶的作品（《池塘上的蜻蜓》）、让·福特里耶的作品（《裸者》）一起展出。

后来这非形象艺术出现了一些作品，它们雄心勃勃地表现出这样的主题：世界是斗争，布满谋杀。这类绘画不受任何思想体系的要求，它们表现罪行，但你不能怀疑它在搞宣传。绘画反映的事实不会是不确定的。它们毫无保留地表达，没有不可告人的想法，没有玩弄手段。大家参观展览是为了看美丽的图画，华丽的绘画材料，大家看见的红色是红色呢，还是血流？人们为美丽的红色打赌。

观看了《游击队员》这幅画之后，人们的眼光发生了变化。以后大家可以看尸体，断了的手臂了。酷刑不是大家可以拒绝相信的东西：它画在画上。以前的宗教画中，也出现过殉教者受刑的惨烈场面，大家因为不忍观看而长期地排斥它们，如今它们又回来了。勒贝罗勒和这些长时间被排斥的艺术一起，把绘画重新置于政治冲突中，红色不再是红色，而成了敌人殴打所致的血块。

1970 年，他准备举办裸体画展，但它们被红色的形式砸

毁、拆解了。他认为这些红色的形式代表着镇压工具，是自称
社会主义国家尤其是苏联的镇压工具。他担心这些画展出后
引起的效果，打算请让－保尔·萨特写篇序言，把事情说清
楚。后来他继续画世界的黑暗面。但在哪个社会里绘画不引
起纷纷议论呢？他画了迷失在城市下水道里的移民，在医院
里等着治病的人们，被殴打的丧家狗，因为据说它们是疯
狗⋯⋯无需任何说明⋯⋯

　　最近呢？不用说画疯牛了。重货币学说的快乐小伙？销
售学的下流技巧？勒贝罗勒不再害怕被四处攻击了。他的绘
画不再引起公愤了。人们似乎相信它是抽象派的。大家喜欢
它们的材料，金属盖、栅栏、电线拼成的粘贴画。大家喜欢看。
难道说这些画的意义消失了？我不相信。大概有一天，他又
使它们具有意义了。得到法国一个亿万富翁的强有力支持，
这些人选择、收藏那些创造一致性的主题，不受"游击队员"的
美学影响。他找到了解决问题的方法，而这方法好像是战后
难以解决的。艺术不再禁止处理社会问题。我们要敢于正
视它。

佐朗·穆齐克和依达·巴尔巴里戈

Zoran Music（1909—2005）

Ida Barbarigo（1925—　）

这个区我几乎再没涉足，巴黎的十六区。我再没涉足，因为自从科莱特·阿朗第去世后那儿再也没有画廊了。在她的画廊，在她的圣母升天街的楼阁里，可以看到伊夫·克莱因和让·阿尔普。现在这区已成了住宅区，也就是说成了荒漠。但愿莫扎特大道的书商顶得住那些楼面死气沉沉、装了铁板的银行的到来，顶得住理发师、服装商反复的出现，顶得住医药分析中心。1970 年在奥特伊区，还剩下一位画家住在葡萄园街，他就是佐朗·穆齐克。

院子的一头临街，一幢小小的楼房，和所有的画室一样的画室：楼梯、楼梯下的小室、很大的门窗洞。书籍靠墙排列着，几个画架，沾着油彩的矮桌。这地方很朴素，生活空间尽可能的小，尽量满足工作的空间。在这朴实无华的房间里，一个男人含着温和的微笑，动作缓慢。他像他画的风景：大海，一些温存的山冈，羊群吃草的牧场。从远处看，寂静的生活，和被雾笼罩的色彩。

我是在威尼斯认识他的。在喧哗的咖啡馆里，他虽是个行事谨慎的人，但他熟悉平价小饭店，那是国际艺术展览大厅里的国家委员们绝对找不到的。在隐秘的小胡同里，我和他一起分享安静。他需要安静就如鸟需要空气。没有安静，我看他会死掉。他来自戈里兹城,他出生时该城属奥地利,后来改名为戈里齐亚,属意大利。他是地中海斯拉夫人,讲德语和意大利语,除了母语外还讲斯洛文尼亚语。

1930年,他21岁,进入萨格勒布美术学校。当时美术界崇尚表现主义和野兽主义。

那时多么疯狂啊,如同给年轻人做模特,竟提倡一种复制的艺术。很容易,只要去看看拜占庭的壁画或包格米尔神秘教派坟墓上的雕塑。

四十年后他跟我谈到这个,依然愤懑溢于言表。他寻思,低能和愚蠢不是刺激创造的兴奋剂。

他紧紧抓住真的能感动他的唯一画面:山峦,荒凉的高原,树木都被拔光了,这是出生的家乡。

那是辽阔的土地,间或有些类似硬硬的乳头般的小圆山丘,四处出现一些小小的红土绿洲,长些葡萄或生菜。那儿几乎从不下雨,风总是刮得很紧。整片大地点缀着荆棘丛,有时是黑色的,有时是红色的,生气勃勃、变幻不定的荆棘丛使荒漠平添了热闹,农妇们牵着满载柴禾的驴子,像黑色的斑点点缀在黄土上。

这就是喀斯特,人们也用意大利语把这样的地形叫作喀尔索(Carso)。

穆齐克就这样扎根在家乡的风景里,他扎了根,陷进去,埋在里面。对于他来说,画布就是土地。我起先以为他常用

的棕色是一种颜料。但不，这是画布本身，一幅巨幅画布，有
点像麻袋布。他就在上面抹上透明的蓝色，娇艳的玫瑰色，金
黄色，最微妙的颜色抹在最粗硬的画布上……穆齐克不是带
着理论来绘画的，他带来的是风景。他还熟悉其他地方的风
景，托斯卡纳、翁布里亚以及亚平宁山区的悬崖峭壁。而他一
直寻找的是石头，是点缀着草丛的岩石，地中海边的密林，它
们的色彩就如从远处开花的树刮来的一阵香风。

　　他画抽象画时，他的基本画即风景画作了让步。他的抽
象画加强了他的红黑色斑点点缀的矿物色荒漠，后来在更大
幅的画上，他的荒漠更深地呼吸着，达到了庄严的境地。在画
里，可以看到夏天悠悠流云的影子。穆齐克 50 来岁，是开花
结果的年龄。他超越了自己。大家发现了他。

　　60 岁左右，他出了一件怪事。他在亚平宁高高兴兴地画
荒漠，这幅画不是平常那种横着画的，而是竖着画的，画的是
峭壁，山顶上是他常画的石头。是岩？也许是。是侧面像？
被水流冲损的大石块？也许是。是人的面孔？他俯首看着那
一大块颤动白光的陡壁，终于明白了：画中的风景像人的脸。
在卵石堆，在旧墙的苔藓上，我们可以看到人脸，什么都看得
到。相反地，我不记得在装了铁门的银行新墙上看到过什么。
那儿，是不会有人脸这样的东西显现的。或者说得准确些，我
不愿在那儿看到这个。

　　穆齐克解释说："我画这些山时并没有意识到里面会像人
的脸。"但它们在灰色的陡石中形成，他感到里面有一种可怕
的意义：在他的色彩温和的画里，他好像只要求画出荒漠的
美，当太阳和风给它带来转瞬即逝的色彩的时候，如今在他画
了四分之一世纪的画里竟突现了这样的画面。亚平宁石头的

侧影在无意中变成了他在达豪集中营看见的那些死者和垂危的人。他在 1943 年被押送到达豪。25 年之后,他画的山变成了难友们的脸。

明白他画出别的东西又怎么样呢?他想画的是这些大家看见的脸吗?穆齐克告诉我:

在达豪,德国人把死人和垂死的人堆在一起,堆在集中营的小道上。我看见死人堆上还有人在蠕动,有天早晨下了雨和雪,一切都被雪覆盖了,死人堆再也不动了。最后是寂静,寂静。

当时我好像有点理解他在威尼斯黑暗的街道里听到的声音,没有什么在动,当我们走近温暖、光亮的敞开的人行道时。寂静和最微小的声音有着无穷的意义。任何寂静,任何声响,都不会使人忘了其他的寂静和声响。

在达豪,他画了成堆的尸体,死人的脸。他把两百幅画藏在犯人劳动的工厂机器旁边。工厂挨炸后被摧毁了,他救出三十幅画,把它们藏在草垫下面。1970 年他找到了它们。他在里面认出了亚平宁山区看到的侧脸。这样,石头和瘦骨嶙峋的死人都出现在同一幅撕裂的画面上。在达豪,矿石的裂口揭示了它的悲剧,他把它们画进他后来的画中。他最初的一批画,是在粗糙画布上画了一套他从没画过的画。死人、垂死的人、赤裸的人,躺在一起。组成白骨皑皑的人墙,赤身露体,被剃光的脑壳、耳朵、眼眶、牙齿、鼻孔一大片。寂静的死人不知不觉回到他的手指下,好像为了扰乱他的宁静。达豪的寂静溜到他的荒漠和山的寂静中。

　　战后不久,关于布痕瓦尔德集中营的第一批摄影作品让我们看到了存活者的身体,他们缩减成一副副骨头。我刚刚在他的位于葡萄园街的家里看到,穆齐克的画和铜版画比这些摄影作品更能说明问题。它们是人们见所未见的画面,为墓石所覆盖,那是陈尸间方可容纳的画面。因为人们可以把一个人的死亡作为场景。而这里是尸堆,成堆的死人,成千上万的尸体的管理处。有时管理处塞满了尸体,有些尸体来不及投入焚尸炉,于是我们看见被禁止看到的事实:堆成了山的尸身。这是任何仪式组织不能忍受的挑战。这是人间真实发生的事。

　　穆齐克给他的展览题名"我们不是最后一批"。1944年,回到达豪之后,他以为任何国家都不会这样收拾死人。1970年,他在报刊和电视上看到,人们在尼日利亚东部比夫拉地区的孩子们瘦削的尸体上匆匆走过,在卫生队盖了石灰的堆尸处走过。被屠杀的人数没法准确计算。大地收容尸体的能力无限,它是如此害怕真相的披露,以至于抹去一切能引起人猜疑的痕迹。穆齐克的艺术揭露了所有的耳朵都不愿听见的死寂,我有时经过葡萄园街上庄严的画室时,即使我知道他不再住在那儿,我也仿佛又看到这些令人沉痛的画面。

　　我有时会碰见他,或到他的新居拜访他,我老是发现他沉默不语。达豪的画和雕塑只维持一年或两年。然后他又回到安宁寂静的风景画,克罗地亚的达尔马提海岸,威尼斯风景,银光颤动在暗影中。而后,我懂得了他的绘画的寂静要走向何方。

　　1999年,他和他的妻子在巴黎举办了一次展览。他的妻子是画家依达·巴尔巴里戈,我明白夫妇之间的对比和亲情。

巴尔巴里戈比她的丈夫年轻,展出了一幅《狄俄尼索斯续篇》,杂乱的赤裸身体被棕红色的雾笼罩着,这些画是火,但却是远去的火。绘画的材料是泡沫,这次展览中,它接近穆齐克的画的色彩。他的画也是泡沫做的,但更干,比苔藓还要像苔藓,他们的相似处就在这儿。巴尔巴里戈的画富于表现力,穆齐克的画则节制朴实。他画坐着的男人,瘦削的长手臂,闲散的双手。什么都不动。这是孤独,夜幕来临时黑暗中生命的结束。人们会想到伦勃朗画的那些老人。只要倾听那片片寂静,就能听到生命的声音,直到它的喃喃低语,关注别人以为缺席之处,那里恰恰有着精妙的存在。

穆齐克的绘画喜欢集中,巴尔巴里戈喜欢分散。他们肩并肩地画各自相异又相近的作品。穆齐克有时点燃一大丛发亮的红棕色,这是对妻子年轻时的秀发的记忆。我们不能把穆齐克的作品简单理解为是他对集中营罪行的见证,这位画家有关和平的绘画意味着与世界的和解是可能的,包括与那些否定他的人和解。

艺术家们常画地狱和灵薄狱,但他们也画天堂。穆齐克的天堂是受伤的荒漠,带有刀疤的,伤痕累累,但这依然是天堂,因为在这里我们呼吸得比其他天堂舒畅,在他的天堂里,一切被净化,关于错误的回忆被抹去。因为它是我们的地球,稍稍扫去了恐怖,因此是如此感人。在集中营画素描,穆齐克并非唯一的一个,人们都没忘记鲍里斯·塔斯里兹基的素描。他们的素描从没展出过。有人说,它们太脆弱了,而这是真的。同样,我们也看不到阿利娜·萨波克兹尼科勾画出素描作品中的集中营犯人的脸。为了避免给博物馆参观者的脚下打开一道深渊,画纸的脆弱难道不是一个借口吗?为什么我从没读到一点有关集中营作品比较研究的文章？因为批评界写这些文章时，用的是文体学分析的词句，这是不能容忍的吗？对这些反映不久前的历史的作品，我们的做法之简单粗暴，就像是在宗教绘画史上取消所有有关地狱的绘画一样。

阿利娜·萨波克兹尼科和罗曼·切希勒维兹

Alina Szapocznikow（1926—1973）

Roman Cieslewicz（1930—1996）

　　1962 年,我在威尼斯展览馆的波兰厅遇到了阿利娜·萨波克兹尼科,看到了她的作品。每件雕塑品底座上呈现的都是"冲突";材料是冲突的,相互对峙:铜和石头、铁和塑料、泥和青铜混在一起;还有形状的冲突:嶙峋凹凸的平面上耸立着丰满的外形尖削的物件,好像是冰针或被风鼓胀的三角帆。阿利娜 30 岁左右,对于雕塑家来说,这是开始迈进创作的年龄。

　　我觉得她的作品都在反映苦难场面。也许因为我对波兰艺术有了先入为主的看法,认为它表现的是绝望和忍受痛苦的大无畏精神。事实上,阿利娜的过去是任何人都难以忍受的,她曾被关押在纳粹的三个集中营里,凡从那儿虎口余生的人都懂得了忍耐和等待。解放后,她有幸参与一项工作:修复一件属于世界遗产的雕塑精品,那是布朗创作的巴洛克作品,位于捷克斯洛伐克的库克公园。修复之后美仑美奂。然后她回到波兰。在社会主义现实主义的官方压力下,她为"波兰与俄罗斯的友谊"等主题奋斗,为乐观主义和学院主义所严格要求。然后,"解冻期"来了,艺术家们有了创作证明其生活和痛苦的权利。阿利娜的作品通过节奏感和立体平面,说明雕塑和人一样在受苦。

然后,她来到巴黎,受到年轻艺术家们的接待,其中有塞萨尔,还有艺术家前辈,如马塞尔·杜尚、让·阿尔普、马克斯·恩斯特、罗贝托·马塔,他们在 1965 年一致同意颁给她科普莱奖。得奖的是她的一件雕塑品,这件作品仍然表现了材料的冲突,它由染成金色的水泥和两件汽车减速器构成。作品题名"金手指",借用了一部詹姆斯·邦德的片名。我们可以用三种方法理解它:法国式的康康舞女的脚、工业制造品和手工制品的结合。好像出于有意的挑衅,减速器的形状令人联想到女人的性器官,任何男性雕塑家还不敢做这样的玩艺,女性色情终于找到了它的雕塑家。

成功的大道在阿利娜的面前打开:那就是表现女性的自恋,不是女性的自满而是对女性能力的确认。在这场斗争中她并非单枪匹马。1965 年,尼基·德·圣法尔展出《娜娜们》,"娜娜们"得意洋洋,带着一点可笑。但尼基本人不是"娜娜",她使用新材料——塑料。她把塑料垫厚后用它们雕塑自己的作品。阿利娜也用这些材料,但她因其透明而喜欢它。这样一来,女权主义的抗议艺术用新材料维持,并使雕塑成为彩色的。1966 年,阿利娜提出雕自画像:用半透明的白大理石做上半身,用塑料做脸,嘴唇的色彩红艳夺目。

有一天,她打电话给我,谈到罗曼·切希勒维兹,他是美工设计者和海报设计师。波兰的海报设计当时很出名。人们在博物馆、画廊参观他们的作品,但在波兰城市的墙上看不到,因为波兰的城市里没有广告公司,除了给几部电影做海报。罗曼·切西列维兹在德国并不快乐,他以前在德国的克鲁伯工厂从事美工设计。他刚到巴黎,在找工作。我把他推荐给一位管理法国图书俱乐部的朋友,贝尔纳·格布朗雇了

罗曼，他很快就入了行。在出版界和媒体界，他很快就熟悉了
工作，但他的兴趣在别处，在海报。由于有了他，他们有了没
什么可出售的图像：对照比较人物、节奏、颜色，提出一般的构
思，有时针砭滥用权力。他的海报获得被国家现代艺术博物
馆收藏的荣誉。在他的海报里，人们能愉快地呼吸到一股无
政府主义的芬芳。看看现在的海报，我们就会发现商业专家
代替了艺术家，我们的街道发出愚蠢的铜臭。

罗曼回到家，整天和编辑队伍一起，——他们多数都是主
编头衔，他有点吃惊。阿利娜搞她的雕塑。她也在她的作品
中宣传女性化的东西，把她本人的形象塑进作品中。成为铸
模的专家后，她把自身的魅力体现在铸模里，把乳房、臀部、嘴
唇（我有说过它们绝美吗？）的形态铸到用聚脂和聚胺脂的雕
塑品里，还在里面装上了几个电灯泡。我的工作台上，就有她
的一个乳房和两条大腿的灯照亮着。还有路灯，用的形状是
好几个嘴唇。总之，我们差不多可以用"阿利娜"产品做房间
里的全套家具。这个时期是她的身体和她的作品取得胜利的
时期。初期的自恋成为色情的挑衅。她对女性特征的爱好，
不知是否出于可理解的纵情或是死亡的接近。因为阿利娜患
了癌症，后来不治而亡。

也许对美的热爱使她用自己的作品表现有关身体健康的
主题。在她把癌症表现在作品之前，她用透明的塑料塑了很
多脸，就如把照片堆放在保鲜袋里。我还见过她塑的两张脸，
一张是她的脸，笑容可掬，旁边的那张脸，我认出是我见过的
照片上垂死者的脸。1945年，它们向我们揭示了一个在集中
营里将死的人是怎样的。这些照片是阿利娜在1969年至
1970年找到的，同年，佐朗·穆齐克回忆起在达豪集中营里

成堆的垂死者,开始还在蠕动,黎明时被雪覆盖后不再动的尸体。战后二十五年,穆齐克画下了那个场景。有些不能忘怀的场面,会在你不经意之时突然出现。

大概癌症的力量更加强大,阿利娜收集了大量报纸,我记得她把报纸放在塑料的内部,弄成难看的垃圾袋的样子,不久,马拉科夫大道上她和罗曼住的小楼的院子里放满了这些东西。

当时大家展出的雕塑作品是没有题目的。她称她的作品为"肿瘤",就如在她体内增生的肿瘤。其中的一些"肿瘤"变成了一道目光,一张脸,细细看去,就变成了她的脸,病中的脸。雕塑在她的肿瘤里,呈现出一张平静的脸。她能这么乐观地接受患癌症的残酷事实,为什么竟治不好呢?为了圆满完成她的作品,她铸模时,让她充满朝气的儿子皮奥特尔·斯塔尼斯拉夫斯基做她的模特。那是一个年轻又颀长的裸体,她给他制作了能开能闭的眼睛。我不是看花眼了吧?他的前额缠着荆棘、有刺铁丝的铁线?他令人联想到基督,因为他被奇特的光照耀着:他不死不活,好像不是我们地球上的人。

艺术常常是变形的,但这个变形属另一种性质。在这件以亲生儿子为模特的雕塑品上,她也把它分解成一块块一片片的压平的聚脂,颜色是死人般的惨白。她把这些碎片集中塑成题目为"花志"的作品,就如自然历史博物馆里好几个世纪收集花志那样。是"花志",她很明白地说是"花志",不是圣物,她是要永远保留一个1972年的"智人亚种"标本吗?她不是在向未来的解剖学家说话,而是在向普通人说话。对于那些呼吸在两次大战时代的人来说,他们听见了她的作品在说话:"停止摧毁人类。"

不久前她曾写道：机器是艺术的未来。她觉得遗憾，因为：

> 我坚信，在蜉蝣的所有表现中，人的肉体是最脆弱的，它是所有欢乐、所有痛苦、所有真理的唯一源泉，由于它的基本的贫乏，从意识上来说，它是不可抗拒的又是难以容忍的。

阿利娜·萨波克兹尼科在极度的痛苦中去世。罗曼·切希勒维兹在举步唯艰行动不便中存活，然后他也去世了。他们的儿子皮奥特尔·斯塔尼斯拉夫斯基保存了母亲在法国创作的主要作品，1988 年，他把它们借给波兰巡回展。当有人向巴黎一家博物馆提议举办展览的时候，这家博物馆答复说，他们在 1973 年已经举办过了，也就是说二十五年前。新的世代没必要了解阿利娜的作品，大概这家博物馆的人是这样想的……马拉科夫大道上，在阿利娜和罗曼相爱过、争吵过的小楼里，还住着一位艺术家，罗曼最后一个伙伴，画家尚塔尔·珀蒂。那儿的墙要求他严格对待创作，没有人像尚塔尔·珀蒂那样画画。

第八章

从波尔·比里到让·坦盖里

伊夫·克莱因 波尔·比里 让—皮埃尔·雷诺 达尼埃尔·比朗
让·坦盖里和尼基·德·圣法尔

伊夫·克莱因
Yves Klein (1928—1962)

初次听别人谈论伊夫·克莱因，为的是一件我觉得很可笑的事。他的母亲是抽象派画家玛丽·雷蒙、一位很受人尊敬的艺术家。我喜欢她画的快乐的抽象画。伊夫·克莱因给新现实沙龙寄去一幅橙色的单色画，委员会有人劝他在单色的画面上加点他愿意加的东西，如一条道道、一个长方形、一滴斑点，总之加点东西就是了……总之是荒唐愚蠢的干涉。我在请愿书上签了名，请他们让画家展览他们愿意展览的画作。

我没见过这幅引起争论的单色画，却在想这事很有意思，他在走几十年前卡齐米尔·马列维奇的老路、那是很大胆的行动。尤其是他的那些失去光芒的画布令我失望。至少克莱因事件告诉我不应该用词句概括艺术，我们应当观看它。事实上，第一次在科莱特·阿朗第的画廊看到他的单色画，我并不比新现实沙龙委员会的人清醒。画上画着各种颜色，在反曲线上面涂抹，我觉得它们占的空间比图画还要大。于是我写道，各种单色看上去怪可爱的，但画它们就没那么轻松简单了。我把克莱因看作一个画家，但他不仅是画家。对他来说，蓝色不仅仅是蓝色，对于非物质的东西来说，它是飞翔的轨迹。我读过马拉美的诗："萦绕着我：蔚蓝！蔚蓝！蔚蓝！蔚蓝！"我应该把他的画和这句诗挂起钩来。

那时我常到龙桑胡同拜访坦盖里,克莱因和他交情不浅,但他们没有交换过彼此的观点:坦盖里研究的是纯速度,克莱因是单色画的平稳性。伊夫·克莱因赠给我的第一份礼物是他刚出版的柔道教科书。他在东京的柔道讲道馆获得了资格证,但法国有关机构不承认它的有效性。于是他在拉斯帕伊大道的美国中心授课。我很难把柔道和克莱因对非物质的单色画的要求拉上关系。然而,柔道比赛着重的并非柔道运动员的胜负,而是身体在空间的优美动作。此外,作为虔诚的基督教徒,克莱因相信肉体的复活。在还受到马克思主义唯物论鲜明影响的环境里,精神性还不是流行的概念。再说,天主教会并没有看好他,没有展览他的作品。

举办一次又一次的展览,采取一次又一次的行动,他走着他的路,没有偏离他的方向。而我们这些观众,一直期待他到达造型美的意外收获的阶段。这重新活跃的次等厚纸上绘的画令我们喜爱,即使我们猜不到他向什么目标努力。那个让他进入圣塞巴斯蒂安骑士团的人猜到他的行动。那人叫做马塞尔·巴里永·德·缪拉。我个人不知道一幅蓝色、玫瑰色、金色的单色画是一种先锋派绘画,同时,克莱因的作品给绘画先锋们带来了他们不熟悉的"非物质"。在我接近他的那几年里,克莱因生活在难以想象的只争朝夕的创造努力中。1957年,他在巴黎、伦敦、米兰举办蓝色单色画回顾展,1958年,他创作德国盖尔森基兴歌剧院的大型装饰画,是用蓝色海绵做的墙。1958年,举办"虚空"展:伊丽丝·克莱尔的画廊抹上了白色,此外什么也看不到。克莱因说,他看见一些参观者在空无一物的茫茫空间嚎啕大哭。1959年他在巴黎大学办讲座,他描绘的未来社会是透明的,人与人之间没有隔板,他的艺术家朋友们都坐在部长的座位上。有些人还以为他神智失常，异想天开，如此地设想安排一切。不是的，他懂得寻开心。1960年，他参与新现实主义运动的发起，成了先锋艺术家。他花了一年时间考虑他在海报发起人中的作用。阿尔芒在纸上画发射物；尼基·德·圣法尔创立她的卡宾枪图画。1960年，他进行现场表演，第一次在公众面前充当模特，赤身裸体上涂着蓝色颜料，把自己变成活画笔。他把裸体模特作为"非物质"绘画的工具？极具魅力的现场，伴以他的《单色交响曲》。他命模特们躺到摊在地面的画布上，我看见他的有关柔道的知识、身体的动作终于在绘画上派了用场。但我承认当时丝毫没有"道成肉身"的念头。我不知道他有没有这类看法。

克莱因就这样分秒必争、义无反顾地在他的道路上走着。他始终如一地寻求，誓要创造出纯感觉的作品，这是凭双手和智力不可能做到的。我从他的著作《单色绘画的历险》中摘引他说的话：

> 我解决问题的办法是什么都不干，尽快地，但下意识地、小心、谨慎，果断地下这个决心。我将会是个画家，人们会说我是画家，我感觉到我是画家，真正的画家，我只是放下画笔而已，或表面上看放下了画笔。我以画家的身份存在的事实就是这个时期最了不起的工作。

有谁看到他从观众中飘起并飞升，我不知道。若在其他世纪，会有人相信的。你想怎么样呢？画家不是教科书，大家没这个习惯。当他对我说，他要向老天讨一小阵雨好让他画一幅画,我就想这是多么天真的事!但存在这样天真的作品。在它们面前,你不可能怀疑。蓝色的大幅绘画《人体测量》,是用"活画笔"绘制的。这是绘画,是行为画家们做不到的。我光顾着欣赏他的画技竟没注意摆在让·拉尔代拉画廊橱窗的《单金色》是用金纸制的,那是他新的历险。

同时他还用火作画。在德国克雷菲尔德市的奥朗日博物馆,他从当地的煤气公司里获得导管装置,能提供很高的射流——喷出的火一直窜上门口的保管处和安排了几列纵火者的铁栏。他说:"这样就能制造出摇晃的花,因为火焰是不停晃动的。"

回到巴黎,他试图用火和画一道做试验。他找到了木头,他用焊接灯做试验。试验失败。于是他从法国煤气公司要来了合适的材料:喷焰枪和手套。他对我说:"我用两天的时间制了三十幅画。"为了完成这些画,他必须做一个体力劳动者,但他没穿保护衣。他穿着漂亮的西服,戴着领带,温度升高时,穿上背心,打上蝴蝶结。他的助手在他旁边听着他的指令,往木头上用喷嘴喷水。他要在雕塑品的支座上表现水和火的和谐。这是水和火的对话,就像两个相扑的柔道运动员。美应当产生于它们的相遇。当伊夫要把他亲爱的赤裸铸模熔进水与火的对话中时,情况就复杂多了。他想要水在木头上印下女性肉体柔软的痕迹,而非物质的火给它烧出轮廓来。"道成肉身"不就是要这样的代价吗?但他又向法国煤气公司要煤气,又弄来裸体女人,这就产生问题了。有关部门中止了试验。因此,克莱因的火制裸体画是难得制成的。

我记得他给我看过一幅木版画,木板上印着一只人手。我看了心里很乱。它使我清楚地想起那些我们不能忘怀的照片：一把梯子和走近它的人影，原子弹爆炸的火光把它们印在墙上，事情发生在广岛。这也是非物质绘画法。他又给我看房间书架上放着的其他画，当时他住在第一乡村街。有些画，以大火为主题，画的是被焚烧的人体，黑糊糊的，惨不忍睹；有些画以水为主题，点缀着装饰物的棕色托架，上面有一个个亮点，好像是气泡升到河面上。这时我发现火焰可以变成一次爱抚。它的气息，依然是"非物质"。

　　我牢牢记得那个日子：1962 年 1 月 21 日。这日子写在结婚请帖上。于盖家和克莱因－雷蒙家通知我，罗特鲁·于盖与伊夫·克莱因举行婚礼，邀请我参加他们在巴黎圣马丁街的圣尼古拉乡村教堂的仪式。请帖上还印着圣塞巴斯蒂安等级的骑士的身影。我对这等级还毫无了解。我去的那座老教堂里，有一幅被灯光照亮着的西蒙·武埃的画，那时它还没有被人窃走，教堂里宾客如云，共和国卫队的乐师，还有一流人物：圣塞巴斯蒂安骑士们。他们有二十人左右，全戴着白手套，系着白领带。他们走进教堂便引人瞩目。在出口，大家看见他们的白驼鸟羽毛饰的两角帽。他们脱下印着紫红色十字架的短斗蓬，那十字架活像马尔他的十字架，他们的胸口满是装饰品，凭此可以猜出他们是退伍军人。他们展开缀着绸带、饰带和慈善铭文的三色旗。

　　我一眼扫去，好像没一个熟人。啊，不，在"虚空"展上的柔道运动员之间——他们戴着隆重的帽子，我看见了尼基·德·圣法尔；找位子的时候又看见了嚎叫派诗人弗朗索瓦·迪弗雷纳、雷蒙·安斯、雅克·马埃·德·拉维尔格雷；海报策划者阿尔芒，老朋友了；塞萨尔，用汽车压缩机创作；让·拉卡德，画商；还有批评家克洛德·里维埃，皮埃尔·雷斯塔尼，他也是家族成员。安德烈·莫兰，摄影师。不，我没走错教堂。我是参加伊夫·克莱因的婚礼。这真是一场盛大的婚礼。什么也不缺。穿着豪华的高级教士，饰以羽毛的瑞士人，穿漂亮制服的军人。教堂外面的行人在打听：谁结婚呀？怎么在星期天？罗特鲁被婚纱遮得严严实实，看不见她的脸。她的左边是兄弟君特·于盖，他是艺术家，把钉钉子当作一种爱抚。她的右边是伊夫，制服，白领带，脖子上挂着圣塞巴斯蒂安十字架，还有婶婶罗丝，母亲玛丽·雷蒙。神父给新婚夫妇举办仪式，然后读巴耶主教、凡尔登主教、皮伊主教的贺电。年轻的新婚夫妇在家人的簇拥下，步出教堂，经过骑士们的钢剑旁。我都认不出谁是伊夫·克莱因了。教堂里的摄影师穿梭在椅子间，人数还不少。过了几天，伊夫·克莱因打电话给卡特琳·瓦尔，问她有没有看到关于婚礼的文章，或者至少有一幅照片。没有，什么都没有。报刊的老板不认识画单色画的伊夫·克莱因，也不知道圣塞巴斯蒂安等级是什么玩艺。伊夫·克莱因就是这样的人：为属于秘密等级的家族而自豪，为媒体的沉默而失望。

在他穿着骑士盔甲的照片下面——这类骑士从前从事保护孤儿寡妇的事业——他写着一句座右铭：

我从事被线条所压迫的色彩事业。

也就是说，如果他成为骑士，是为了保卫蓝色。蓝色、金色、玫瑰色，都是通向"非物质"的阶段。

在克莱因的历险中，有段时间，他的创作摆脱了与造型艺术的关系。他不再画画。他不再用他的蓝色、立体以及作为雕塑史上杰作的微型样板去变形,这些杰作包括《胜利女神》。在一期周刊里,有一篇文章写道:"克莱因出售的是风。"它道出了一些事实。但他的行动完全没有商业的概念,他称他的行动为"放弃非物质绘画敏感区"。

他告诉我,他发现了两种奇怪的现象:他在阿朗第画廊举办展览期间,被他的单色画吸引的爱好者们在展览结束后来找他,虽然画都是完全一样的,他们却认出了自己选的那一幅。另一次,在一间画室里,他在以前的房客的画墙上感觉到画的存在,那些画已没挂在那儿了。他由此推断出,看不见摸不着的非物质画作可以被"传递"。

1962 年 2 月 10 日,他请我到巴黎圣母院脚下的码头上,参加他的"传递"仪式。一小群人在冷风中瑟缩着。我认出其中有弗朗索瓦·马太,当时他把他的装饰艺术博物馆变成现代艺术博物馆。两位巴黎画商:雅尼娜·德·戈尔德施密特和让·拉卡德;洛杉矶德万画廊的弗吉尼亚·康德拉蒂夫;画家波尔多-勒佩克夫人;从不离开伊夫的摄影师逊克·坎德。我还看见两名非物质画家候选者:美国夫妇迈克尔·布兰克福与多萝西·布兰克福,他们是来自好莱坞的作家。我忘了在场的还有两个对此场景非常好奇的流浪汉,他们站在通往塞纳河的石阶高处。"放弃非物质绘画敏感区"是一项复杂的行动。为什么选择在河边举行?因为一切东西都会在河里沉下去消失。无限,已然不远。伊夫穿着祭司般的服饰,白衬衣,领带,头发中分,三件式正装,黑色外套。

第一项行动:迈克尔·布兰克福打开纸盒,里面有 16 锭细金,每锭重 10 克,即共 160 克。伊夫数着金锭,然后从口袋里拿出一本专门为这次行动印制的支票本,他填了第四页,支票上写着:"收到 160 克细金,以放弃'非物质绘画敏感区'"。

第二项行动:弗朗索瓦·马太,这位美术界官方人士,扮演法兰西银行的出纳员。他的签名将保证支票符合一个"区",作为交换,克莱因给他 2 锭金子。于是还剩下 14 锭。"非物质绘画敏感区"是什么东西? 那是与他的"虚空"实验有联系的,他 1958 年在伊丽丝·克莱尔的画廊里提出来,1960年,在他的《虚空的戏剧》里又得到了发展。他的"虚空"跟远东文化中的"虚空"有所不同,它并不是一个醒悟的空间。既然如此,就要接受画家的一点东西,就要像被签发一样纯粹地接受它。因为没有融合,非物质就无法构想。

第三项行动:伊夫留下 7 个金锭给自己(用于支付午餐),他把 7 锭细金扔进河里。伊夫认为,把金子扔给塞纳河,就是把它还给自然,就是大自然从银行的柜台上收取金属。这一"祭品"使他能得到的"区"与合作者合成一体,得以成为他的存在的一部分。

第四项行动:为了非物质完全渗入他的体内,迈克尔·布兰克福不能留下由克莱因签名由马太连署的支票,因此要摧毁它。多萝西·布兰克福带来了火柴,支票烧着了,灰烬落在码头的地面上。仪式完成了。迈克尔·布兰克福不能把他的支票装起来了,他交出的金锭只留下回忆。没什么东西能比"非物质"更长久地留在精神和记忆里。

仪式结束时,我看见弗朗索瓦·马太把克莱因交给他的两锭金子塞进一个流浪汉的口袋里。我把这事写在我的文章里。伊夫并不欣赏他的做法。他不能接受在他严密组织的仪式中,他的一个重要的参加者破坏了仪式的意义。然而马太难道没有理由认为,他可以没有回报地接受他的"非物质"部分？他把金子重新交到货币流通中，而这仪式倾向于将他从那儿排除出去。克莱因则认为仪式受到干扰，这是很严重甚至是危险的事。在每张支票下面不是写着"违反者将被全部撤消其敏感性"吗？在造型艺术方面，没有什么比这更冒险的了。精神享受与大饱眼福高于一切。

1998 年，有人重奏了《单色交响曲》。它创作于 1960 年，为了在让·拉卡德画廊给"活画笔"作画时伴奏。乐师们仍然穿衣服，每一场 40 分钟，演奏 20 分钟后停 20 分钟。这是伊夫·克莱因的创意，谱曲是皮埃尔·亨利，他是具体派音乐的作曲家，出于对克莱因的友谊，专门为乐器和人声谱曲。罗特鲁·克莱因和她的第二任丈夫达尼埃尔·莫凯组织表演，采用了首创时的交响乐，音乐指挥则委托给菲利普·阿里依·布拉谢特。令我欣慰的是，虽然伊夫·克莱因享有世界名望，晚会的乐曲响亮而亲切，不同凡俗。大厅里人头涌涌。我看见伊夫一如既往的忠实朋友雷蒙·安斯。观众都是年轻人，我很想知道他们对克莱因有多少了解：喜欢他的名声还是他的作品？也就是说，是不是有关"非物质"的传奇压倒了他的绘画？因为传奇是不断加油添醋，神乎其神的。"非物质"和他的名声相得益彰。许多事实互相交错，赋予新的意义。有人说，都是些巧合。但他们就不想想，在这些巧合后面，是否有些东西值得注意。

第二次听《单色交响曲》是在 1998 年，在丰特奈欧罗丝这个地方。大家知道克莱因－雷蒙一家战前住在巴黎这个郊区。大家也知道伊夫·克莱因重返故里，因为他是柔道老师，在火车站旁的一间教室上课。1960 年 10 月 15 日，在丰特奈欧罗丝，大家见证了他的精彩行动。那一天，他飞起来了。他是从一幢小楼的窗口飞出去的，小楼很像园丁的房子，那些私家花园的入口都有这样的房子。

　　大家见证了两件事：第一件是逊克·坎德拍的照片，照片上，克莱因正处于飞翔阶段，可辨出他所在的街道。照片里面的火车，公共小便池现在消失了，但毫无疑义，这地方靠近现在的快速地铁车站。第二件是柔道俱乐部老板拍的照片，他和几个柔道运动员来了，在窗下拉开了一块防雨布，万一……很明显，伊夫·克莱因没有飞到天上去，他没有在无限中消失。他掉进防雨布里了，照片是梦的一个剪影。柔道俱乐部老板把防雨布送给拍卖估价人。摆放在博物馆和被收藏的伊夫·克莱因的作品，又可以加上这些珍贵的纪念品。

　　又是巧合，1998年的《单色交响曲》是在丰特奈欧罗丝的圣丽塔教堂演奏的。伊夫·克莱因对这位圣女特别虔敬。他曾三次前往托斯卡纳的卡西亚朝圣，到圣丽塔的修道院献上供奉。这座教堂建在与他飞翔的同一条街上，因此罗特鲁·克莱因和达尼埃尔·莫凯认为，应该选它作为举办音乐会的地点，以庆祝伊夫·克莱因的七十大寿。晚会上，没有一个人提"巧合"这个字眼，但我们每一个人都觉得，伊夫又在干不同凡响的事情了。

波尔·比里
Pol Bury（1922—   ）

1963 年,波尔·比里住在巴黎郊区丰特奈欧罗丝的盖拉尔街。街道狭隘,街道两边立着铁栏杆和墙,街上的房子相隔尽可能的远,19 世纪的小房子式样各异。长春藤和葡萄藤爬满了房子的正面墙壁。这里的每个人都想呆在自己的家里,躲到植物后面,深居简出,与世隔绝。这是隐士居住的街,总之是爱好幽静的人士居住的街。

这幢房子比其他房子还要隐蔽:半月形,宽敞的小径,小径尽头是作家保尔·莱奥托的家,狭窄的住所,黑色粗涂灰泥层,建筑式样很不起眼,主人的房子外还有空地。它不美,但也有可圈可点的豪华处。右边有作汽车间和厨房等用的附属建筑,住人的小楼阁,如画家维克托·布罗内的兄弟就住那儿,他是摄影师。稍远一些,我们就来到那间波尔·比里和房东的佣人住的房子里。

这位在超现实主义边沿成长的比利时人,怎样从埃诺省的拉卢维耶尔来到这里的? 据说,是诗人盖拉西姆·吕卡建议他来巴黎。房主德·奥尔内小姐接待了他。德·奥尔内小姐不停地谈到保尔·莱奥托。她允许波尔要去了她的一间木屋,这是他的画室,长宽各 2.5 米。我走过去时,惊走了一群母鸡,比里的猫蹲在窗口正往外看。克洛迪娜在倒酒。就在旁边,那是保尔·莱奥托那些猫们的坟吗? 它们占了几乎一整块空地。

在一个邻居的建议下——当时这个邻居就坐在轮椅上围着他转——比里亲手建起了画室。这儿有一个小团体。比里碰到了电的问题,他不停地切断和接上电源插座,这是新雕塑家的困扰:老是跳闸。新雕塑家都少不了发电机,比如住在龙桑胡同的让·坦盖里,住在克利希广场后面的尼古拉·舍费尔,住在丰特奈欧罗丝的波尔·比里。这种运动中的艺术已经开始很久了。"动力"艺术!从1955年德尼斯·勒内举办展览以来,这词就很流行。坦盖里和比里被瓦萨勒利邀请到里面。很快艺术家们厌倦了平稳的发动机,于是坦盖里减慢了速度,过渡到不规则的运动。尼古拉·舍费尔刚在比利时的列日省建了一座灯光塔,按照控制论程序旋转镜子,创造各种图景。比里也有他的发现,难以觉察的运动使他感兴趣。

他的画室前有个院子,他把一件打了蜡的木家具搬到那儿,这家具像略作过修理的旧木箱,木头很老了。它是什么?四条腿,有一个人的高度,一个角是敞开的,是可以关闭的口吗?不,它是连续阶梯的古怪装置,木制的圆柱碰撞着,摇晃着。东西可以掉到、溜到梯子里。我联想到爱森斯坦电影里奥德萨港的梯子。它很复杂,我都忘了它的动力原理了。比里在它的手臂里加上的雕塑品有发动机吗?是的,有发动机,在比里家看不见它们。木屋里的电度表很弱,他只好灭掉炉子,给他称之为"唱诗台"的雕塑品接上电源。我看见圆柱体在颤动。不是所有的都在颤,它们当中的某一些在极力要抬起来,要伸到阶梯上去。我听见木头碰撞的声音,吊起的圆柱体耸竖起来,像在水里轻轻颤动手指的手,其他的则落了下来。这是不规则的连续不断的张弛,我从未见过类似的东西。在比里那儿,我没见过画面被消灭的现象。在雕塑品打开的角落里,在阶梯上,我也看见落下来的圆柱试图重组成长柄,当然它们永远办不到。它就是形成了,我也不感兴趣。何必呢?直线?我对力量缓慢的波动有种神秘感,机械的性能已失去了。因为在我的眼皮下,没什么东西在重复。我不敢相信生物的参考系。我觉得很神秘。波尔·比里解释说:

> 我研究的是觉察不出来的运动。我创作被缓慢改变、经常变形的作品,只有耐心的观察者才能看到它持久的变化。

事实上,波尔·比里用他的废弃家具,在我们的住所里,让我们看见了不同于日常节奏的场面。他告诉我们,我们还有更有益的事要做,不光是走来走去,开门关门,回电话,看信,站起来坐下,喝咖啡,和碰见的人谈话。我没提到看电视,因为在 1963 年电视还没进入家庭。我们应该不会太忙。要真正地生活,应该不光是这样生活。雕塑让我们忘记了时钟。

有只猫走来蹭我的脚。波尔·比里切断他的《唱诗台》,接上另一件家具的电源。我看见什么了?有文件格的写字台?这一回,圆柱体在抽屉的棱边滚动,从老鼠洞里出现了好些小球,然后又不见了。家具的托盘上,球和圆柱体慢慢移动甚至碰撞。波尔·比里说:

> 猫被移动的小球所吸引,但它瞬间便生厌倦,这证明小球的诱惑力有限,至少对猫如此。对人如何呢,那还有

待观察。

我不敢要求他解释使得圆柱体慢慢落入梯级上、球出现在抽屉壁里然后又缩回去的机械装置的原理。它是由齿轮、弹簧、尼龙线结合进行拉推的复杂器械。我们是在沃康松的自动外壳下看吗？另一件家具像陈列柜，在倾斜的板面上有小球。当然它们溜下来，溜下来。它们会掉下去吗？不，它们滚得很慢，能慢慢滚到边上，滚到掉下来，然后又慢慢地上斜坡。这就是牛顿和他的烦人的苹果，重量失去了它的权利，重量受到嘲笑，世界的秩序被质疑。通过一件向他开玩笑的雕塑品！这是雕塑品吗？我想找另一个合适的词。我很清楚，波尔·比里以前是画家，他扔下了他的画笔，献身于五金制品。他的武器就是锯、螺丝批、手摇钻。以前他在橡皮屏上工作，屏的表面出现和移动着突出的点。然后他使它们喷出尼龙线束，它们轻轻移动着光点，海葵的触手，他称它们为"能勃起的"。这不是绘画。这是雕塑吗？把它们放在底座上就是了。挂在墙上就是了。这是变种的常有状态。雕塑是常变的，随着日出日落的变化。但大家看不见它从这种状态变成另一种状态的过程，就如看一场有开头和结尾的表演。这过程却看不见。大家看着常见然而感觉不到的场面。

波尔·比里找不到别的，只找到"缓慢"来告诉我们，在地球上，我们在太阳系的速度是每小时 1080 公里，它以每小时 6984 公里的速度自转。要解决限定我们的可测量的时间问题，"缓慢"是唯一方法，可使我们摆脱被迫要完成的期限。波尔·比里说：

上一届五月沙龙里我摆了一座浮雕，我相信大部分
观众都看不出它是活动的。

牵牛花爬满了画室的突起部分。他看着它们的卷须。人
们看不见它们在生长，然而它们爬上去了。这就是他研究的
领域：表现生命体不可见的能力。这是艺术吗？我认为是的。
没有人做过这样的事。在他的木屋里，他看见成功的曙光了。
他开始于圣日耳曼－德普列街的伊丽丝·克莱尔画廊。这个
小画廊没有经济条件承担国际角色，它的明星们都离开了它。
第二年波尔·比里被邀参加威尼斯双年展，很快他在美国、然
后在巴黎的玛格画廊举办展览。不用说他不会长久地呆在保
尔·莱奥托那些猫儿们的坟墓旁了。

确实他离开了，首先到一个叫索尔雷夏尔特尔的郊外，他
在那里有一幢真正的老房子。然后，他到了离巴黎比较远的
佩尔德鲁维尔的小村庄，对于古尔特里纳的人来说，这名字好
像是度假地。事实上，这是避开世人干活、收获成果的地方。

很久以前，我见过波尔·比里的一件作品：放在立方钢体
上的钢球。我不知道怎样操纵它，它不是几何学的缩本，球和
立方体都不是透明的，它们有自己的材料和重量。它们的形
状一定是不确定、不纯粹、捏造的。球的纹理有点粗糙，接受
了纯粹概念的能触知的事实，我们就会发现有个魔鬼定居在
地球引力里。因为在这雕塑品里，地心引力和磁铁的吸引力
进行斗争，而藏在立方体内的动作缓慢的马达使磁铁移动。
只要发动马达就行了。球体犹豫了一会就开始颤动。这样它
就成了活生生的东西了。它颤动时产生截面，我们可看出它
已被截取了四分之一，就如一个苹果，这四分之一的截面光滑

如镜,眨眼功夫间可以照见人,或照见天花板的颜色,或画的红色,对面还有没发现的红色,球体照见了吗? 这问题使人不安,因为不管怎样,我们已很快相信立方体上的球体碰撞具有奇特的力量。

有时球体抖动,如同人在犹豫不决,在这种状态中它脱离了机器的控制:它不再听从机器的指挥。我看见立方体上的球体和我都不知道它的运动的全过程。还有更糟的呢。我们每个人都坚信星球是宇宙的基础,天空布满星球,相互的吸力使宇宙保持平衡,并按一定的轨道运行,才保持了宇宙的永恒。然而比里的小球是看不见的,我们无法测量它们的行动,我们不知道它们什么时候会动。我们只知道切断电流它就静止。但我们不加快它们的故障,因为我们在坦盖里的雕塑品里注视着它。比里的产品动作很慢,似乎不在我们的认识范围内。在减速的时候,它们的运行混乱,而我们学会了不予理会,我们认为,从对称的习惯上说,它们的不规则也和天空的星体的和谐一样是永恒的。

在家里,我试图弄清楚立方体上的球体和我们熟悉的时间测量之间可能存在的关系。和我们的钟摆不可能有关系。那么和别的挂钟、动物、植物、气候呢? 也许有吧。因此,在他的台座上的左右摇摆的球令人思考。同样,我看见他的妻子维尔玛的手腕上闪烁流动着金光,那是他做的首饰。近前看,我看见(是)很细小的金球,不是立方体上的一个球,而是一串或好几串。我看见它们形状相像,却是钢做的,它们被放在波浪形的盘上,这盘使它们朝一个方向或另一个方向滚动,就如大洋表面上的一条暗流。在维尔玛的手指上、手腕上,金球使她的举止显得文雅平和,总之,在这样一位专门制作动作缓慢的产品的人的身边,动作不能仓促粗鲁,应该淡定文雅。

他获得了成功。他不需要一家工厂来生产他的产品,他的产品是一门艺术,可以把它作为有利于孤独者的沉思,它的奇特性会引起决策者的兴趣,选择它们为纪念品。为此,他需要的不是工厂,而是专门的工作室和专门的机器。事实上波尔·比里已经拥有工厂了,克洛德·勒纳尔给他介绍了雷诺汽车制造者来和艺术家们合作,例如阿尔芒来了,他解决了车门的"投资总额",波尔·比里做成了 50 根柱子,总称为"25吨柱子"。工程师、工人、机器制造者,整个工业力量都动员起来为一位雕塑家的计划服务。他的作品向整个欧洲展出,并被保存起来。艺术难道只有在博物馆里才有前途吗?

有位新来的厂长拒绝让·迪比费设计的花园,这座花园原来用于私人休息,也是为雷诺汽车做宣传之用。决定似乎已经下了。这就说明了这个国家的知识水平。在这件事情上,他们担心不是由有资格的决策者作出最后选择,即不是由厂内人士作出。今天,雷诺汽车是迪比费展览的出资人,这样就不用担心了。大家都是这样的。这样一来,工厂只能接受它自己找到的作品。这就永远保护了它,使它在汽车世界之外保持了革新者的角色,同时保住了更新的不可预见的可能性。

然而,公共广场纪念性艺术的决策者们没有放弃运动雕塑的建议,这是波尔·比里向他们提出的。当然,他的第一批作品走不出住宅的圈子,但很快,他在电动发动机的宝库里找到了能源,还是电能,一样能拉能推的。他把泵做得越来越小巧,越来越安全可靠,还有抽水泵、压力泵、安全,功率强大。它们是制作纪念性户外作品的解决方案。他要创作喷泉。

事实上，城里的喷泉越来越多。于是人们越来越没有理由到喷泉里汲水。而喷泉若具有供水的用处，就不用担负起宗教或世俗纪念品的宣传职责，这是城市雕塑艺术的特点。比里利用自由的传统，在法国、比利时、美国、德国、日本建起了各式各样的喷泉，这是自 1976 年起的事。

在平静的花园里，在人家的院子里，喷泉以它喷出的水柱、流动的水给住家和花园带来时而安静时而喷溅的潺潺声响。大家习惯了它们，就习惯了均匀而有节奏的呼吸，除非喷泉声没有规律。人们逐渐熟悉它们可靠的惯常性，不再警惕它们是否中断响声，以至于听不见。但眼睛毫不松懈地盯着它们，窥伺着雕塑各部件的运动。和雕塑品一样，喷泉是不可预见的。

比里以充满幽默的技术人员的身份谈论他的喷泉：

> 风有幸拥有了亚历山大·卡尔代。水流，这水的风一般是没有那么放纵不羁，它们具有难以战胜的能力。它们不像空气中的风那么轻佻，它们尊严时，能赢得它们随意时失去的东西。水的天性是柔软的，但必要时它又是狂热冲动的，水使运动变慢。卡尔代之后，我觉得难以随便地接近风了。至于水，我试过它了，我的脚常给它弄湿。

水。使它们飞溅喷向行人的水柱，不是风，喷泉要求他制造流动而又受控制的水。高高悬在天上的太阳不断地改变场景，这就足以使面对特列维喷泉的柯罗眼花缭乱，在这自然的变化中，波尔·比里添上他设计的运动，把雕塑品变成不能预

见其姿态的野兽,他解释说:

水用导管引来,加上它的重量,造成了水流的不平衡,我们倾斜导管,把它倒空,再把它竖起,就能造成流速,导管装满水,通过导管口的直径就能获得水的运动。

用这个办法,圆柱体能上能下。球体倾斜倒空水,然后朝着天空喷上去,贝壳面向看着它的人倾斜行礼。艺术家创作的雕塑品具有同样的神秘吗? 大概是的:通过常用的部件、球体、圆柱体,一切可以滑动的东西。不同的是它们的大小。电动发动机可以移动成千上万的小金属球,通过磁铁的磁力和几百只小圆柱体,因为它们是轻质的软木做的。在喷泉里,有时1米多长的圆柱体和比足球还大的球只有水的重量,它们和地球吸引力作用,可使它们运动,在白日的阳光或夜里的灯光下变成纹章图案里的动物,令行人驻步猜想。不是想喷水池里的动物的缓慢动作,而是想他自己:我是谁啊,怎么需要这喷泉的图景? 没有它,我可以不再随风而行吗?

这故事的最惊人之处,是比里收到了许多订单,要求他创作公共广场和私人花园的雕塑。塑的是动物吗? 如果要描写这些喷泉的动物,他不会重塑喷水的龟、吐白沫的马,也不会塑古代雕塑家塑的陪伴美人鱼的半人半鱼海神。他塑的动物都是他想象的,和昆虫有形态联系,带坚硬甲壳的动物,如螯虾,或长长的触角直指天空的天牛;金匠花金龟,金龟上面,玫瑰花合上了夜里的花瓣;爬到树上去飞的风筝——只要是动作缓慢的动物。

比里的喷泉有着不同的形态。它们的湿度和动物性很明显,参考了人类和动物的某些动作。当你坐在喷泉旁,久久地凝视它,你会看出自己或某个动物的一些东西,看着它好像活了,那感觉是很奇妙的。你在那儿还会强烈地感觉到,你不知道它们生命的开始,也不知道它们哪个动作是最后一个。喷泉令人不安,但那是小小的不安,喷泉是温存的,总是微笑着的。

我认为他的成就只有丹麦的罗贝尔·雅各布森、瑞士的坦盖里以及这颗行星上的卡尔代可比。在工业化时代,四位雕塑家用手创造出比19世纪最著名的雕塑家还要多的不朽的公共雕塑品。

比里在我们面前摆出这些表现不规则的艺术品,而在同一时期,别的艺术家只能创作千篇一律、没有创意的作品。抽象艺术成了反对千篇一律的场地吗?

很奇怪,这些不可预见其运动的雕塑品,今天被看作是消遣娱乐的场景,它们在未来的世纪里,会被理解为对城市一致化和生活一致化的抗议。

总之,到2000年底,波尔·比里给予了抽象艺术以别人不相信能给予的东西。在路易·卡莱画廊展出了名为《抽屉》的整套木雕品里,他与他的运动创作习惯断了关系。以前人们没看到其动作的开始,也不知道动作的结束。他第一次创作了使人相信有什么东西结束了的雕塑品。他让作品突然运动起来,而那是从没有过的东西,他的作品像是魔鬼般的嘲笑,对中世纪死神的舞蹈伴随着生命终结的嘲笑。

当人们写到有关艺术的文章时总是很严肃。在他的书《小白羊从洗羊毛机里出来》中,波尔·比里说到知识并不是很有用的:

　　如果你用一只手掂量一只苹果,用另一只手掂量一只梨,在天平秤上读不到对它们的爱好。

　　这就是这作品的重要特点:嘴角含笑的宽容。

　　他也画了许多肖像,他的圣人教皇皮耶十二世,还有毛泽东(法国68年5月风暴的年轻人的偶像),他还给朋友们画了许多肖像。由于他用了软镜子这一最偏爱的材料,这些肖像画很柔软。他的幽默并不刻薄,这世界对待事物太虚荣,他只是为了回敬这种虚荣。

　　给你们一个建议:别忘了这位艺术家兼作家的微笑一直存在。即使文化部长把光滑得能照见巴黎皇宫18世纪柱子的球体看成是凹凸不平的时候,他也在微笑。

让－皮埃尔·雷诺

Jean -Pierre Raynaud (1939—　)

我再没有迈出我的房门，我母亲很担心。我用红颜色画画，就好像那些表示禁止意思的木牌子，我没想到这方面的意思，我用红颜色，是因为我不能不用。有一天，我走进圣日耳曼大道和福尔街街角的一间画廊，里面有油画、物件，也有人，尤其是人，我和他们在一起感觉很舒服，我不再孤零零一个人了。

让－皮埃尔·雷诺对我如是说。

那是 1961 年举办的"达达 40 度以上"展览。节目单上，皮埃尔·雷斯塔尼写道：

马塞尔·杜尚的反艺术姿态变成了实证性。物是新表现宝库的基本元素。

让－皮埃尔·雷诺不属于新现实主义，但他在里面却有位置。后来大家发现他在由阿兰·茹弗鲁瓦召集的"物主义者"之中，和达尼埃勒·波梅勒尔和工藤哲巳一起。艺术史对他们的回忆不及对新现实主义者的回忆。这也是我们只尊敬强势的错误在作怪。

让－皮埃尔·雷诺因他当时称为的"精神物"而闻名。

他说：

> 开始，我增加了"被禁止的意义"的木牌，我更喜欢它
> 们有"回旋着的意义"。这是停止的信号。大概我就是这
> 样的感觉。

很久以来，大家以为这个在 1961 年 22 岁的小伙子并没
有享受生活。他紧闭大门和栅栏，墙上插着玻璃瓶碎片，在他
家门口只看见"禁止入内"的标记，只看见眼睛上贴着橡皮膏
的瞎子，谁也不能靠近他，好像被钢丝绳捆住的水果。所有的
行李箱捆放在一起。如果有一块可以穿行的空间，那就是一
间小室，它被漆成红色。汉斯·哈同对我说过，西班牙监狱的
牢房漆的就是这颜色，有意造成犯人视觉的混乱并致其疯狂。

是的，雷诺的"精神物"在叫喊："危险！"

上帝给我们造的世界是非法监禁的世界，而在技术进步
中又加强了监禁。每个参观展览的观众在他这儿已经看到了
与人隔绝的监禁性。工业的饲养使所有的牲畜完美，它们被
置于著名的死亡走廊里，这是人类的拘留所里做不到的事，因
为缺少方法。但这里，似乎能替我们做到。

雷诺强烈地揭露他恐惧的监禁，但他在监禁里找到了避
难所。他能长久地呆在可怕的世界里吗？

> 我没有选择的余地；我要么成为疯子，要么做我手头
> 的事。

精神分析家明白，艺术是"阿里阿德涅的线"（帮助忒修斯

逃出了迷宫），能拯救精神灾难。让－皮埃尔·雷诺一直活着。四十年来他的创作不断更新。

举几个例：装满水泥的花瓶，里面什么东西都长不出来；一口神秘的棺材，镀了镍，涂成红色，配备了舷窗以观察死尸腐烂的过程。

1969 年，在国家现代艺术中心，当时位于贝里叶街，雷诺展览了他的量具，很明显是红色的，就如城里那些测量江河水位的工具。萨洛蒙·德·罗特席尔德旅馆大厅的天花板很高，量具在里面能指出想象中的枯水位，从而决定海豚和海鸥该在里面还是让它们飞走。那感觉既让人不安又令人愉悦。在里面会被淹死吗？一个总理不带向导独自在大厅里散步。他就是乔治·蓬皮杜。为什么要扰乱他的沉思呢？

从 1974 年起，让－皮埃尔·雷诺的宝库里增加了白色方砖，这给他带来了国际声誉，就和他的黑色、红色、金色的花瓶一样，成了他的象征。

只要用海绵抹一下，白色方砖的表面就可以擦干净。用它铺的空间没有任何污垢和痕迹。雷诺使得一切都洁净得惊人：它是清洁剂，荡涤一切污垢，用大量的水冲洗，湿气很快消除。在保护"呼救"键钮的玻璃旁放着一把锤子，在紧急时可砸毁玻璃窗出逃。世界是一个荒漠，但它设计得多么奇妙！

不能栽花的花瓶、经消毒的生活空间、不能迈入的钢门，都被全世界的画廊和博物馆采纳了。公众去那儿观看一个组织的符号，那组织禁止他存在，命他消失，或把他抹去。

让－皮埃尔·雷诺到处寻找世界末日的符号。他在阿尔卑斯山顶向福莱纳滑雪场建议设置圆形屏幕，以挡住升起的太阳。这一回大家害怕天体永恒的周期运动中止了，如果太阳不再出来了呢？这是 1981 年的事。计划没有实现。那时公众还没听到警告：臭氧层遭破坏，地球回暖。雷诺的计划被看作是艺术家的观点，属于视觉艺术方面的事。

造型艺术首先起装饰作用，这是很难摆脱的观念。这样一来，在安迪·沃霍尔的作品中，公众更喜欢看卖花姑娘，而不喜欢他有关电椅的巨幅恐怖画。爱好者们在他们的墙上挂上他画的广告尺寸的 500 美元钞票，却一点也没想到艺术家在画它的时候，目的是在迎合收集者的拜金主义，为了让他们能对来访的朋友们说："它可比 500 美元值钱！"

我有时想把雷诺的作品摆在勒贝罗勒的画旁边：镍棺与怀疑患了狂犬病的狗摆在一起。以我们的展览条件，唉，我觉得这样的比较是不可能的。然而这样能大开眼界。唯有"无题"的参考还能窒息叫喊。

这幅因痛苦而吼叫的作品可以列入视觉艺术的延续之外。有人建议他进入别的传统，苦行禁欲、苦修遁世的传统。痛苦将得到奉献的意义。这传统是退隐到修院的传统。

让－弗朗索瓦·耶格明白这样的方向是可能的。1976年，他要求让－皮埃尔·雷诺为黑湖修道院画玻璃窗。

西多修道会的建筑拒绝装饰，要求比例严格而又纯洁。雷诺选择了他的方块的标准：方格，均匀性。以后，它们不再是不能渗透的表面，每天冲洗可去掉污垢（在修院这样的地方，水是纯净的，用来洗掉我们的罪行），而是透明的栅栏，接受和透入不断变化的光亮。

经过这件事后，人们不仅仅把雷诺的作品看作是艺术家加工的工业品。人们还在寻找它们的意义，某种精神层面的意义。

这样一来,看到他的作品中画的那些床:相距不远,一直摆到无穷尽;这排列成行的宿舍、兵营、医院(1955 年在巴黎现代艺术博物馆展出),我们就不能不想到"床"这物件是这种装置的谜,它出现在一系列画有 5 条黑色竖栏杆的画中,这些黑色竖栏杆在每个垂死的人(或熟睡的人,或病人)的头顶之上,像是监狱的铁栏。它们是否代替了十字架呢? 这符号是什么意思呢? 它处于每个人头顶之上,无法辨认,却来自一个我们在其中失去方向标的世界。可有一个解开栏杆之谜的的密码?

从这个角度理解的话,棺材旁的舷窗是不是代表着 17 世纪的瓦尔代斯·莱亚尔在塞哥维尔画的腐尸,为了劝诫我们思考一下虚空的虚空?

最后,雷诺对伊夫·克莱因的兴趣不是因为当时的相似性。他不是强调过克莱因寻求"非物质"吗? 如果雷诺发现自身的光明穿透了他的方格栅栏,克莱因也就永远张开双臂冲向天空了。也许有一天有人会举办宗教作品展览,画面上没有任何教义,克莱因和雷诺的作品大概会在这展览上出现。还有谁呢? 我们找找看。

艺术使痛苦变形,这主题属于心理学家。雷诺的"家"的故事很明显地表现他的苦恼、希望和好奇。它成为用于教育的寓言。

因为他在住所里铺方块砖,就如别人布置坟墓。他说:

> 说到底,家开始时是我可以进去的"精神物",里面有我的房间,一间音乐室。

他逐渐扩大它，在里面堵上门，只留下一个"枪眼"。

　　我喜欢把自己幽闭起来。这不算是孤独。这是一种静修。关在壁橱里，我不觉得自己是囚犯。我觉得受到了保护，很安全。

那个时候，有人在广告上出售防原子弹的专用防空洞。那个时代属于躲藏的时代。

最后，雷诺决定闭门不出，也不让任何人入内，在里面与世隔绝。后来他又摧毁了它。有人展出他的房子的墙脚石、水泥、断方砖块。在波尔多城，这样的展览招来小小的非议。博物馆可以卖书、T恤、目录单，但不能卖残片。从某种意义上说，我们从中可了解这些断砖碎瓦的地位，它们是艺术品的残片。

雷诺的房子内部铺的是白色方砖，建在一条叫罗比雄街的郊区街道上。有时他让人参观，他总是用非常简单的词句描述它。我梦想塞尔维特里城的伊特鲁立亚坟墓的向导能用他那样清晰的话做讲解。那是不可能的事：让－皮埃尔·雷诺提到他的遭遇，说得很真实，而向导叙述的是几个世纪迭合在一起的历史。

雷诺到处展览他的水泥花瓶，最近有一只巨型花瓶摆到了北京的故宫。我们看到报道了：金子做的大花瓶和中国的建筑相得益彰。

视觉艺术给药丸镀了金。看到瓶子，人们再也不会想到它意味着大自然的贫瘠化。

对于雷诺来说，如果艺术作品只为自我陶醉，在美的镇痛的思维下哄骗它,这样的艺术就没有丝毫好处。为此他挑衅起国徽来了。1998 年,他在巴黎网球场举办的展览上,展出他设计的国旗,造成了一些骚动。了解一下为什么:贾斯珀·约翰斯的美国旗三十年来被高高兴兴地吞掉了,不错,是约翰斯亲自画的它们,而他是美国人。雷诺没有干预此事。他设计他的三色旗,是作为"被禁的意义",或像他的方格那样。没有人能阻拦一个法国公民炫耀国徽,骚动得以平静。

2000 年夏天,他展出古巴的国旗。展览在哈瓦那举办,由卡斯特罗揭幕。演说。国歌。西班牙语和法语写的节目单。从 1967 年在哈瓦那举办五月沙龙以来,没有一个欧洲的艺术家被介绍到古巴来。唯有伟大的法国雕塑家奥古斯丁·卡德纳斯退隐到自己家乡的岛上来。2001 年 2 月他在那儿去世。古巴政府很高兴雷诺的到来,并展出国旗。

让一皮埃尔·雷诺高大英俊,外表威严,令人敬畏。最近他是怎么取得在南、北韩边界上展出首尔的国旗的?他说他看见边界两边有许多坦克。有件事是肯定的:这儿发生了事件。有些人在那儿看到这两个兄弟敌国的统一谈话有了开场白。别的人则在想,这个法国艺术家来这儿干什么。但雷诺可没有政治演说要发表。

从哈瓦那回到巴黎,他发现大家对他板着脸,在办公室,在博物馆,到处如此。年已花甲还招来公众非议,都认为他的创作不合时宜,他毫不在意,反倒露出快乐的神气。不是他喜欢挑衅,他不是那类人。

他的外貌像传教士,无邪而坚毅,从创作"精神物"时起,他一直坚持走他认定的路：艺术应当使人明白，每个人都要去探究事物的内在，而不是观其外表，尽管它们的外表被粉饰得光怪陆离。

达尼埃尔·比朗

Daniel Buren（1938— ）

　　他们是四个人，但只有一个人具有很强的创造发明的能力。

　　一切开始于青年画家的沙龙里，当时沙龙在巴黎城的现代艺术博物馆里举办。发出的请帖由比朗、莫塞、托罗尼和帕尔芒捷签名，1967 年 1 月 3 日的展览。展览，是在沙龙里举办，这就意味着要悬挂作品。我不知道是否有人见过比朗和帕尔芒捷画的条纹，莫塞的圆圈，托罗尼的画痕，或是否见识过这些作品马上被作者取下来的场景。比、莫、帕、托四人小组重新采取以前"否决"的策略，画被否定的结果比参与画展更令人震惊。总之，要观众看着这些不知所云的画，让他们苦苦猜测其中的含义，倒不如把它们取下来，不被世人所知。

　　展览到了开幕那天，所有的物件（小便器、充气娃娃、熨斗、洗衣粉盒）进入画廊，安放在底座上，添上葱形饰，占据了雕塑品和图画的位置。比、莫、帕、托的意图在于表明艺术的虚空。这些作品被展览后，大家看到展厅上写着："我们不是画家"，它们被否决了。

　　这样的处理方法不能长久。他们当中善辩的达尼埃尔·比朗写了 1500 页的论战文章和理论文章，建议"在原地"（拉丁语：in situ）举办多次展览，也就是自愿昙花一现。

　　在几年的时间里，居里学院旁的圣热纳维耶芙山坡上，有座献给皮埃尔和玛丽(居里夫妇)的教堂,其外观已是半朽。有人说罗贝尔·卡勒博士给一队年轻人提供方便,让他们进入里面,他们就是比朗的队伍。他们不时地在这儿展出他们称之为"正在进行"的作品。这是特别适合试验的地方。越来越颓败的教堂和色彩及加上去的立体之间建立起了某种对话。

达尼埃尔·比朗一直在那儿,继续提出一个又一个问题。他肯定是1960年代以来艺术界最聪明的人。他的条纹怎么能持续三十年以上? 处处都能见到它们:城里的墙上、地铁通道;它们像旗子一样在巴黎的穹顶上飘扬。它们本来应当在纽约的古根海姆博物馆内轻轻摆动的。它们会有幸看到自己被禁。20米长10米宽的条纹,被取了下来!

法国文化台的工作室里,达尼埃尔·比朗是我的保护人:他平静地论证,各类部门对现代性一无所知。他不生气。他的话是可信的,他的辩论一向证据确凿。

他画的条纹持续三十年之久,这是多长的时间啊! 有一段时间,我以为他在楼梯上的绘画经验、他对历史风景的观点,可以使人相信他的真正材料是空间,他以观相主义者的身份参与其中,凭借着他的符号,那些著名的条纹,而条纹就是他的坐标原点。我把他和阿尔贝蒂、维亚托尔、库赞、萨洛蒙·德·科相比,直到在他的作品中发生了某些变形。我觉得比朗比他们更复杂,他的思想比人们所能想象的还要开放。

然而有一天,我看见有公告说,他要举办有关马蒂斯的讲座。于是,我想起在谈到他第一批条纹时,他肯定地表示不应去寻找哪怕一点个人意志。当时他说,马蒂斯"拥有世界视觉"。他是随口给它起的名,我相信虽是随口却说得很明白。

达尼埃尔·比朗论马蒂斯,这是 1994 年的事,离举行"我们不是画家"展览超过四分之一世纪之后,同时还介绍了马蒂斯几幅不同的《舞蹈》,那是巴尔纳博士为他在美国的博物馆订的巨幅画。人们第一回可以把费城的最后版本和家具贮藏室找到的初版进行比较了。

比朗凭借他的视觉记忆,让大家发现巴尔纳收藏的、与费城同等水平的画不在巴黎城现代艺术博物馆里。同样令人瞩目的事实是,马蒂斯按每一个地点设计每一幅作品,而在这里呢,同一作品的两个版本却处于同一空间。这在每个参观者看来是平淡无奇的,但艺术家的目光可不这样看。只要凭这一点,就可衡量画家的眼光了。

达尼埃尔·比朗对两幅作品的相似之处看得很清楚,但他立刻发现了它们的不同之处。他不掩饰自己更喜欢巴黎版本。这种偏好,我们从画的敏感的优点就可想到了。然而,应当加以说明:

> 巴黎的版本比美国的版本更均质、一致。它们与墙更具渗透性。当然两幅作品的构图都是一样严格的,巴黎版本没有美国版本的缺点,就是用不同物件拼凑时的不自然,在巴黎版本中,一切都和谐地融合在一起:形象的剪辑、色彩。

他一再强调:"尤其是,当我们想到两幅作品都是在同一年画的时候。"听他这一番话,我明白他不是我以为的观相主义者。为什么我就不能马上明白他比另外三位画家更是画家呢,但我知道他将创作一种绘画之外的作品,那是光彩夺目的绘画，正如他形容他的"窝棚"那样，只要走进去，一种感觉油然而生：身处棱镜的中心，光线幻化成色彩。

　　1967 年 6 月 2 日，比朗、莫塞、托罗尼和帕尔芒捷在巴黎举办了联合画展。这是他们写给本书作者的展览请柬。

让·坦盖里和尼基·德·圣法尔

Jean Tinguely（1925—1991）

Niki de Saint-Phalle（1930—2002）

1957年，让·坦盖里宣布自己是画家。一位制作机械画的画家。

两年前，他来到巴黎，就住在沃吉拉尔区。在龙桑胡同有间画室，由四五间木板、石膏、玻璃搭成的棚屋组成，相当高，旁边靠着郊区的小村庄。小径在大树和棚屋间蜿蜒，这是条死巷，城市规划师不会打它的主意，这就是它的魅力所在了。这里的房子错错落落，既没有排列成行，也不按任何格局建造。

不用说，这儿住的居民都不是富人，屋内无可偷之物。当地的孩子们来树林里玩耍。让·坦盖里当时的妻子埃娃·阿厄普里在肉店弄到了些骨头和碎肉，煮汤喂邻居的狗。我看见她捧着热气腾腾的盘子放在地上。

龙桑胡同是个村子。居民的名字用粉笔写在每间画室的门上和信箱上：伊斯特拉蒂、杜米特列斯科、阿娜·本一多沃、雷吉那尔德·波拉克，阿厄普里，坦盖里。还有举世闻名的名字：康斯坦丁·布朗库西。他从1927年起就住在这里了。

坦盖里对我解释说：

我们之所以还在这儿，都是因为他。只要他还活着，他们就不能把我们怎么样。

我这才恍然大悟,何以附近空地上围着栅栏。栅栏围着中间地带,那里住着付不起高租金的住户,他们看中了这地方就住下了,怡然自得地过自己的小日子。空地中心很宽,孩子、狗都来玩耍,树林里,鸟儿叽叽喳喳。龙桑胡同对于巴黎,相当于印第安人保留地。

坦盖里继续说:

> 只要他一去世,政府就派推土机在里面推几下就完事了。他们可以建整齐的高楼,从街头建起,直到那堵工厂的墙。墙边还停着几辆被抛弃的破卡车。

但无需担心,布朗库西依然健在。他81岁。这位罗马尼亚的牧羊人相当长寿,可活百年。在他熬受病痛时,围着他转的青年艺术家长期不断送来热腾腾的浓汤,他们尊重他的孤独,理解他的愤怒。因为这位族长不喜欢有人打扰他。他把不止一个投资的大款、不止一个管理部门的主任赶出画室,他把他们打发回他们的大轿车里去,不安的司机不停地兜圈子,小心不让车轮碾着孩子们和狗。还有,这位族长从不嫌麻烦,把信件挨家挨户送给年轻的邻居们。

这就是龙桑胡同里的棚屋能够存在的原因:只要老头子还有一口气,一切都悬而未决。他一死,就可以有碍卫生为理由,以易发生火灾为借口,一瞬间把一切抹平,然后让这里蓬勃发展。

坦盖里给我作此解释后三个月,即1957年3月16日,传来了布朗库西的死讯。

城市规划师欢声雀跃。但行政部门却被布朗库西这位雕塑家留下的遗嘱绊住了脚:他把他的作品留给了共和国,把意想不到的麻烦留给了城市规划师。负责拆毁的人员在路上碰到了负责保存的行政人员。利用他们之间的冲突,龙桑胡同的租客们赢得了时间。

今天,负责保存的管理部门不太知道该如何处理布朗库西的画室。艺术家们只要自己的资料还没被存放在博物馆的文件柜里,他们的安全系数就有问题。有人已开始拆布朗库西那个有如哥特式城堡的画室,要在现代艺术博物馆的大厅里重建他的画室。当时博物馆位于威尔逊总统大道,后来又要把它变成蓬皮杜中心的附属建筑。这是梦寐以求的机会,如果把杰作的出生地与将要安置它们的宫殿相比的话。有段时间,布朗库西的画室成了"博物馆",有点像他活着时的画室,后来舞台布置专家在博物馆里安排了过道,画室有点像是水族馆了。

社会需要铲平龙桑胡同,内克尔医院要在那儿扩建,但后来放弃了计划。于是人们在那儿盖了带有垃圾管道的大楼,还有值得注意的感人事件呢:广场被命名为"康斯坦丁·布朗库西广场"。这令我想起塔尔·科阿说的话:"当有人给十字路口起名时,一般用的是要摧毁的物件或人的名字。"我们的社会是致命的。

我来拜访坦盖里。他领我到院子去,看一大堆旧木板和生锈的铁,他从里面抽出很像头发的东西,那是氧化铁。

"这就是我来这儿之前干的事。或可称之为废铁点彩派。而如今……"他又领我返回冒着热气的画室,皮带和滑轮在里面穿过,它们由电动发动机牵引。他解释说:"现在我在绘画,我坚持干这个。"他在铁板上切割——用旧的点心磨、罐头盒——切割纯粹的几何形,圆的,长方形的,三角形的,螺旋形的,然后用黑色、白色、红色、蓝色抹上去,造成一种皮带滑轮,可以不同的速度活动,他用的发动机还是电唱机那种转得很快的发动机,需要减速。有时某些发动机还着火,但故障从没使他灰心,用一只手指,就足以代替减弱的能量了。

不错,坦盖里的计划就是使绘画动起来。两年前,他参观了在德尼斯·勒内画廊组织的有关这个主题的展览会,是由瓦萨勒利和蓬蒂斯·于尔唐组织的。展出的是前辈画家卡尔代、杜尚和年轻画家阿加姆、索托、比里的作品。他说:

> 运动停止了,这也很好。我们就换发动机,机器又运
> 转了。

画室成了搞修修补补活儿的地方。蓝色的电光沿着电线流动,自动开关常常跳动。坦盖里喜欢电流强度,直至它的极限,直到出现故障。

他从意大利回来,在那儿他把他当时称为"机械浮雕"的浮雕品拿出来,我不明白为什么,也许由于他能使几何形状跳动,有人马上要求他在活动的平面上画字母,例如画上 A、G、I、P。后来他才明白,这些字母组成了一家石油公司的名称。

> 又有人叫我制作咖啡的牌子,我不是三明治男人呀,
> 我搞的是绘画啊。布拉克和毕加索也许会把开胃酒的名
> 字刻写在他们的静物上,但塞尚就绝不会接受别人要他
> 把贝合诺茴香酒的字母画在纸牌游戏者中间。对我的画
> 来说,广告产生的效果也是同样的。再说,广告商也没法

坚持。广告对那些抽象的动作并不满意。它们要的是形象化的动作。

因此没有遗憾,除了缺少机会绘制巨幅的所谓的"画",因为他没有资本超过实验室的规模,他的工场的规模。

他逐渐获得了自己作品里的"无限",他制造的机器越来越大,常常是"反机器",常常是他必需的机器,因为一无用处。

他是瑞士人,他在打短工。他的发动机着了火,不停地跳闸。所有这些意外的障碍对他都不重要,我还不知道他的深层真理恰恰在于他的草率。我喜欢看他的螺旋体转动,三角形变尖伸出,圆形无限地旋紧。他也喜欢,至于故障,他毫不在乎。他认为重要的是每件作品的构思。如果机器的操作伤了他的身体,他会觉得好玩。他不喜欢没有风险的表演。

蒙马特尔山脚下的"三笨伯"小酒馆由一位有教养的人掌管,他叫卡内蒂,他把他的厅提供给鲍里斯·维昂。有一天,他建议让·坦盖里当场表演他的作品,我们看到铁锤使劲落在被砸碎的锅上或空罐头上。还有什么我就不知道了。坦盖里对我说:"这是法西斯主义。我常这样告诉他们。我本不应该做这事。这太现场了。"我明白他非常恼火,搞这样的类似一战结束时的慕尼黑达达派晚会的东西,他们经常要他在公众面前表演。事实上,他给自己保留了活动的场地,从事精心制作和很具挑战性的活动。

这是他的开始。他的活动没有条理,但已经很有挑战性了:用小玩艺造东西,经常无视发动机的规律(以及思想原则),他喜欢感受不稳定的活的东西,就像龙桑胡同是否存在,全要看那位可敬的老头是否断气。

1957 年起,一切活动都加速了。他开始制作巨幅作品。1959 年巴黎的第一次展览上,他交出了作品《梅塔—马蒂克17 号》,3 米高的机器制的抽象画,他在伊丽丝·克莱尔那儿展出。展览的领导小组不同意把他的机器摆在现代艺术博物馆里面:有一台汽油小马达给它提供动力,时不时喷出臭气,由于撑破了太多的球而爆炸。这次迁移算是他的运气,他们批准他把这个占地方的机器(用踏板车的轮子移动)摆在博物馆的空地上。这样一来,来参加开幕式的官方人士看到的第一件作品就是它。这位官方人士就是安德烈·马尔罗,他觉得这展品很好玩,诚心诚意地对画家表示祝贺。如果我没记错的话,在他走过去时,机器在排废气时撑破了一个大气球并发出了爆炸声。

这次成功之后,马塞尔·杜尚命他(和尼基·德·圣法尔一起)在费格拉斯竞技场上制一幅"向萨尔瓦多·达利致敬"的作品。纽约请他制一台自动摧毁机,在现代博物馆向公众表演。他在那儿认识了美国人鲍勃·劳森伯格和约翰·凯奇。他马上获得了世界性成功,哥本哈根、斯德哥尔摩、东京都在召唤他。一年间,他成了世界闻名的艺术家. 此后他不断推出纪念性作品、现场和展览。在展览上,他让他的发动机表明态度,它们之所以转动不是为了轰隆隆地响,而是为了激起梦想,对生活和社会提出挑战。是的,运动有它的意义,它可以协调、柔软,甚至色情。但它也有癫痫式的摇晃和死亡般的冲撞。

1959 年起,坦盖里成了伟大的"捣乱者",他制造机器,这些创造出来的小玩艺摧毁了对创造者的敬意。他制造雕塑的机器(它们用锯裁割大理石),它们雕塑作品。当时崇尚手势绘画(现代抽象派画法)和点彩派绘画,他的"梅塔—马蒂克"

却靠自己画出"内部主观"画（只要扔进一枚硬币就行了，费用3法郎）。汉斯·哈同被吸引了，也来观看。他觉得这展览挺有趣的。

尼基·德·圣法尔一下子也朝这个方向努力。我问她的出身，她回答我："我的家族从十字军东征就已闻名，属于宗教团体的体面家族。"这只能构成一触即发的混合。

1960年起，她想创作艺术家的作品。她第一次在雅尼娜·戈尔德施密特画廊举办展览，她把展台摊位布置成一个市集，受邀的观众用卡宾枪扫射那些白石膏画，子弹打中口袋，从里面流出颜料。这也是点彩派的讽刺。

和活动的雕塑一样，射击展台也产生了轰动效应。"自动主义"这个词原属于超现实主义和"激动"艺术家，在这儿赋予了另一种意义：艺术可以随便产生于枪击或发动机。

这创意并不新鲜。弗朗西斯·皮卡比阿曾把图画和机器做了比较，已经想这样做了。但发动机的行为、对卡宾枪图画安置必要的安全设备，给这一观点起了关键的作用。

1963年，让·坦盖里和尼基·德·圣法尔在一个法兰西岛的村庄"学校上的索瓦斯"住了下来。要采访他们，得走当时还称为"太阳"的高速公路，就如要找在"米里树林"住的让·科克托和到布蒂尼寻找施奈德一样。然后在田地间转来转去，沿着甜菜筒仓到了白马旅店——从前的那种旅店，有小酒吧、饭店、舞厅和一层层房间，还有花园和车库。

房间相当宽敞，单干是不合适的。事实上他们常在一起工作。在索瓦斯，他们就一起创造，在那儿又找到了夫妇合作的条件。融洽中有不断的冲突，在分歧中求得和睦。尼基说："让是个大男子主义者，而我又是个女权主义者，令我们矛盾激化的原因是我们互不相让。"

从我在画廊拍的尼基的第一批照片看,她个子瘦长,脸色苍白,不修边幅,少女时曾做过模特,好像不追求时尚。后来她较注意衣着打扮了,当她想让自己具有吸引力而装扮自己的时候。

后来她停止了卡宾枪射击。在圣奥诺雷郊区的玻璃橱窗里,可以看见一幅打开的三折画,画里画着脑壳崩裂的赛璐璐瓷人儿,上面有断肢的娃娃,被打穿的蜘蛛、小士兵、放在坟墓上的带有耶稣像的十字架,从批发商那儿收罗的次货、露天市场摆的商品。尼基的卡宾枪最后一次流出红色,像流成河的血。这是她献给军队的"反对秘密组织 OAS"的祭台,他们在阿尔及利亚没打胜仗,就把炸弹扔到法国百姓头上。诗人雅克·普莱维尔看了这幅祭台的装饰屏,并称赞了她。

当时尼基和让被皮埃尔·雷斯塔尼拉进了新现实主义运动,他们到处收集,在公共卸货处,在新商店找现代化物品,把它们用进作品里。我很赞赏皮埃尔·雷斯塔尼,他嗅觉灵敏,善于给艺术家定位,组织他们,促进他们构思。

在白马旅店的大厅,让和尼基保留了锌做的酒吧柜台、瓶子做的货架、悬挂架照亮桌子和大屋取暖的大炉。总之,让老是喊热,打开窗户让空气流通,而尼基老是喊冷,这就是他们夫妇。有人说她的肺是布纱团做的,不用保护。她呼吸塑料的臭气、聚脂、聚胺脂,它们还会冒烟,很危险的。

我到的时候,她在院子里工作。她把橡皮手套放在脸盆里。她身边竖放着用绳捆的金属网,有些铺着旧报纸,有时是布。尼基抹上塑料和颜料。这是泥团泥片,刚开始用它们做人物,它们鼓起来,它们凹下去,也许这儿是一条胳膊,那儿是一颗脑袋。这还只是空铁栅栏。她的雕塑品就像流产的世界，我觉得它们很可怕。创造是产前的残缺吗？

尼基领我到屋内，在那儿我看见她塑造的新人：都是妇女，正在过节的胖女人。她们跳绳、打球，她们穿着花裙，绣花的，绣着心形花样的，她们就是"娜娜们"。她们新新鲜鲜、容光焕发地从娃娃盒里出来，从美容学校出来。昨天她们还戴着卷发夹子，今早她们还穿了最漂亮的内衣。紧身带和吊袜腰带是她们的甲胄。她们足踏高跟鞋，满脸含笑地进城，手拎着崭新的手提袋。她们像野人般跳舞旋转……这是娜娜们的大检阅，祈求保护：史前的怀孕维纳斯，穿白婚纱、手捧花束的新娘，神话传说抛给精神分析学家的诸多形象。说到底，都一样。

她们是女性杂志出来的人物，是古罗马复仇女神的复活。当心：这些表面看来可笑的胖女人，把自己看作是 pin-up 女郎，她们是危险的。如果俄耳甫斯走过，她们会把他撕成碎片。

尼基不是一个娜娜。然而这样的雕塑活儿是女人的活计。她在格子架上裹布料，就好像裁缝给柳枝做的模特裹服装，她给娜娜们上色就如给一个女人化妆。

在圣日耳曼大道亚历山大·伊奥拉画廊展出的《娜娜们》是女权主义的证明，是对市集的"享乐宫"的挑衅。尼基是女权主义者吗？我向她提出这个问题。她回答我说："一个女人在男人的社会中，就如黑人在白人的文明中一样。"娜娜们表现了这个主题。这些穿花裙的胖女人，她们在杂志上品尝玛格丽特公主的不幸，寡居的公主王妃和伊朗王后的分娩（名字改了，但主题是永恒的），然而，在我看来，她们绝不能成为模特。

尼基喜欢她的娜娜们吗？她毫不犹豫地回答："是的，我喜欢她们。"我的问题很愚蠢。一位艺术家绝不会讨厌他手中做出来的作品。在自己的劳作中，他们看到了自己。尼基站在妇女解放的一边。

有一天，她为德国的莱内·冯·迪埃和卡塞尔剧院做美工，并为阿里斯托芬的喜剧《吕西斯忒拉忒》设计了服装。这也符合她的反叛路线。然而我不相信她在与男性霸权斗争的妇女协会中发生影响，她喜欢与他们单挑。

有一天，她告诉我，在圣法尔的家谱中有个蓝胡子。大概她想为这位残酷王子的牺牲者报仇，但在传说中，蓝胡子是在佩罗活动的。尼基知道女性力量在巫术中的位置，她把偏离巫术的幻想重置于被"新现实主义"占据的时代里，不久在她的作品里出现了传说中的龙，好像巫士们的博物馆。古代神话和童话故事中的一切都出现了。巫士喀耳刻找到了仙女卡拉波斯。尼基给我们带来了被遗忘的传说，还发明了新的神话。她在公园里重塑它们——她在那儿建了孩子们在梦中见过的可以溜下去的建筑——还在她的两部电影里重塑它们。

新现实主义不只是制造神话。尼基还带来了传奇，没有它们，我们不懂得生活。

在"学校上的索瓦斯"建了夫妇俩的作品。这是成套的雕塑品和机器，表现从"亚马逊女人"以来的"两性之战"，标题是："幻想的天堂"。事实上，这是让的机器和尼基的娜娜们的斗争，在 1967 年蒙特利尔世博会上，这部作品在法国厅的屋顶上竖立。

我看见这战争的准备工作。在车库里，一把长柄镰刀在黑铁轮子上杀气腾腾地前进，刀刃上也漆了黑色。从敞开的门里，我看见它的轮廓，在巨大的圆形物件之上，它也是白色的，和聚脂一样。那形状是尼基一个人用了几个月的时间裁出来的。机器要向娜娜们进攻，用螺旋钻钻她们，砍她们的脑袋，穿肠破肚，但我预先已知道这场冲突的胜利者是谁了。娜娜们是永恒的，她们脸带微笑，她们的卷发毫发无损，尽管代表男性的机器疯狂进攻。为什么呢？因为民族的智慧总是反映在永恒的女性上。我从没听一个女人说"永恒的男性"。

然而，为了理解娜娜们和她们的挑衅，应该记住在坦盖里1961年的展览上，在用于创造艺术作品的机器里，坦盖里展出一件杀死女人的机器，他们当中是谁开的头？厌恶男人的女人，还是厌恶女人的男人？

让和尼基从未停止过合作。当时，夫妇都是艺术家的，一般都是各搞各的，这两个却比翼齐飞。比如，为了巨大的"Hon"（瑞典语中"她"的意思），即长25米的娜娜，可由性器官进入里面。我们看见整个家都可以进入里面。坦盖里在娜娜的一个乳房里放置了牛奶酒吧，在另一只放砸空酒瓶的机器，在肚子里放现代艺术博物馆，脑袋上放天象仪。这是1966年的事，发生在斯德哥尔摩。

1983年建巴黎的泉，巨大的"脑袋"，后来命名为库克洛佩斯，在"米里树林"的树林里；让的"塔"，为1985年尼基在托斯卡纳造的"塔罗的花园"而建。这是他们的几个合作阶段。

我不知道一对夫妇共同工作的其他例子，因为其中一位的成功，很可能将是另一位的阻碍。"塔罗的花园"是项困难的项目，尼基说：

无论是投资还是技术方面。从投资方面说,因为以我的名字命名的香水没带来我所希望的东西。从技术上说,虽然让常常来帮我的忙,例如为了基础工作。同时,他常从车里打电话给我:"尼基,我以每小时 150 公里的速度行驶! 尼基,我跑得飞快!"

让·坦盖里喜欢赛车,但以自己喜爱的方式。他有一些赛车手朋友,他跟着他们参加比赛。同时他制造机器,他喜欢看着它们在路上拖着,像冒烟的妖怪,发出连续的爆炸声,带齿的车轮、皮带,既有蒸汽火车头,又有农用拖拉机,战前的收割机—打麦机,还有马戏团大篷车。有一天他打电话给我,告诉我他的法拉利和一辆两缸雪铁龙撞了,对手的车毛发无损,而他的跑车碰得支离破碎。他觉得挺好玩的。他就这样经常保留着对故障的爱好,发动机点不着也能吸引他。

尼基和让接纳我参加"货舱崇拜"行动。这项计划在白马旅店和邻近的骑士团封地产生,正当进行得热火朝天的时候,他们了解了一切情况。比如,了解到非洲人能利用被白人放弃的、搁浅在岸边的货轮里的物件。当时正是坦盖里创作他的雕塑《巴鲁巴人》的时候,它有愤怒的动作。考虑到当时的技艺应为反机器服务,他看到在巴鲁巴的种族中反社会的因素,就想向不只是谋利的价值方向转去。

用电冰箱的撞针、洗衣机滚筒、排气消音器、丁烷煤气灶喷火头做什么,当人没有煤气和电、自来水、粪便污水直通下水道的排水系统的时候? 嘿,用这个创作雕塑品,发明具有思想意义的图像。

让·坦盖里从垃圾场收集到的渣滓里找到可用的材料;

尼基从中找到一些暗示，来创造她的神话形象。在"货舱崇拜"的例子中，他们都可以发现一件物体怎样改变状态，成为带有新的意义的东西。那儿就是他们的活动场所。这样当他们走不同的道路时，他们也能协商一致。因为他们的共同道理就是，在一个只懂得使用物件、丢弃使用过的物件的时代里，他们进行"变形"行动。这是怎样的灵活变通！怎样惊人的发明！

坦盖里对着自己的作品写生。1983 年我去看他，那时圣梅里教堂和蓬皮杜中心之间刚建起喷泉的石井栏，坦盖里正在检查喷泉喷头的功能和发动机。这发动机使十六个搅水的形象得以转动。法国人同意他找来巴尔的管子工，他们做熟了喷泉，能把活干好。

坦盖里说：

开头，喜欢我的巴尔喷泉的皮埃尔·布莱打算让我和胡安·米罗一道干，这是我很大的荣幸，同时我也有点害怕。经询问后，我得知我的铁需要的颜色交给尼基负责，我们非常高兴。这喷泉的条件不同于我在巴尔的条件。例如，在巴尔，我可以使用用过的重铁，有时我喜欢它们。而在这儿，池在皮埃尔·布莱的音乐研究所的上头，里面正在创作未来的音乐。最大的负荷不能超过每平方米 50 千克。因此我采用了轻的材料，但这样的细节没引起任何人的注意。

当然，动工前，我去看了最美的喷泉，罗马最美的喷泉，但那时的喷泉没有我们今天拥有的技术方法。在圣梅里教堂和蓬皮杜中心的附近，我没想到要造不朽的喷

泉。由布莱提出的斯特拉文斯基喷泉使我感动，因为我
1948 年在巴黎一听到《大兵的故事》就震惊了。唱拉米
的歌词的是热拉尔·菲利普。这我是忘不了的。但我也
想到 1915 年的斯特拉文斯基，他给一头马戏团的大象谱
曲；这是我们音乐中的爵士乐的起奏。这些都给我们的
工作的质量定了位。

我和尼基感觉自由：小丑的帽子、夜莺、心、火鸟、喷
吐出水流的抹了口红的嘴巴、土地的钥匙，因为和斯特拉
文斯基一起，音乐开始变了。我们有了幽默地表达的自
由。他的音乐允许我们这样。

此外，你看到水面布满了微微涟漪。我不愿意雕塑
品、行人、教堂、蓬皮杜中心在里面映照出来，因此水面不
停地动荡，就如水池四周的生活。很明显，我的机器——
在尼基的雕塑品旁——像是幽灵。但在昨天，人们已经
看到了像美丽的虹一样的水柱。

水池的周围总有孩子们。我希望他们弄湿一点就可
以了，但不要因此走进水里；四周的板凳不会沾到狂风吹
来的水沫。

孩子们来了，他们认为这是"坦盖里的喷泉"。他反对这
种说法："不，这是斯特拉文斯基喷泉。"他们不知道这个名字，
他解释说：

他是大音乐家，他来到我们国家，他给一头马戏团的
象谱了曲。他在自己的作品里把伟大的乐曲和爵士乐结
合起来了。

孩子们听着,但他们没听见斯特拉文斯基的一个音符。一个小男孩插嘴了:"我爸爸说,这喷泉是流浪汉的游泳池。"哪个孩子不重复他爸爸说的话?坦盖里很难令他们接受他的看法:不错,可以让流浪汉来这儿,但不能在池里洗澡,它并不深。小男孩看着围绕着池的雕塑,发明了一个传说:他从贴近水花转动的死脑袋开始,加了一个有鱼尾的女人。她造访太阳,太阳隔开手臂(火鸟),在大地钥匙的铁器间攀爬,淋浴着红嘴吐出的水。孩子甚至不再看水流。他进入了自己创造的传说。坦盖里听孩子说着,很开心,他对我说:

> 你瞧瞧,这就是喷泉的效果。它是表演,同时引领人们走向自身,它是激发想象力的兴奋剂。

它尤其具有纪念碑的地位,且担负的并非政治意义上的职责。

坦盖里题献给哲学家的展览,我觉得是他对争端的"了结",即认为雕塑不管是运动的,还是在运动的,都挣脱了只是形体或形体的运动的职责。它这样的意义,能让我们这个充满了文字阅读并很快将完全数字化的世界倾听吗?运动,它能解决长久以来把文字世界和形体世界分开的问题吗?

1988年,在蓬皮杜中心,我和让·坦盖里在他的"哲学家"展览厅漫步,为了让我了解他的"思想家们的先贤祠",他觉得有必要给我讲他的"旅程"。

> 当我知道神圣的教皇为墨索里尼派去轰炸阿尔巴尼亚的飞机祝福时,我不再去我常去的教堂了。我马上加

入了共产党。很快,1953 年,我马上又退了党。然后我
碰见了埃娃,学会了什么也不干。战时在瑞士,许多政治
和哲学理论家成了难民,所以我们了解了在大部分欧洲
国家没接触过的思想。这样我很早就读了克鲁普特金的
书,他为了大家乞求面包。我很喜欢这个。我知道他是
古怪离奇的资产者,我并不惊奇,因为和理论家比较,我
感觉到我也有点古怪离奇。

我们停在克鲁普特金的雕像前面。底座上有一只蓝金属
的大桶。就像车库里看到的那种,装满了润滑油,紧捆在木底
座上。因为他发明的发动机令很像帆船桅杆的东西转动,转
得太厉害了,桶会掉下来,滚到大厅去。这样雕像可以被看做
是慷慨和无理性的形象,我问坦盖里是否该这样理解它的意
义,他答道:"我和你说过了:他是离奇荒诞的资产者。荒诞的
资产者就是这样的,对吧?"

我们继续前行。走过去一点,是弗里德里希·恩格斯在
摇动抽水马桶水箱的链条;亨利·柏格森在高速转动一个有
点像铁菠萝的东西,那加速旋转的样子让人发笑。我不明白
为什么,对于分析笑的哲学家,这座雕像表现得很正确。让-
雅克·卢梭不停地举起、放下美洲印地安人的羽冠,那动作也
和油田的油泵一样,使之驯服和尊严。18 世纪的哲学家尊敬
"善良的野蛮人"。跟着的是德尼斯·帕潘,然后是阿多诺,坦
盖里认为阿多诺是他的启蒙者,他还说:"我不明白一位哲学
家时,我提问题。把这些哲学家集中在这儿具有这样的意义:
他们全都是反独裁反极权的。"然后他又作了说明:"从让-伊
夫·莫克和让·马奥那儿,我得知大部分'哲学家'展览参观

是免费的。我坚持这样做，他们同意了。"然而要注意，这样的免费是很短暂的事。

"哲学家们"是我最后一次与伊夫·克莱因的"合作"。我们的亲密不是哄骗。合作明显地是想象的。我们本试图做点什么，这就容易引起巨大的冲突。伊夫忍受不了讥讽。他想用他的单色画摧毁世界。你看见了：轮子以不同速度转动，这就产生噪音和时而很亮时而很暗的光亮。对于我来说，这些作品是我对一位朋友的纪念，就如"哲学家们"是我对他们的思想的纪念。

坦盖里的"柏格森"没有竖立在巴黎的亨利·柏格森广场，也没有竖立在巴尔的雅各布·布克哈特广场。这些作品脆弱易碎。这是一个理由。也许人们因此还担心被认为对伟人不敬。我们可以在巴尔的坦盖里美术馆看见它们。非常明显，这是作为对一位雕塑家表现的哲学故事的奖励。然而我们要问：广场的公共空间对艺术创造是危险的空间吗？

总之，坦盖里成功了；运动的雕塑品可以起19世纪的教育雕塑的作用，即使当局不愿意明白这道理。

突然，我觉得福特里耶的"人质"和坦盖里的"哲学家们"表现了他们干预社会生活和思想生活的愿望。也许应该更注意他们的愿望：与那些坚持以"无题"称其所有作品的人分开。

尼基和我谈的是她和坦盖里的疾病。她常生病，他从不生病。然而，在一次心脏手术后，他很长时间处于昏迷中。他醒过来，又前进了。和他开始制作的发动机一样，出了故障，但只要用手指拨一拨，它又动起来了。

他发明的运动的机器是前所未有的吗？有人提到死神舞蹈的永恒主题,例如巴尔人汉斯·奥尔宾的舞蹈。这个世界的伟人们纷纷跳起法兰多拉舞,一边摇动着锣鼓,那是由不知疲倦的小骨架担当的。

坦盖里向我提到死神是如何落到他的机器上的:

> 这事发生在我家旁边,在弗里布镇的内鲁兹。一天夜里,雷电击落到农场上。公牛恐慌了,杀死了母牛。整个干草场都烧着了,烧了三天三夜,这是农民的悲剧。后来我们去看还有什么没烧掉的。整块地都在发烫,几乎走不进去。我拾起农场的机器,它们被烧坏了,但还看得出生产商的标牌。它们写着芒热尔的名字,和那个拿纳粹集中营犯人们做试验的医生的名字一样。我也收集牲口的骨头。我看见我能处理死人。我已经懂得了:没有死,就没有生。

成套的农业机器、牛头饰、肩胛骨在威尼斯的圣萨穆尔教堂找到了位置。生锈的铁像牲畜的叫喊一样吱吱嘎嘎地叫,在穹顶下发出回声。提到死神的舞蹈,坦盖里告诉我,人跳舞是为了祛除对死的恐惧。在这里,在这间教堂里,犁、钉齿耙像装饰屏一样大开,到处都看见芒热尔的名字,人感觉到的不是恐惧,而是耻辱。

附近,在空旷的格拉斯广场上,不再是死神芒热尔的悲剧在上演,而是坦盖里的全部作品。这是在博物馆里,而非沉思默想的场所。坦盖里说道:

二十五年前,亚历山大·依奥拉建议我在格拉斯广场举办大型展览。我去看了宫殿。我拒绝了。对我来说那儿太大了。这一回,蓬蒂斯·于尔唐认为我可以接受了。于是我去了,我喜欢把我那荒诞而野蛮的机器和高贵雅致的建筑做对比。我把最大的部件放在与水渠同一条水平线上,我那个巨大的"梅塔—马蒂克—马蒂克—乌托邦",公众可以在里面散步。我甚至放上了老鹳草,让他们不觉得迷了路。但我担心安全服务处不允许大家散步。看情况怎么样吧。

大家以为是大雕塑品引起了轰动,但它们是审慎的。我觉得有趣的是,像雨一般落到它四周的噪音,是来自广场中央大井四周的各层大楼上的全部机器。这就如同我几十年来造的机器开始一起讲话、唱歌。

我看他很瘦,但仍然和以前一样狂热。这就是永远的坦盖里。那时离他去世还有三年。

坦盖里辞世了。大家在考虑如何处理他的作品才合适。他对我说过,没有一个商人可以凭合同确定物权主。有些人希望把它们放在他的弗里布村的工厂大货场里,这地方很难进去,但有利于在他身边工作的朋友们的作品间里展出。另一个解决办法就是运到他曾喜爱的邻近地方,让他的作品承受能承受的孤独。

保尔·萨谢尔在他的妻子玛雅·萨谢尔之后,曾接近过坦盖里,他建了坦盖里美术馆。美术馆很大,很美,由建筑师马里奥·波塔设计草图,就在莱茵河的巴尔岸边的孤独公园。尼基送去了她从丈夫那儿接受的全部作品。从此,美术馆存在了,而在弗里布,一间以前的电车库小心地保存着坦盖里夫妇的合作作品。在巴尔也一样,他的机器的保养得到了保证。这作品本来会损坏,因为没零部件,缺乏修理,它们迟早会报废的,但现在获得了未来。尼基说,丈夫曾对她说过:"我的工作会与我同归于尽。"他很清楚,他的焊接技术并不完美,此外失败在他看来是家常便饭,是他的生活的组成部分,是一个人的作品的组成部分。现在他的机器不会死亡了,他从垃圾堆中收集的锈铁不会回垃圾堆中去了。对于那些研究未来的人来说,这是怎样的意外收获啊!他们在坦盖里的美术馆里找到完好无损的物件,本来这些物件是保存不到他们能看见的那天的。

为什么呢?因为坦盖里像他的巴鲁巴那样运转。单单用洗衣机滚筒,他就创造出了雕塑。

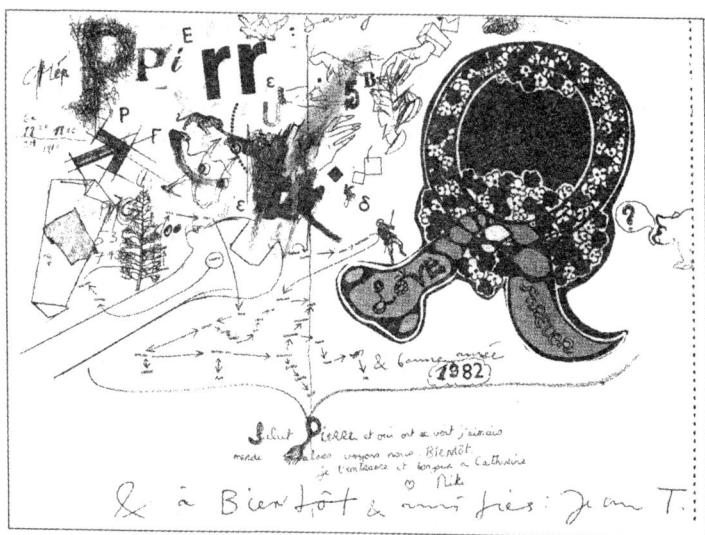

坦盖里夫妇的来信本身已是一件艺术作品。

第九章

从让·迪比费到约翰·塔卡维拉

让·迪比费 约翰·塔卡维拉

让·迪比费
Jean Dubuffet（1901—1985）

勒内·德鲁安大概是战后显露的最聪明的商人。从解放开始，他展览了具体派艺术家让·阿尔普的作品，然后是让·迪比费的《米罗波吕》，然后是马塔，然后是福特里耶的《人质》，然后是比西埃的《帷幔》，然后是沃尔斯……别的画廊没有包容各派的能力。德鲁安一直懂得在各种不同流派中留下最棒的作品。此外，他在旺多姆广场这个奇妙的地方展览，当时是没什么地方可与它相提并论的。他的爱好并没影响他搬到左岸，在一间小小的画廊里他继续招揽顾客，他总是找得到时间参观无名艺术家的画室。我们该有一部关于勒内·德鲁安的传记。

1944年，我就在他那儿看到了迪比费的画。第二年，我在左岸的一家小画廊里看到他的石印图画，那是安德烈画廊，后来不见了踪影。我见识迪比费的画时，对古代艺术一无所知（卢浮宫关了门），对现代艺术也如是（因为让·卡苏还没开他的博物馆）。

迪比费当时的作品还没被看作对他后来称为"文化窒息"的进攻的开始。在他画的地铁车厢里坐着的乘客，裸体的男人，都有些新绘画的彩色东西，令人愉悦。加上他结合了儿童画中的很明显的简洁，仿佛是由不懂画画的人在石膏墙上乱涂的东西。这类新鲜的画法从没有被直接引入博学的画廊世界里。迪比费不抛弃"六比四比二"的用于速画侧面像的比例法(在图画中还从没有见过这样的画法),也不放弃人行道上用粉笔画的造房子游戏的方格(它们成了风景),也不放弃奇形怪状的画以及中学生在练习本的边上画的漫画。他用它们画了作家、同时代人以及朋友们的肖像系列,这些肖像看去很凶,很怪——但很像!

在他的作品里出现了野蛮的诗意,摄影家布拉萨依的镜头已捕获并在粗旧墙上表现了这种诗意。它表现了视觉、幽默以及行人的凶恶,能够在又黑又残的石膏上划出白色的伤痕,让街头说话。

关于迪比费的第一批展览,我在一篇文章里表示过,面对着画中那种快乐的嘈杂,我由衷感到快乐,同时,我也追询过他那种成人寻找儿童思维的能力。他的公寓位于先贤祠斜坡的罗蒙街,我就在那里采访他。了解了我对他毫无保留的赞同与怀疑之后,他给我写了信,他说他毫不弄虚作假,说谎或真诚都不是他的问题。

　　我是不可知论者,也是蒙昧主义者。如果我的作品不是展开蒙昧主义旗帜的话,我是不会真诚的。

在另一封信里,他确认:

　　我把你的文章给让·波扬看了,他写信给我说:"德卡尔格的小文章写得很不赖,但他缺乏一点永恒的感觉,你也是。"

为此,我得意了好几天。

不久,让·迪比费显然以充沛的精力发展了现代文化建设,它正在取代以前的学院派结构。

人们并没有马上发现,但原始艺术的概念已传播。在圣安娜收容所,有人拿出精神病人的作品。在艺术等级中,有些东西发生了变化。

迪比费收集了原始艺术作品(勒内·德鲁安和伽利玛展出了它们),他本来应该交法国的一家基金会去做的,但成套作品的展出首先是在画家兼收藏家奥索里奥那儿,而后又去了洛桑。因为法国的阻碍又来了。由一位艺术家组织的一套作品要归入正式的范围内,这是不可想象的事,他们只接受由管理部门的一个成员收集的作品。我不愿不停地抱怨那些落后倒霉的事,但你想想,原始艺术的收藏品没有保留在法国,迪比费的个人赠画不是赠给国家现代艺术馆而是赠给装饰艺术博物馆。总是障碍重重。

画家只有在为自己绘画时才感觉幸福。我看见他们的雕塑被放在一个古怪的场所,那是在 1900 年前后常去的一家俱乐部里,是伏尔内的小圈子。在这希望展出好作品的地方,他的雕塑——用擦干净的金属板和炉渣雕的作品——产生了他期望的轰动效应。

他经常做些新鲜的玩艺:粘贴蝴蝶的翅膀、收集画板……他热爱不朽的作品:例如他建造了几层的迷宫,如靠近巴黎的"耶尔上的佩里尼"的法尔巴拉别墅,花了三十年成为名胜。他的《形象之塔》被许多市政府发出厌恶的叫声否决了,最终在依丝一勒一穆里诺找到了庇护所。他最大的作品,公众可以在 1500 平方米上散步的。它在雷诺公司的新场地上建成,又被新来的主任否定了，并被拆毁。迪比费打了官司，打了五年，先是败诉，然后又胜诉，其时离他去世仅有两年。他放弃了：他必须画他的"非风景"的东西和他的"目标"。今天，雷诺公司支持在马德里和其他地方举办的迪比费画展。当局者总是盲目的，为什么？他不断地有所发明有所创造，但也不断地遭受当局的拒绝和否定！

我喜欢按波扬描写的迪比费来看待迪比费。波扬说他是"你可以笑他但无法使他生气的画家"。我记得 1962 年我对他的采访，在他位于沃热拉街 114 号的画室。旁边有座大楼，有条通道，几棵小树。这是真正的房子。

他被一位朋友看作贤人哲人，他探求智慧的象征：胡子。在几张大纸上，他在画了几个长着胡子的人物之间写了这首诗：

> 你采摘了胡子之花吗？
> 被"以索"下了毒的胡子，巴尔提克男爵的胡子和匈牙利骑士的胡子！
> 出现了！亚洲妖魔鬼怪下巴上的不祥的墙！
> 听见动人的音乐！
> 胡子的钟敲得好响亮！

我刚跨过他家的门槛，就听见在他工作的那层楼上传来咬牙切齿的声音，吹哨子的声音，夹杂着手风琴和鞭打的声音。然后听见低沉的嗓音在唱圣歌，唱的是《胡子之花》。那是诗，但谁在唱它？然后所有的声音都停了。我爬上狭隘的楼梯，他在那儿，手臂还大张着，发出咬牙切齿的声音，哈哈的大笑声,和此前不协调的是他的四方脑壳,右脸有点疙瘩。

他把用来保护他的新画的玻璃给我看。他的画马上使我想起战后我喜看的那些画。那是《巴黎巡视》,又是一幅孩子画的画。店铺、广场、粗画的平民百姓、车辆、公共汽车。不用说那块没光泽的玻璃是他的新发明,对绘画的价值不大。它们黯淡了欢快鲜艳的颜色,这巴黎的风景,紧挤在一起的小店铺,肉店、眼镜店、颜料店、洗衣店、书店。所有这些彩色招牌,当时的人们都想不到会永远地消失。他画中的 1945 年是一个灰色、黑色、荒凉、寂静的城市,被到处是行人、自行车和汽车的彩色城市代替了。

我问他对在达尼埃尔·科尔迪耶画廊举办的展览有什么期待,他回答我说:

麻烦不断。大家接受了我的重视材料质感的作品,甚至我的用盖板和炉渣做的雕塑,他们认得出那些材料,泡沫、泥巴、沙子、翅膀等,我把它们弄进我的画里:他们称这是"非形象艺术"。这些粘贴画,我突然明白这是"真实主义"。那时我创作胡子,但很难被通过,因为他们一摸我的人像,每个人都感觉被触到心上去了。是不是?现在我的《巴黎巡视》不再粘贴了,我画,这不再是真实主义,这是抽象。

他停了一阵,看看他的挑衅的效果如何,然后,放好他刚给我看的大胡子的练习本,他又说道:

在六个月的时间里,我停止了画画。我和我的朋友、丹麦画家阿斯热·若尔一起搞音乐。画室里放满了乐器：铙钹、小号角、铃、双簧管、笛，还有许多中东的乐器。多得插不上脚。我买了一台录音机，然后又买了一台。我呼吸，我又是刮又是打，什么动作都使上了。然后安装，混合录音，送印，焊接、放慢放快，我亲自动手干这一切。

我侧耳倾听。我突然明白刚才我在楼下没弄懂的事：吵闹声都是他弄出来的。是他在叫喊，是他又抓又刮，是他在吼叫，吹哨子，吹风，他又开始试干各种事了。就好像乐器学校刚敲了下课钟，学生们冲到院子里去释放能量。这儿或许是热带树林，夜里，所有的动物，从昆虫到猴子，都要表明它们的存在。我想到职业作曲家，他们也是忙于寻找新的声响。皮埃尔·舍费尔、皮埃尔·亨利、约翰·凯奇和现代钢琴大师斯托克豪森。我们对印度尼西亚乐队演奏的甘美兰音乐很好奇。耳朵寻找着闻所未闻的声音。

我问迪比费他对这一切知道些什么，他说："什么都不懂。今天的作曲家懂你们的唱碟吗？我相信音乐家绝不欣赏搞音乐的画家。"然后他又说："我相信这音乐不是用于音乐会的，我们在搞音乐而不是听音乐。但我喜欢做这样的事。"

我离开他的时候，感觉我更理解了他的方向。在他的绘画中，《巴黎巡视》是休息的时候。"胡子之花"和音乐，又一次，他做了两件差别很大的事。这种跳跃使他离开了环境文化，人们认为他是非形象派的，他摆脱了对材料的依赖。人们认为他的画接近孩子的画，接近原始的画，不，他远离了一切可能使他与共同倾向类似的东西。他远离了和别人的相像。

他又重新来过，在他年逾 60 的时候，他回到了完全的孤独。这完全的孤独给他带来隔离的骚动，这就是"乌尔卢普"形式。

二十年之后，在他 83 岁高龄的时候，他决定停止绘画。但那是和他开始作画时的人接触后决定的。大家看到当时他被看作处于创造和否定交替之间。因为，这种艺术想要返回原初思想，选择"窒息文化"这一永恒的根蘖，开始与虚无的思想对话。

1962 年，我根本预见不到这一切。我只看见一个创造了无数东西的人。没有一个人像他那样，在那些蒙昧主义的节日里，找到了各种各样的场景。迪比费的高龄将是一个震动人心的结论。

```
                    dimanche

mon cher Pierre Descargues ( ne nous appelons pas monsieur ) ( le monsieur émousse et
feutre ) je suis très touché que vous soit ainsi venue cette impulsion, d'écrire sur
cette exposition, et qu'elle ait ainsi occupé votre pensée . Fort intéressé par votre
article . Dans maint endroit il n'est pas clair, on ne saisit qu'à demi, ou du moins
on n'est pas sûr . Voulez vous bien dire, parlant de l' " épreuve de la sincérité ",
que je m'amuse à me contrefaire pour mettre mon besoin de sincérité à l'épreuve ; ou
bien encore : que m'amusant à ce jeu délibéré ( de me contrefaire ) il advient que je
me prends au jeu et que ma sincérité s'y fraye un chemin ? Ou bien voulez vous dire
tout autre chose ? Il y a bien des endroits de votre article qui s'entourent de flou,
qui ne se laissent pas bien saisir . Nous en parlerons quand on se rencontrera . Il
me semble que les notions de sincérité et de mensonge sont un peu simplistes, ne
résistent pas à un examen en profondeur, s'évanouissent si on les approfondit, ne
répondent à rien de réel . Je vous signale que des philosophes ont nié totalement
l'instinct . Ont affirmé que le mimétisme joue seul dans la formation de l'homme .
Que l'enfant ne marcherait pas sur deux jambes si on ne le lui apprenait pas . Est-il
possible - mais surtout est-il utile - de s'en enquérir ? Le mimétisme aussi est un
instinct . Le mensonge aussi est un instinct . C'est même bien passionnant, ce goût
qu'a l'homme de mentir . Ceux qui me mentent pas, qui briment et répriment ( ou font
semblant ) cet instinct de mentir qui est en eux, c'est eux qui ne sont pas sincères .
Les artistes qui imitent les œuvres d'art à la mode : sont-ils sincères ? C'est bien
naturel, bien légitime, d'être perméable aux courants d'humeur à la mode . L'homme est
une éponge . Un buvard . On observe que c'est justement les gens les plus simples et
les plus directs qui sont le plus sujets au mimétisme, qui se laissent le plus imprégner
Y résister serait pour eux n'être pas sincères . Mais si tout à coup ils prennent
conscience de cette assimilation - qu'ils s'avisent que leurs ouvrages ne sont que des
reflets d'ouvrages faits par d'autres - que leur pensée n'est rien qu'un miroir -
la sincérité sera-t-elle pour eux de continuer ? Leur embarras sera grand . De fait
voyons nous ces temps-ci nombre d'artistes ou de poètes en grand embarras(fort comique)
Sûrement qu'ils pensent trop . L'homme est un roseau non pensant . Moi je ne pense pas
oh foutre non ! moi je suis agnostique et obscurantiste, je n'ai pas d'idées générales
sur rien, je m'en fous . Je m'accommode bien de mon obscurantisme ; nous faisons bon
ménage ( quoique ennemis ) ( c'est un compagnonnage comme celui du détenu avec son
gardien ) je l'aime et ne saurais me passer de lui . Je me donne des fêtes d'obscuran-
tisme : c'est mes tableaux . Des galas obscurantistes . Des danses - des offices obscu-
rantistes . Je ne serais pas sincère, n'est-ce-pas, passionné d'obscurantisme comme je
suis, si je faisais des ouvrages qui ne soient pas des bannières déployées de l'obscu-
rantisme ? Bonnes amitiés chaleureuses .
                                            Jean Dubuffet
```

让·迪比费的来信。

约翰·塔卡维拉

John Takawira (1938—1989)

　　1971年,巴黎的罗丹博物馆展出津巴布韦的索那艺术家的雕塑作品,它们中的大部分用很硬的石头,来自维库蒂山间的露天画室的蛇纹岩,雕塑家一般都是农民,农闲时便来画室里雕几件雕塑品。

　　他们的作品表现了两种惊人的雕塑动机:首先,非洲人不再专门雕塑系统化、礼仪性的、用于文化仪式的物件。从这个作用解放出来后,非洲艺术家们不再走西方人走的道路:具体的艺术、概念的艺术、流行艺术。不,他们走别的路子。非洲,至少是津巴布韦的非洲能够创造,而不是光懂得维护过去的传统。

　　维库蒂的雕塑家拾起布朗库西、摩尔、罗朗、吉利奥里去世时留下的雕塑工具。他们不懂得参考前人的模式是他们的义务,他们创造了新的形式,创造了他们的神话人物,在动物世界和人的世界之间搭起了桥梁:豹人、犀牛人、狒狒人、和死有关联的骨架人。这样他们保证了世界的平衡。在一个丧失造型传统的国家,其传统不为历史学家所知的国家,创造意味着一切。

　　引导这些艺术家不进入西方模式而去开采自身的文化资源——这是人种学家没有澄清的——是英国人弗兰克·麦克尤恩(1907—1994)的成果。他开始请他们画,但他们的图画只表现已经见过的表现主义。相反,他们在雕塑中发现了自身的独创性。麦克尤恩跟我说到他们是怎样创作的。面对着他们选择的一整块大石头,他们久久不干活,却在角落构思,想象好了,很快就完成。

很明显,麦克尤恩对黑人艺术家的兴趣并不被大部分白人社群看好,他们还是罗得西亚殖民主义团体。新艺术的诞生不会没有痛苦,年轻的雕塑家尼古拉·穆孔贝朗瓦在天主教传教会学会了职业,不得不和宗教当局断了关系才能停止雕塑圣母。

受到白人殖民者羞辱的麦克尤恩受到索那社群的热情接待,却处于尴尬境地:他觉得他不是非洲人。至少他感觉到他帮助催生了新艺术。很少人能干这样的事,激励别人创造杰作,这是多么幸福的事!然而他离开了津巴布韦,扬帆过海去了。

今天,西方现代艺术博物馆不太知道该如何对待这些非洲艺术家们。他们打乱了展厅的年鉴顺序。人们只满足于把他们的作品在外部展览中展出,如"大地魔术师"展览馆。然而像约翰·塔卡维拉(1938—1989)和西尔韦斯泰·穆巴依(生于1942年)这样的雕塑家,他们的作品已给自己信仰的生灵以高尚的形象,留下他们所有教义义务的自由创造,他们的作品是持久而又必需的。

这种自由也许解释了他们的主题是可理解的,甚至对于索那文化的外行来说。三十年来,我看着约翰·塔卡维拉的作品,我无需别人向我解释被鳞甲动物攻击的骨架是一位使我受益并告诉我智慧之秘密的祖先。此外,捕食性动物不管如何强大,都被变色龙和猫头鹰等有益的动物监视着,它甚至不能动摇骨架。这些都是不用注解就看得懂的。

我觉得，索那的神话被雕塑表现得清晰明白。在这样的浮雕中有种有节奏的快乐，我在里面找到了从死者身上得到教益的理由。无需内行或人种学家，我就明白被雕塑从消失中抢救出来的这些神话。

津巴布韦的雕塑家们与我们的现代艺术史和非洲雕塑传统都迥然不同，它在靠近我们，形式上在靠近布朗库西发明的公鸡，靠近亨利·摩尔发明的皇家夫妇和吉利奥里发明的天使。为什么不把所有这一切都一起展出来呢？

在这最后一章里，我把两位素不相识的艺术家摆在一起，一位是画家让·迪比费，一位是雕塑家约翰·塔卡维拉。为什么把他们摆放在一起呢？因为迪比费在他的最后几篇作品《非地域》里表现了感人的力量，代替了材料的位置。这是他最后的信息，也是最动人的信息之一。他认为一切甚至他的创造都是幻象，并使我们理解了这一点。而约翰·塔卡维拉发现了雕塑，使行将消失的文化及其人民的神话进入雕塑之中。他拯救了处于危险中的价值体系。

这是两种走向本质的方法，即走向世界性的方法。这两位创造者异常接近，大概使我得以稍稍清楚地看到：我所会见过的艺术家都是澄明的人。

人名译名表

ADAM Henri-Georges 亨利·乔治·亚当

ADAMI Valerio 华列里奥·阿达米

ADORNO Theodor Wiesengrund 阿多诺

ADZAK Roy 鲁瓦·阿德扎克

AEPLY Jeanine 雅尼娜·阿厄普里

AGAM Yaacov 阿加姆

ALBERS Joseph 约瑟夫·阿尔贝

ALBERTI Rafael 拉斐尔·阿尔贝蒂

ALECHINSKY Pierre 皮埃尔·阿列辛斯基

ALEXANDRIAN Sarane 萨拉纳·亚历山德里昂

ALIENDE Salvador 萨尔瓦多·阿朗德

ALLENDY Colette 科莱特·阿朗第

AMIN Samir 萨米尔·阿曼

ANDERAA Marie 玛丽·安德拉亚

ANDRY-FARCY Pierre 皮埃尔·安德里·法尔西

APOLLINAIRE Guillaume 纪尧姆·阿波里奈尔

APPEL Karel 卡列尔·阿佩尔

ARAGON Louis 路易·阿拉贡

ARCAY Wifredo 维佛列多·阿尔凯

ARCHIPENKO Alexandre 亚历山大·阿希彭戈

ARII-BLACHETTE Philippe 菲利普·阿里依－布拉谢特

ARIKHA Avigdon 阿维东·阿里卡

ARMAN（Armand Fernandez, dit)阿尔芒

ARP Jean 让·阿尔普

ARP Marguerite 玛格丽特·阿尔普

ARTIGAS Josep Llorens 阿尔提嘉

AUBERJONOIS René 勒内·奥贝尔约纳

AUJAME Jean 让·奥雅姆

ATLAN Jean-Michel 让－米歇尔·阿特朗

AURIOL Vincent 樊尚·奥里奥尔

AVELINE Claude 克洛德·阿夫利纳

BACH Jean-sébastien 巴赫

BACON Francis 弗朗西斯·培根

BAJ Enrico 恩里克·巴伊

BALANCHINE George 乔治·巴朗希纳

BALTHUS（Balthasar Kossowski de Rola, dit)巴尔蒂斯

BALZAC Honoré de 巴尔扎克

BARBARIGO Ida 依达·巴尔巴里戈

BARBEAU Marcel 马塞尔·巴尔博

BARBIER Jules 儒尔·巴尔比耶

BARNES Albert G. 阿尔贝特·巴尔纳

BARRAULT Jean-Louis 让－路易·巴罗尔

BARRÉ François 弗朗索瓦·巴雷

BASELITZ Georg 巴塞里兹

BOSSHARD Rodolphe-Théophile 鲁道夫—泰奥菲勒·博萨尔

BOTTA Mario 马里奥·波塔

BOULEZ Pierre 皮埃尔·布莱

BOURDELLE Antoine 安托万·布德尔

BOUTS Thierry 蒂埃里·布特

BOUVET Francis 弗朗西·布维

BRANCUSI Constantin 康斯坦丁·布朗库西

BRAQUE Georges 乔治·布拉克

BRASSAÏ 布拉萨依

BRAUN 布朗

BRAUNER Victor 维克托·布罗内

BRETEAU René 勒内·布勒托

BRETON André 安德烈·布勒东

BRICE Roland 罗朗·比利斯

BROSSA Joan 若昂·布罗萨

BUFFET Bernard 贝尔纳·比费

BUREN Daniel 达尼埃尔·比朗

BURY Pol 波尔·比里

BURY Velma 维尔玛·比里

BUTOR Michel 米歇尔·布托

CABANNE Pierre 皮埃尔·卡巴纳

CACHIN Marcel 马塞尔·卡奇

CAGE John 约翰·凯奇

CALDER Alexandre 亚历山大·卡尔代

CALDER Louisa 路易莎·卡尔代

CALLE Robert 罗贝尔·卡勒

CAMPLIGLI Massimo 马西莫·康皮格里

GAMUS Albert 阿尔贝·加缪

CANETTI Jacques 雅克·卢内蒂

CAPUTO Gildo 吉尔多·卡普托

CARDENAS Agustín 奥古斯丁·卡德纳斯

CARLSON Carolyn 卡洛林·卡尔松

CARPEAUX Jean-Baptiste 卡尔波

CARRÉ Louis 路易·卡莱

CARROLL Lewis 刘易斯·卡罗尔

CASSOU Jean 让·卡苏

CASTRO Fidel 费代尔·卡斯特罗

CAUS Salomon de 萨洛蒙·德·科

CENDRARS Blaise 布莱斯·桑德拉尔

CERVANTÈS Miguel de 米格尔·德·塞万提斯

CÉSAR(César Baldaccini, dit)塞萨尔

CÉZANNE Paul 保尔·塞尚

CHAGALL Marc 马克·夏加尔

CHAPLIN Charlie 查理·卓别林

CHAR René 勒内·夏尔

CHARDIN Jean-Baptiste Siméon 夏尔丹

CHARLEMAGNE 夏尔马涅

CHASTEL André 安德烈·沙泰尔

CHATEAUBRIAND François René 夏多布里昂

CHILLIDA Eduardo 希伊拉

CIESLEWICZ Roman 罗曼·切西列维兹

CLERT Iris 伊丽丝·克莱尔

COCTEAU Jean 让·科克托

COGNIAT Raymond 雷蒙·利尼亚

CONTI Lydia 莉迪娅·孔蒂

CORDIER Daniel 达尼埃尔·科尔迪耶

CORELLI Arcangelo 科莱里

CORNEILLE Pierre 皮埃尔·科尔内耶

COROT Camille 卡米尔·柯罗

COUDRAIN Brigitte 布里吉特·古德琳

COURBET Gustave 古斯塔夫·库尔贝

COUSIN Jacqueline 雅克琳娜·库赞

COUTURIER Michel 米歇尔·古杜里埃

CRANACH Lucas 卢卡·克拉那赫

CRAVEN John 约翰·克拉温

CROTTI Jean 让·克罗提

CUE nicolas de 尼古拉·德居

CURIE Parvine 帕维·居里

CURIE Pierre et Marie 皮埃尔和玛丽·居里

DALÍ Salvador 萨尔瓦多·达利

DAT Simone 西蒙娜·达

DAUBIGNY Charles François 夏尔－弗朗索瓦·多比尼

DAUMIER Honoré 杜米埃

DAUSSET Nina 尼娜·杜塞

DAVID Emmanuel 埃马纽埃尔·达维德

DAVID Jacques Louis 雅克－路易·大卫

DAVIS Garry 加里·戴维斯

DEGAND Léon 莱昂·德冈

DEGAS Edgar 埃德加·德加

DEGOTTEX Jean 让·德戈特

DE KOONING Willem 威廉·德·孔宁

DELACROIX Eugène 欧仁·德拉克洛瓦

DELAUNAY Robert 罗贝尔·德洛奈

DELAUNAY Sonia 索尼亚·德洛奈

DELVAUX Paul 保尔·德尔沃

DESCARTES René 勒内·笛卡尔

DESPLAU Charles 夏尔·德斯皮奥

DESPIERRE Jacques 雅克·德皮埃尔

DEWASNE Jean 让·德瓦纳

DEWASNE Mythia 米提亚·德瓦纳

DEYROLLE Jean 让·戴罗勒

DIAGHILEV Serge de 季阿吉列夫

DIAS Cicero 西塞罗·迪阿

DIAS Raymonde 雷蒙德·迪阿

DIDEROT Denis 德尼斯·狄德罗

DIEHL Gaston 加斯东·迪尔

DIEZ Rainer von 莱内·冯·迪埃

DOISNEAU Robert 罗贝尔·杜瓦诺

DOMELA César 塞萨尔·多梅拉

DOMELA Lie 里·多梅拉

DOMELA Ruth 吕特·多梅拉

DORAZIO Piero 皮埃罗·多拉吉奥

DOTREMONT Christian 克里斯蒂安·多特尔蒙

DOUANIER ROUSSEAU（Henri Rousseau）亨利·卢梭

DRAEGER 德拉热

DROUIN René 勒内·德鲁安

DUBUFFET Jean 让·迪比费

DUCHAMP Marcel 马塞尔·杜尚

DUCHAMP Suzanne 苏珊·杜尚

DUCHAMP-VILLON Raymond 西蒙·杜尚—维永

DUFRÈNE François 弗朗索瓦·迪弗雷纳

DUMAS Alexandre 大仲马

DUMITRESCO Nathalie 娜塔莉·杜米特列斯科

DUNCAN Isadora 依沙多拉·敦康

DUPIN Jacques 雅克·迪潘

DURAS Marguerite 玛格丽特·杜拉斯

DÜRER Albert 阿尔贝特·丢勒

EINAUDI Luigi 路易吉·伊诺第

EISENSTEIN Serge 塞尔日·爱森斯坦

ELUARD Paul 保尔·艾吕雅

ENGELS Friedrich 恩格斯

ENSOR James 詹姆斯·昂索尔

EPSTEIN Jacob 雅各·爱泼斯坦

ERNST Max 马克斯·恩斯特

ERRO 埃罗

ESCHYLE 埃斯库罗斯

ESTÈVE Maurice 莫里斯·埃斯泰夫

ESTIENNE Charles 夏尔·艾蒂安

ÉTIENNE-MARTIN (Étienne Martin) 艾蒂安－马尔丁

EUCLIDE 欧几里得

FARCUE Léon-Paul 莱昂－保尔·法尔格

FAUTRIER Jean 让·福特里耶

FENOSA Appelès 阿佩列·费诺沙

FOUCAULT Michel 米歇尔·福柯

FOUGERON André 安德烈·富热龙

FRANQUI Carlos 卡尔罗·弗朗基

FRATELLINI Paul，François et Albert 弗拉泰利尼

FRÉDÉRICK Loïs 劳依丝 · 弗雷德里克

FRÉHEL（Marguerite Boulch，dite）弗雷埃尔

FRÉNAUD André 安德烈 · 弗勒诺

FRIEDLAENDER Johnny 约翰尼 · 弗里德拉安德

FRIESZ Othon 奥东 · 费里耶斯

GABO Naoum 纳乌姆 · 加波

GABRILOVITCH 嘉比里罗维奇

GALARD Michel de 米歇尔 · 德 · 嘉拉尔

GALLIMARD Gaston 加斯通 · 伽利玛

GAMELIN Jacques 雅克 · 加默兰

GANCE Abel 阿贝尔 · 冈斯

GARCIA LORCA Federico 加西亚 · 罗卡

GARNIER Maurice 莫里斯 · 加尼耶

GAUGUIN Paul 保尔 · 高更

GAULIE Charles de 夏尔 · 戴高乐

GEORGES Yvonne 伊冯娜 · 乔治

GÉRICAULT Théodore 席里柯

GESTALDER Jacques 雅克 · 热斯塔尔代

GHEERBRANT Bemard 贝尔纳 · 格布朗

GIACOMETTI Alberto 阿尔贝托 · 贾柯梅蒂

GIACOMETTI Diego 迪埃哥 · 贾柯梅蒂

GIDE André 安德烈 · 纪德

GIESS Pierre-Dominiguo 吉斯

GINSBERG Allen 阿兰 · 因斯贝

GILIOLI Babet 芭比 · 吉利奥里

GILIOLI Émile 埃米尔 · 吉利奥里

GIONO Jean 让·焦诺

GIORGIONE 乔尔乔涅

GIOTTO 乔托

GISCHIA 吉夏

GLEIZES Albert 阿尔贝·格莱兹

GODARD Jean-Luc 让一吕克·戈达尔

GODIN Raymonde 雷蒙德·戈丹

GOETZ 格茨

GOLDSCHMIDT Jeanine 雅尼娜·戈尔德施密特

GONZÁLEZ Julio 朱里奥·冈萨雷斯

GONZÁLEZ Marie-Thérèse 玛丽一泰蕾兹·冈萨雷斯

GONZÁLEZ Roberta 罗贝尔塔·冈萨雷斯

GORIN Jean 让·戈兰

GORKY Arshile 阿什尔·戈尔基

GOUNOD Charles 夏尔·古诺

GOYA Francisco de 戈雅

GREUELL 格勒埃尔

GRIMAU 格里莫

GRIS Juan 尤昂·格里斯

GROHMANN Will 维尔·格曼

GROMAIRE Marcel 马塞尔·格罗迈尔

GROPIUS Walter 瓦尔特·格罗皮尤斯

GROS Antoine 安托万·格罗

GROSS Anthony 安东尼·格罗斯

GRUBER Francis 弗朗西·格吕贝

GRÜNEWALD Matthias 马蒂亚斯·格鲁涅华尔

GUÉRASSIMOV 格拉西莫夫

GUEVARA Ernesto (dit Le Che) 切格瓦拉

GUGGENHEIM Peggy 佩吉·古根海姆

GUILLAUME Paul 保尔·纪尧姆

GUILLEVIC Eugène 欧仁·吉耶维克

GURDJIEFF Georges 乔治·居尔德耶夫

HAINS Raymond 雷蒙·安斯

HAJDU Étienne 艾蒂安·阿尔杜

HALS Frans 弗朗兹·哈尔斯

HAMMARSKJOELD Dag 达格·哈马舍尔德

HARRISSON 哈里森

HARTUNG (docteur) 哈同医生

HARTUNG Hans 汉斯·哈同

HAYTER Stanley William 斯坦利·威廉·艾泰

HECHT Joseph 约瑟夫·埃克特

HEERUP Henry 亨利·依鲁普

HÉLION Jean 让·埃利翁

HENRY Pierre 皮埃尔·亨利

HERBIN Auguste 奥古斯特·埃尔班

HOKUSAÏ Katsushika 葛饰北斋

HOLBEIN Hans 汉斯·奥尔宾

HORNE (Mlle de) 德·奥尔内小姐

HOSSEIN Robert 罗贝尔·奥森

HUGUES Jean 让·于格

HÜLSENBECK 尤尔桑贝克

HULTEN Pontus 蓬蒂斯·于尔唐

HUXLEY Julian 朱里安·赫胥黎

INGRES Jean Auguste Dominique 安格尔

INJALBERT Jean Antoine 安雅尔贝

IOLAS Alexandre 亚历山大·伊奥拉

ISTRATI Panaït 伊斯特拉蒂

JACOB Max 马克斯·雅各布

JACOBSEN Hélène 爱伦娜·雅各布森

JACOBSEN Lykke 利克·雅各布森

JACOBSEN Maria 玛丽亚·雅各布森

JACOBSEN Nell 内尔·雅各布森

JACOBSEN Robert 罗贝尔·雅各布森

JAEGER Jean-François 让－弗朗索瓦·耶格

JAMES Henry 亨利·詹姆斯

JARRY Alfred 阿弗雷得·雅里

JAWLENSKY Alexeï von 雅弗林斯基

JEAN XXIII（教皇）约翰二十三世

JOHNS Jasper 贾斯珀·约翰斯

JORN Asger 阿斯热·若尔

JOUFFROY Alain 阿兰·茹弗鲁瓦

JOURDAIN Francis 弗朗西斯·茹尔丹

JOYCE James 詹姆斯·乔伊斯

KAHNWEILER Daniel-Henry 达尼埃尔－亨利·坎魏勒

KALLOS Paul 保尔·卡罗

KANDINSKY Wassili 康定斯基

KIESLER Frederick 基埃斯列

KING Martin Luther 马丁·路德·金

KLEE Paul 保罗·克利

KLEIN Yves 伊夫·克莱因

KLINE Franz 弗朗兹·克莱因

KLOSSOWSKI Pierre 皮埃尔·克洛索斯基

KOKOSCHKA Oskar 奥斯卡·柯克西卡

KONDRATIEFF Virginia 弗吉尼亚·康德拉蒂夫

KROPOTKINE Petr Alekseïevitch, prince 克鲁普特金

KUDO Tetsumi 工藤哲已

KUPKA Franz 弗朗兹·库普卡

LA FRESNAYE Roger de 罗歇·德·拉弗雷奈

LAM Wifredo 维费列多·拉姆

LANDON Guy 居伊·朗东

LAO-TSEU 老子

LARCADE Jean 让·拉卡德

LARDERA Berto 贝尔托·拉尔代拉

LAURENS Henri 亨利·罗朗

LAUTRÉAMONT 洛特雷阿蒙

LÉAUTÉ Bernard 贝尔纳·列奥泰

LEBEL Jean-Jacques 让－雅克·勒贝尔

LE BRUN Charles 夏尔·勒布伦

LE CORBUSIER (Charle-Édouard Jeanneret, dit)科布西耶

LE COUEY Catherine 卡特琳娜·勒库埃

LEDUC Fernand 费尔南·勒迪克

LEFÈBRE-FOINET 勒费布夫尔－富瓦内

LÉGER Fernand 费尔南·莱热

LÉGER Nadia 娜迪阿·莱热

LEIRIS Louise 路易斯·列里

LEIRIS Michel 米歇尔·列里

LE MOAL Jean 让·勒莫阿尔

LEYMARIE Jean 让·莱马里

LHERBIER Marcel 马塞尔·莱尔比耶

LIEBERMANN Rolf 罗尔夫·利伯曼

LIMBOUR Georges 乔治·林布尔

LISSITZKY Eliezer dit El 埃尔·里斯兹基

LOEB Pierre 皮埃尔·勒布

LORJOU Bernard 贝尔纳·洛尔茹

LOUTTRE Marc 马克·卢特

LOYOLA Ignace de 伊尼亚斯·德·卢约拉

LUCA Ghérasim 盖拉西姆·吕卡

LUTER Claude 克洛德·吕泰

MAEGHT Aimé 艾梅·玛格

MAGNELLI Alberto 阿尔贝托·马涅里

MAGNELLI Susi 苏西·马涅里

MAGRITTE René 勒内·马格里特

MAGRITTE Georgette 若尔热特·马格里特

MAHEU Jean 让·马奥

MAÏAKOVSKI Vladimir 马雅可夫斯基

MALEVITCH Kazimir 卡齐米尔·马列维奇

MALLARMÉ Stéphane 斯蒂芬·马拉美

MALRAUX André 安德烈·马尔罗

MANESSIER Alfred 阿尔弗雷德·马内西耶

MANESSIER Thérèse 泰蕾丝·马内西耶

MANET Édouard 爱德华·马奈

MAN RAY 曼·雷

MAN RAY Juliet 尤里埃·曼·雷

MANSOUR Joyce 乔伊斯·曼苏尔

MANTON Maria 玛丽亚·芒东

MARCHAND Corinne 珂里娜·马尔尚

MARCHAND Jean 让·马尔尚

MARIE André 安德烈·马里

MARLE Felix del 费利克斯·代尔·马尔勒

MASSON André 安德烈·马松

MATHEY François 弗朗索瓦·马太

MATHIEU Georges 乔治·马蒂厄

MATISSE Henri 亨利·马蒂斯

MATISSE Auguste 奥古斯特·马蒂斯

MATTA Roberto 罗贝尔托·马塔

MCEWEN Franck 弗兰克·麦克尤恩

MESSAGIER Jean 让·梅萨吉耶

MICHAUX Henri 亨利·米肖

MICHEI -ANGE (Michelangelo Buonarroti)米开朗基罗

MI Feï 米芾

MILHAUD Darius 达吕斯·米约

MILLER Henry 亨利·米勒

MIRÓ Joan 胡安·米罗

MOCK Jean-Yves 让－伊夫·莫克

MOHOLY-NAGY László 莫奥里－纳吉

MONDRIAN Piet 蒙德里安

MONET Claude 克洛德·莫奈

MOORE Henry 亨利·摩尔

MOQUAY Daniel 达尼埃尔·莫凯

MORAIN André 安德烈·莫兰

MORAND Paul 保尔·莫朗

MOREAU Gustave 古斯塔夫·莫罗

MOREAU Jeanne 让娜·莫罗

MORTENSEN Richard 理查德·莫尔汤森

MOTHERWELL Robert 罗伯特·马塞韦尔

MOUNIER Emmanuel 埃马纽艾尔·穆尼耶

MOURLOT Fernand 弗尔南·穆尔罗

MUBAYI Sylvester 西尔维斯泰·穆巴依

MÜLLER Grégoire 格列格尔·米勒

MÜLLER Manuel 马努埃尔·米勒

MÜLLER Miriam 玛利阿姆·米勒

MÜLLER Robert 罗贝尔·米勒

MUSIC Zoran 佐朗·穆齐克

NALLARD Louis 路易·纳拉尔

NERVAL Gérard de 热拉尔·奈瓦尔

NEWMAN Barnett 巴尔涅特·纽曼

NICHOLSON Ben 本·尼科尔松

NICOLAÏS Alvin 阿尔维·尼古拉

NIZAN Paul 保尔·尼赞

NOËL Bernard 贝尔纳·诺埃尔

OÏSTRAKH David 大卫·奥依斯特拉

ONSLOW-FORD Gordon 温斯洛—福尔德

OSSORIO Alfonso 奥索里奥

OTANI 大谷

PAPIN Denis 德尼斯·帕潘

PARISOT Henri 亨利·帕里佐

PARMENTIER Michel 米歇尔·帕尔茫捷

PAULHAN Jean 让·波扬

PEDERSEN Carl Henning 卡尔·埃宁·佩德森

PEÏ leoh Ming 贝聿铭

PENROSE Roland 罗兰·蓬罗斯

PÉRET Benjamin 邦雅曼·佩雷

PERMEKE Constant 康斯坦·佩默克

PERRET Auguste 奥古斯特·佩雷

PETIT Chantal 尚塔尔·珀蒂

PEVSNER Antoine 安托万·佩夫斯内

PEVSNER Virginie 维尔吉妮·佩夫斯内

PEVSNER Alexeï 阿列塞依·佩夫斯内

PHILIPPE Gérard 热拉尔·菲利普

PHILIPPE Eva 爱娃·菲利普

PICABIA Francis 弗朗西斯·皮卡比阿

PICASSO Pablo 毕加索

PICHETTE Henri 亨利·皮谢特

PIERO DELLA FRANCESCA 皮埃罗·代拉·弗朗西斯卡

PIGNON Édouard 爱德华·皮尼翁

PILLET Edgard 埃德加·皮耶

PLATON 柏拉图

PLISSETSKAIA Maïa 玛依阿·普里塞特斯依阿

POLLAKOFF Serge 塞尔日·波里亚科夫

POLLACK Reginald 雷吉那尔德·波拉克

POLLOCK Jackson 杰克逊·波洛克

POMEREULLE Daniel 达尼埃尔·波梅勒尔

POMPIDOU Georges 乔治·蓬皮杜

POUSSEUR Henri 亨利·普瑟尔

POUSSIN Nicolas 尼古拉·普桑

PRAX Valentine 瓦伦丁·普拉克斯

PRÉVERT Jacques 雅克·普莱维尔

PRINNER 普里内

PROUST Marcel 马塞尔·普鲁斯特

QUENEAU Raymond 雷蒙·格诺

RAGON Michel 米歇尔·拉贡

RAMUZ Charles Ferdinand 夏尔—费尔南·拉米

RAUSCHENBERG Robert 罗伯特·劳森伯格

RAVEL Maurice 莫里斯·拉维尔

RAY Man: voir MAN RAY 曼·雷

RAYMOND Marie 玛丽·雷蒙

RAYNAL Maurice 莫里斯·雷纳尔

RAYNAUD Jean-Pierre 让—皮埃尔·雷诺

REBAY Hilla 伊拉·雷贝

REBEYROLLE Paul 保尔·勒贝罗勒

REDON Odilon 奥迪伦·雷东

REMBRANDT VAN RIJN 伦伯朗

RENARD Claude 克洛德·勒纳尔

RENAULT Camille 卡米尔·雷诺

RENÉ Denise 德尼斯·勒内

RENOIR Auguste 奥古斯特·雷诺阿

RESNAIS Alain 阿兰·雷奈

RESTANY Pierre 皮埃尔·雷斯塔尼

RÉVERDY Pierre 皮埃尔·勒韦迪

RICHAUD André de 安德烈·德·里绍

RIGHIER Germaine 热尔梅娜·里希耶

RILKE Rainer Maria 里尔克

RIMBAUD Arthur 阿尔蒂尔·兰波

RIMSKY-KORSAKOV Nikolaï 汉姆斯基·科尔萨科夫

RIOPELLE Jean-Paul 让－保尔·里奥佩尔

RIVIÈRE Claude 克洛德·里维埃

ROBBE-GRILLET Alain 阿兰·罗伯－格里耶

ROCHÉ Henri-Pierre 亨利－皮埃尔·罗谢

ROCKEFELLER Nelson Aldrich 尼尔森·洛克菲勒

RODIN Auguste 奥古斯特·罗丹

ROGER Suzanne 苏珊·罗歇

ROSENBERG Julius et Ethel 罗森贝格夫妇

ROUAULT Georges 乔治·鲁奥

ROUSSEAU Jean-Jacques 让－雅克·卢梭

ROUSSEAU Madeleine 马德莱娜·卢梭

ROUVE Pierre 皮埃尔·鲁伏

ROY Claude 克洛德·鲁瓦

RUBENS Pierre Paul 鲁本斯

SABATO Ernesto 埃尔涅斯托·萨巴托

SACHER Maja 玛雅·萨谢尔

SACHER Paul 保尔·萨谢尔

SADE Donatien Alphonse François 萨德

SAINT-PHALLE Niki de 尼基·德·圣法尔

SALLES Georges 乔治·沙尔

SARTRE Jean-Paul 让－保尔·萨特

SAUGUET Henri 亨利·索盖

SCHAEFFER Pierre 皮埃尔·舍费尔

SCHNEIDER Gérard 热拉尔·施奈德

SCHNEIDER Laurence 洛朗斯·施奈德

SCHÖFFER Nicolas 尼古拉·舍费尔

SCHÜTZ Heinrich 海因里希·许茨

SELIGMANN Kurt 库尔特·泽利希曼

SERPAN Iaroslav 塞尔庞

SERT José Luis 何塞—路易·塞尔

SEUPHOR Michel 米歇尔·瑟福尔

SEURAT Georges 乔治·修拉

SEYNES Catherine de 卡特琳娜·德·塞伊娜

SHUNK-KENDER Harry 逊克—坎德

SIDÈS Fredo 弗勒多·西代

SIMENON Georges 乔治·西默农

SINGIER Gustave 古斯塔夫·桑吉耶

SIVERTSEN Jan 扬·西维尔特森

SKIRA Albert 阿尔贝·斯基拉

SOLIER René de 勒内·德·索里埃

SORLIER Charles 夏尔·索尔里埃

SOTO Jesús Rafael 耶苏·拉法厄尔·索托

SOULAGES Colette 科莱特·苏拉热

SOULAGES Pierre 皮埃尔·苏拉热

SOUPAULT Philippe 菲力普·苏波

SOUTINE Chaïm 柴姆·苏丁

SPOERRI Daniel 达尼埃尔·斯波埃里

SPRECKELSEN Otto von 斯普瑞克森

STAËL Nicolas de 尼古拉·德·斯塔埃尔

STAHLY Claude 克洛德·斯塔利

STAHLY François 弗朗索瓦·斯塔利

STANISLAWSKY Piotr 皮奥特尔·斯塔尼斯拉夫斯基

STCHOUKINE 斯特舒金纳

STEIN Gertrude 热特吕德·斯坦

STOCKHAUSEN Karlheinz 斯托克豪森

STRAVINSKY Igor 斯特拉文斯基

SUARÈS André 安德烈·苏阿雷斯

SUPERVIELLE Jules 朱尔·叙佩维埃尔

SWEENEY James Johnson 詹姆斯·约翰逊·斯维尼

SZAPOCZNIKOW Alina 阿利娜·萨波克兹尼科

SZENÈS Arpad 阿尔帕·斯泽内

TAEUBER Sophie 苏菲·塔厄贝

TAKAWIRA John 约翰·塔卡维拉

TAL COAT Pierre 皮埃尔·塔尔·科阿

TAMAYO Rufino 吕菲诺·塔玛约

TANGUY Yves 伊夫·唐吉

TANNING Dorothea 多罗特阿·唐宁

TÀPIES Antoni 安托尼·塔皮斯

TASLITZKY Boris 鲍里斯·塔斯里兹基

TATLINE Wladimir 弗拉基米尔·塔特里耶

THOMPSON Michel 米歇尔·汤普森

THORVAIDSEN Bertel 托瓦尔森

THORÉ-BÜRGER William 威廉·托列－布尔热

THOREZ Maurice 莫里斯·托列

TINGUELY Jean 让·坦盖里

TORONI Niele 尼尔·托罗尼

TREVELYAN 特列维里扬

TURNER Joseph Mallord William 透纳

TZARA Tristan 特里斯坦·查拉

UBAC Raoul 拉乌尔·尤巴克

UCCELLO Paolo 保罗·于塞罗

UECKER Günther 君特·于盖

UECKER Rotraut 罗特鲁·于盖

UTRILLO Maurice 莫里斯·郁特里罗

VAL Catherine 卡特琳·华尔

VALDÈS LÉAL Juan de 瓦尔代斯·莱亚尔

VALENCIENNES Pierre-Henri de 皮埃尔－亨利·德·瓦朗西安纳

VALET（R. P.）瓦莱

VAN DOESBURG Théo 泰奥·冯·多厄斯布

VAN EYCK Jan 范·艾克

VAN GOGH Vincent 樊尚·凡高

VAN GOGH Théo 泰奥·凡高

VANTONGERLOO Georges 乔治·旺东热尔罗

VARDA Agnès 阿涅斯·瓦尔达

VARESE Edgar 埃德加·华列斯

VASARELY Victor 维克托·瓦萨勒利

VÉLASQUEZ Diego 委拉斯开兹

VERCORS（Jean Bruller, dit）韦科尔

VERMEER Jan 维梅尔

VERNE Jules 尤勒·凡尔纳

VÉRONÈSE Paolo 保罗·委罗内塞

VIALATTE Alexandre 亚历山大·维亚拉特

VIAN Boris 鲍里斯·维昂

VIATOR 维亚托尔

VIEILLARD Roger 罗歇·维埃亚尔

VIEIRA DA SILVA Maria Elena 维埃拉·达·席尔瓦

VICO Jean 让·维戈

VILAR Jean 让·维拉尔

VILLEGLÉ Jacques Mahé de la 雅克·马埃·德·拉维尔格雷

VILLON Jacques 雅克·维永

VINCI Léonard de 达芬奇

VIRGILE 维吉尔

VOLLARD Ambroise 昂布瓦斯·伏拉尔

VOUET Simon 西蒙·武埃

WAGNER Richard 理查德·瓦格纳

WARHOL Andy 安迪·沃霍尔

WAROQUIER Henry de 亨利·德·瓦罗基耶

WATTEAU Antoine 安托万·华托

WEBERN Anton 安东·韦伯

WEREFKINE Marianne Von 玛瑞安娜·凡·维尔佛金那

WOLS (Wolfgang Schulze, dit) 沃尔斯

WRESINSKI Joseph 约瑟夫·赫辛斯基

WÜRTH Reinhold 莱恩尔德·乌依特

XENAKIS Iannis 雅尼斯·塞那奇

ZADKINE Ossip 奥西普·扎德金

ZANARTU Enrique 昂里克·扎那尔蒂

ZAO May 赵梅

ZAO Wou-ki 赵无极

ZERVOS Christian 克里斯蒂安·择尔伏

ZURBARÁN Francisco de 弗朗西斯科·德·居尔巴朗

图书在版编目（CIP）数据

与大师相约五十年 /（法）德卡尔格著；林珍妮译，陆典校.

. -- 2 版. -- 上海：华东师范大学出版社，2010.9

ISBN 978-7-5617-8097-8

Ⅰ.①与… Ⅱ.①德… ②林… ③陆… Ⅲ.①美术家－生平事迹

－法国－现代 Ⅳ.①K835.655.72

中国版本图书馆 CIP 数据核字(2010)第 186614 号

VI HORAE

华东师范大学出版社六点分社

企划人 倪为国

L'Art est vivant :un demi-siècle de rencontres
by Pierre Descagues
Copyright © 2001，Écriture
Simplified Chinese Translation Copyright © 2007 by East China Normal University Press
ALL RIGHTS RESERVED.
上海市版权局著作权合同登记　图字：09-2006-014 号

与大师相约五十年

（法）皮埃尔·德卡尔格 著

林珍妮 译 陆典 校

责任编辑　李炳韬
特约编辑　吴雅凌 何家炜
封面设计　童甃甃
责任制作　肖梅兰
出版发行　华东师范大学出版社
社　　址　上海市中山北路 3663 号　邮编 200062
网　　址　www.ecnupress.com.cn
电　　话　021-60821666　行政传真　021-62572105
客服电话　021-62865537
门市（邮购）电话 021-62869887　　地址 上海市中山北路 3663 号华东师范大学校
内先锋路口
网　　店　http://ecnup.taobao.com/
印 刷 者　上海市景条印刷有限公司
开　　本　640 x 978　1/16
插　　页　1
印　　张　29.25
字　　数　250 千字
版　　次　2010 年 11 月第 2 版
印　　次　2010 年 11 月第 1 次
书　　号　ISBN 978-7-5617-8097-8/J.144
定　　价　39.80 元
出 版 人　朱杰人

（如发现本版图书有印订质量问题，请寄回本社客服中心或者联系电话 021-62865537）